Rapport final de la trente-sixième Réunion consultative du Traité sur l'Antarctique

RÉUNION CONSULTATIVE
DU TRAITÉ SUR L'ANTARCTIQUE

Rapport final
de la trente-sixième
Réunion consultative
du Traité sur l'Antarctique

Bruxelles, Belgique
20 - 29 mai 2013

Volume I

Secrétariat du Traité sur l'Antarctique
Buenos Aires
2013

Publié par :

Secretariat of the Antarctic Treaty
Secrétariat du Traité sur l' Antarctique
Секретариат Договора об Антарктике
Secretaría del Tratado Antártico

Maipú 757, Piso 4
C1006ACI Ciudad Autónoma
Buenos Aires - Argentina
Tel: +54 11 4320 4260
Fax: +54 11 4320 4253

Ce rapport est également disponible à : *www.ats.aq* (version numérique)
et exemplaires achetés en ligne

ISSN 2346-9900

ISBN 978-987-1515-66-0

Contenu

VOLUME I

Sigles et abréviations   9

PREMIÈRE PARTIE – RAPPORT FINAL   **11**

1. Rapport final   **13**
2. Rapport du CPE XVI   **97**
3. Appendices   **191**
    Communiqué de la XXXVIᵉ RCTA   193
    Ordre du jour prévisionnel pour la XXXVIIᵉ RCTA   195

DEUXIÈME PARTIE – MESURES, DÉCISIONS ET RÉSOLUTIONS 197

1. Mesures   **199**
Mesure 1 (2013), ZSPA No 108
(Île Green, Îles Berthelot, Péninsule antarctique) : Plan de gestion révisé   201
Mesure 2 (2013) ZSPA No 117
    (Île Avian, baie Marguerite, Péninsule antarctique) : Plan de gestion révisé   203
Mesure 3 (2013) ZSPA No 123
    (Vallées Barwick et Balham, Terre Southern Victoria) : Plan de gestion révisé   205
Mesure 4 (2013) ZSPA No 132
    (Péninsule Potter, île du Roi-George (isla 25 de Mayo), îles Shetland du sud) :
    Plan de gestion révisé   207
Mesure 5 (2013) ZSPA No 134
    (Pointe Cierva et îles situées au large, Côte Danco, Péninsule antarctique) :
    Plan de gestion révisé   209
Mesure 6 (2013) ZSPA No 135
    (Péninsule North-east Bailey, Côte Budd, Terre de Wilkes) : Plan de gestion
    révisé   211
Mesure 7 (2013) ZSPA No 137
    (Île Northwest White, détroit de McMurdo) : Plan de gestion révisé   213
Mesure 8 (2013) ZSPA No 138
    (Linnaeus Terrace, chaîne Asgard, Terre Victoria) : Plan de gestion révisé   215
Mesure 9 (2013) ZSPA No 143
    (Plaine Marine, Péninsule Mule, Collines Vestfold, Terre Princesse Elizabeth) :
    Plans de gestion révisé   217

Mesure 10 (2013) ZSPA No 147
(Vallée Ablation, Monts Ganymède, Île Alexandre) : Plan de gestion révisé 219
Mesure 11 (2013) ZSPA No 151
(Lions Rump, Île du Roi-George, Îles Shetland du sud) : Plan de gestion révisé 221
Mesure 12 (2013) ZSPA No 154
(Baie Botany, Cap Géologie, Terre Victoria) : Plan de gestion révisé 223
Mesure 13 (2013) ZSPA No 156
(Baie Lewis, Mont Erebus, Île Ross) : Plan de gestion révisé 225
Mesure 14 (2013) ZSPA No 160
(Îles Frazier, Îles Windmill, Terre de Wilkes, Antarctique de l'Est) : Plan de
gestion révisé 227
Mesure 15 (2013) ZSPA No 161
(Baie de Terra Nova, Mer de Ross) : Plan de gestion révisé 229
Mesure 16 (2013) ZSPA No 170
(Nunataks Marion, Île Charcot, Péninsule antarctique) : Plan de gestion révisé 231
Mesure 17 (2013) ZSPA No 173
(Cap Washington et Baie Silverfish, Baie de Terra Nova, Mer de Ross) :
Plan de gestion 233
Mesure 18 (2013) Sites et monuments historiques de l'Antarctique : Emplacement
de la première station de recherche antarctique allemande occupée à titre
permanent « Georg Forster », Oasis Schirmacher, Terre de la Reine-Maud 235
Mesure 19 (2013) Sites et monuments historiques de l'Antarctique : Bâtiment du
complexe de forage du Professeur Kudryashov, station Vostok 237
Mesure 20 (2013) Sites et monuments historiques de l'Antarctique : "Camp
du sommet" supérieur, Mont Erebus 239
Mesure 21 (2013) Sites et monuments historiques de l'Antarctique : « Camp E »
inférieure, Mont Erebus. 241

2. Décisions **243**
Décision 1 (2013) Reconnaissance du statut de Partie consultative de la
République tchèque 245
Décision 2 (2013) Reconduction du Secrétaire exécutif 247
Annexe : Correspondances adressées au Dr. Manfred Reinke et à
M. Hector Timerman 249
Décision 3 (2013) Renouvellement de contrat du Commissaire aux comptes
du Secrétariat 253
Annexe 1 : Tâches confiées au Commissaire aux comptes 255
Décision 4 (2013) Rapports, programme et budget du Secrétariat 257
Annexe 1 : Rapport financier vérifié 2011/2012 259
Annexe 2 : Rapport financier provisoire 2012/2013 267
Annexe 3 : Programme du Secrétariat pour 2013/2014 271

Décision 5 (2013) Plan de travail stratégique pluriannuel de la Réunion consultative du Traité sur l'Antarctique 285

Annexe : Plan de travail stratégique pluriannuel 287

Décision 6 (2013) Échange d'informations sur le tourisme et les activités non gouvernementales 289

Annexe : Exigences en matière d'échange d'informations 291

Décision 7 (2013) Disponibilité d'informations complémentaires sur les listes des observateurs des parties consultatives par l'intermédiaire du Secrétariat du Traité sur l'Antarctique 297

3. Résolutions **299**

Résolution 1 (2013) Sécurité aérienne en Antarctique 301

Résolution 2 (2013) Manuel de nettoyage pour l'Antarctique 305

Annexe : Manuel de nettoyage pour l'Antarctique 307

Résolution 3 (2013) Lignes directrices pour les visites de sites 317

Annexe : Liste des sites soumis aux Lignes directrices pour les visites de sites 319

Résolution 4 (2013) Renforcement de la collaboration en matière de recherche et de sauvetage (SAR) en Antarctique 323

Résolution 5 (2013) Coopération internationale en matière de projets culturels en Antarctique 327

Résolution 6 (2013) Prospection biologique en Antarctique 329

Photos et schémas d'images 332

VOLUME II

DEUXIÈME PARTIE – MESURES, DÉCISIONS ET RÉSOLUTIONS (suite)

4. Plans de gestion

ZSPA N° 108 - Île Green, Îles Berthelot, Péninsule antarctique

ZSPA N° 117- Île Avian, baie Marguerite, Péninsule antarctique

ZSPA N° 123 - Vallées Barwick et Balham, Terre Southern Victoria

ZSPA N° 132 - Péninsule Potter, île du Roi-George (Isla 25 de Mayo), îles Shetland du Sud

ZSPA N° 134 - Pointe Cierva et Iles situées au large, Côte Danco, Péninsule antarctique

ZSPA N° 135 - Péninsule North-East Bailey, Côte Budd, Terre Wilkes

ZSPA N° 137 - Île Northwest White, Détroit de McMurdo

ZSPA N° 138 - Terrasse Linnaeus, chaîne Asgard, Terre Victoria

ZSPA N° 143 - Plaine Marine, Péninsule Mule, Collines Vestfold, Terre Princesse Elizabeth

ZSPA N° 147 - Vallée Ablation, Monts Ganymède, Île Alexandre

ZSPA N° 151 - Croupe du Lion, île du Roi-George, îles Shetland du sud

ZSPA N° 154 - Baie Botany, Cap Géologie, Terre Victoria

ZSPA N° 156 - Baie Lewis, Mont Erebus, Île Ross

ZSPA N° 160 - Îles Frazier, Îles Windmill, Terre Wilkes, Antarctique de l'Est
ZSPA N° 161 - Baie de Terra Nova, Mer de Ross
ZSPA N° 170 - Nunataks Marion, Île Charcot, Péninsule antarctique
ZSPA N° 173 - Cap Washington et Baie Silverfish, Baie Terra Nova, Mer de Ross

TROISIÈME PARTIE – DISCOURS D'OUVERTURE ET DE CLÔTURE ET RAPPORTS

1. Rapports présentés par les Dépositaires et les observateurs

Rapport des États-Unis d'Amérique en leur qualité de Gouvernement dépositaire du Traité sur l'Antarctique et de son Protocole
Rapport de l'Australie en sa qualité de Gouvernement dépositaire de la CCAMLR
Rapport du Royaume-Uni en sa qualité de Gouvernement dépositaire de la CCAS
Rapport de l'Australie en sa qualité de Gouvernement dépositaire de l'Accord ACAP
Rapport de l'Observateur de la CCAMLR
Rapport du SCAR
Rapport du COMNAP

2. Rapports d'experts

Rapport de l'ASOC
Rapport de l'OHI
Rapport de l'IAATO

QUATRIÈME PARTIE – DOCUMENTS ADDITIONNELS DE LA XXXVIᵉ RCTA

1. Documents additionnels

Résumé de la conférence du SCAR

2. Liste des documents

Documents de travail
Documents d'information
Documents du Secrétariat
Documents de contexte

3. Liste des participants

Parties consultatives
Parties non consultatives
Observateurs, experts et invités
Secrétariat du pays hôte
Secrétariat du Traité sur l'Antarctique

Sigles et abréviations

ACAP	Accord sur la conservation des albatros et des pétrels
API	Année polaire internationale
ASOC	Coalition sur l'Antarctique et l'océan austral
ATCM	Réunion consultative du Traité sur l'Antarctique
ATCP	Partie consultative au Traité sur l'Antarctique
CAML	Recensement de la vie marine de l'Antarctique
CCAMLR	Convention sur la conservation de la faune et de la flore marines de l'Antarctique et/ou Commission pour la conservation de la faune et de la flore marines de l'Antarctique
CCAS	Convention pour la protection des phoques de l'Antarctique
CCNUCC	Convention Cadre des Nations Unies sur les changements climatiques
CHA	Comité hydrographique sur l'Antarctique
COI	Commission océanographique intergouvernementale
COMNAP	Conseil des directeurs des programmes antarctiques nationaux
CPE	Comité pour la protection de l'environnement
EEC	Évaluation environnementale complète
EEI	Évaluation environnementale initiale
EIE	Évaluation de l'impact sur l'environnement
GCI	Groupe de contact intersessions
IAATO	Association internationale des organisateurs de voyages dans l'Antarctique
ICSU	Conseil International des Unions Scientifiques
IP	Document d'information
IPCC	Groupe d'experts intergouvernemental sur les changements climatiques
IPY-IPO	Bureau du programme de l'Année polaire internationale (API)
OHI	Organisation hydrographique internationale
OMI	Organisation maritime internationale
OMM	Organisation météorologique mondiale
ORGP	Organisation régionale de gestion de la pêche
PNUE	Programme des Nations Unies pour l'environnement
SATCM	Réunion consultative du Traité sur l'Antarctique
SCALOP	Comité permanent sur la logistique et les opérations en Antarctique
SCAR	Comité scientifique pour la recherche antarctique

SC-CAMLR	Comité scientifique de la Commission pour la conservation de la faune et flore marines de l'Antarctique
SMH	Sites et monuments historiques
SP	Document du Secrétariat
STA	Système du Traité sur l'Antarctique ou Secrétariat du Traité sur l'Antarctique
UICN	Union internationale pour la conservation de la nature et de ses ressources
WG	Groupe de travail
WP	Document de travail
WTO	Organisation mondiale du tourisme
ZSGA	Zone spécialement gérée de l'Antarctique
ZSP	Zone spécialement protégée
ZSPA	Zone spécialement protégée de l'Antarctique

PREMIÈRE PARTIE
Rapport final

1. Rapport final
de la XXXVIᵉ RCTA

Rapport final de la trente-sixième Réunion consultative du Traité sur l'Antarctique

Bruxelles, 20-29 mai 2013

1. Conformément aux dispositions de l'Article IX du Traité sur l'Antarctique, les représentants des Parties consultatives (Afrique du Sud, Allemagne, Argentine, Australie, Belgique, Brésil, Bulgarie, Chili, Chine, Équateur, Espagne, États-Unis d'Amérique, Fédération de Russie, Finlande, France, Inde, Italie, Japon, Nouvelle-Zélande, Norvège, Pays-Bas, Pérou, Pologne, République de Corée, Royaume-Uni de Grande-Bretagne et d'Irlande du Nord, Suède, Ukraine et Uruguay) se sont réunis à Bruxelles du 20 au 29 mai 2013, afin d'échanger des informations, tenir des consultations, examiner et recommander à leurs Gouvernements des mesures destinées à assurer le respect des principes et la réalisation des objectifs du Traité.

2. Ont également assisté à la Réunion des délégations des Parties suivantes au Traité sur l'Antarctique mais qui n'en sont pas des parties consultatives : Autriche, Belarus, Canada, Colombie, Cuba, Grèce, Hongrie, Malaisie, Monaco, Portugal, République tchèque, Roumanie, Slovaquie, Suisse, Turquie et Venezuela.

3. Conformément aux articles 2 et 31 du Règlement intérieur, des observateurs représentant la Commission pour la conservation de la faune et de la flore marines de l'Antarctique (CCAMLR), le Conseil des directeurs des programmes antarctiques nationaux (COMNAP) et le Comité scientifique pour les recherches antarctiques (SCAR) ont également pris part à la Réunion.

4. Conformément à l'Article 39 du Règlement, des experts des organisations internationales et non gouvernementales suivantes ont participé à la Réunion : Association Antarctique - océan Austral (ASOC), Association internationale des organisateurs de voyages en Antarctique (IAATO), l'Organisation hydrographique internationale (OHI), l'Union internationale

pour la conservation de la nature (UICN) et l'Organisation météorologique mondiale (OMM).

5. La Belgique, en sa qualité de pays hôte, s'est acquitté de ses obligations d'information à l'égard des Parties contractantes, des observateurs et des experts en diffusant les circulaires et correspondances du Secrétariat et en entretenant un site Internet consacré à la 36è Réunion.

Point 1 – Ouverture de la réunion

6. La Réunion a été officiellement ouverte le 22 mai 2013. Conformément aux articles 5 et 6 du Règlement intérieur, M. Luc Marsia, Secrétaire exécutif du Gouvernement du pays hôte a ouvert la Réunion et proposé la candidature de l'éminent diplomate, Ambassadeur Mark Otte, pour présider la XXXVIe RCTA. La proposition a été acceptée.

7. Le président a souhaité la bienvenue à Bruxelles à toutes les Parties, aux observateurs et aux experts. Les délégués ont ensuite observé une minute de silence à la mémoire de l'Ambassadeur José Manuel Ovalle Bravo, qui avait conduit la délégation du Chili à la Réunion spéciale consultative du Traité sur l'Antarctique qui s'était tenue à La Haye (Pays-Bas) en septembre 2000, et qui a été victime de l'accident tragique qui avait frappé la Station Jang Bogo lors de sa construction, et à la mémoire des trois membres d'équipage qui avaient péri lors de l'accident de l'aéronef qui reliait la Station Amundsen-Scott South Pole à la Station Mario Zuchelli située en Baie de Terra Nova, le 26 janvier 2013.

8. Son Altesse Sérénissime, Prince Albert II de Monaco, a prononcé une allocution à la Réunion, saluant l'histoire de la coopération entre les Parties consultatives au Traité sur l'Antarctique et encourageant les Parties à construire en s'inspirant des 2 des 80 stations de recherche en Antarctique qui sont gérées conjointement par plusieurs pays. Réitérant l'importance que revêt la coopération scientifique internationale, qu'il estimait nécessaire pour traiter de problématiques telles que le changement climatique et la pêche durable en Antarctique, son Altesse Sérénissime a encouragé les Parties à élargir aux aires marines mitoyennes les principes qu'elles avaient définis lors de l'adoption du Traité sur l'Antarctique et de son Protocole relatif à la protection de l'environnement (Protocole de Madrid).

9. L'Honorable Didier Reynders, Vice-premier ministre et Ministre des affaires étrangères du Royaume de Belgique, a souhaité la bienvenue aux Parties,

qui se retrouvent pour la troisième fois en Belgique depuis l'avènement de la RCTA et a rappelé la longue association de la Belgique avec l'exploration du continent antarctique. Il a relevé les questions qui appellent l'attention des Parties et nécessitent leur action prompte, citant entre autres les impacts cumulatifs des changements climatiques, la bioprospection, le tourisme et les aires marines protégées (ZMP) ; il a également exprimé le soutien de la Belgique à l'élaboration d'un plan de travail stratégique pluriannuel. Concluant, il a rappelé aux Parties qu'elles avaient la responsabilité de veiller en sorte que la science influence les politiques lesquelles, à leur tour, auraient des retombées bénéfiques pour la communauté mondiale.

10.   L'Honorable Melchior Wathelet, Secrétaire d'État belge à l'environnement, l'énergie et la mobilité, a rappelé aux délégués que la Belgique était parmi les tout premiers signataires du Traité sur l'Antarctique et l'une des premières Parties à avoir appuyé l'avènement du Protocole de Madrid. Il a exhorté les Parties à rester fidèles à l'esprit de ces instruments en traitant avec diligence les problématiques du changement climatique, de la bioprospection et du tourisme en Antarctique.

11.   L'Honorable Philippe Courard, Secrétaire d'État belge à la politique scientifique, a déclaré que l'engagement de la Belgique en Antarctique, qui avait commencé avec l'Expédition conduite par Adrien de Gerlache en 1987, se poursuit aujourd'hui par le travail que mènent 10 à 15 scientifiques, chaque année, à la station Princesse Elizabeth. Il a également indiqué d'autres domaines de la recherche scientifique, tels que la climatologie, informant que le Musée national d'histoire naturelle de Bruxelles abrite une météorite de 18 kilos qui a été récemment découverte par des chercheurs belges et japonais.

12.   L'Honorable Michel Rocard, ancien Premier ministre de France et Ambassadeur aux Pôles, a exhorté les Parties à renforcer leur coopération scientifique internationale. L'Ambassadeur Rocard a annoncé, avec l'ancien Premier ministre de l'Australie, l'Honorable Robert Hawke, et S.A.S Prince Albert II, son initiative conjointe visant à promouvoir une meilleure coopération entre les programmes antarctiques nationaux, y compris par le partage des moyens de transport et des moyens logistiques au niveau des stations. Il a également relevé qu'il était important d'assurer un équilibre entre les intérêts nationaux et les ressources disponibles, augurant que les efforts internationaux favoriseraient et harmoniseraient la recherche scientifique internationale.

13.   Le Président de la Réunion a remercié Son Altesse Sérénissime et les Honorables Ministres pour leurs conseils et suggestions qui allaient sans doute informer et faciliter les débats et les discussions à la Réunion.

Point 2 – Élection des membres du bureau et création de groupes de travail

14. Le Ministre Fàbio Vaz Pitaluga, Représentant du Brésil (pays hôte de la XXXVIIe RCTA), a été élu vice-président. Conformément à l'Article 7 du Règlement intérieur, Dr. Manfred Reinke, Secrétaire exécutif du Secrétariat du Traité sur l'Antarctique a assumé les fonctions de secrétaire de la Réunion. M. Luc Marsia, chef du secrétariat du pays hôte, a assumé les fonctions de secrétaire adjoint de la Réunion. Dr Yves Frenot (France) a continué d'assurer ses fonctions de Président du Comité pour la protection de l'environnement (CPE).

15. Quatre Groupes de travail ont été constitués, à savoir :

    • le Groupe de travail sur les questions juridiques et institutionnelles ;
    • le Groupe de travail sur le tourisme et les activités non gouvernementales ;
    • le Groupe de travail sur les questions opérationnelles ; et
    • le Groupe de travail spécial sur les opérations de recherche et de sauvetage.

16. Il a été ensuite procédé à l'élection des Présidents des Groupes de travail, comme suit :

    • Questions juridiques et institutionnelles : Professeur René Lefeber (Pays-Bas) ;
    • Tourisme et les activités non gouvernementales : Ambassadeur Donald Mackay (Nouvelle-Zélande) ;
    • Questions opérationnelles : Dr José Retamales (Chili) ;
    • Groupe de travail spécial sur les opérations de recherche et de sauvetage : Ambassadeur David Balton (États-Unis).

Point 3 – Adoption de l'ordre du jour et répartition des points qui y sont inscrits

17. La réunion a adopté l'ordre du jour suivant :

    1. Ouverture de la Réunion
    2. Election du Bureau et constitution des Groupes de travail
    3. Adoption de l'ordre du jour et répartition des points qui y sont inscrits
    4. Fonctionnement du Système du Traité sur l'Antarctique : Rapports des Parties, des observateurs et des experts

5. Fonctionnement du Système du Traité sur l'Antarctique :

   a) Questions de caractère général ;

   b) Reconnaissance du statut de Partie consultative de la République tchèque

6. Fonctionnement du Système du Traité sur l'Antarctique : Examen de la situation du Secrétariat

7. Élaboration d'un Plan de travail stratégique pluriannuel

8. Rapport du Comité pour la protection de l'environnement (CPE)

9. Responsabilité : Application de la décision 4 (2010)

10. Sécurité et opérations en Antarctique, y compris la recherche et le sauvetage

11. Tourisme et activités non gouvernementales dans la zone du Traité sur l'Antarctique

12. Inspections effectuées au titre du Traité sur l'Antarctique et du Protocole de Madrid

13. Questions scientifiques ; coopération et facilitation scientifiques

14. Implications des changements climatiques sur la gestion de la zone du Traité sur l'Antarctique

15. Questions éducatives

16. Échange d'informations

17. Prospection biologique en Antarctique

18. Préparation de la XXXVIIe réunion

19. Divers

20. Adoption du rapport final

18. La réunion a réparti les points de l'ordre du jour comme suit :

   • Plénière : Points 1, 2, 3, 4, 5b, 8, 18, 19, 20 et 21

   • Groupe de travail sur les questions juridiques et institutionnelles : Points 5a, 6, 7, 9 et 17

   • Groupe de travail sur le tourisme : Point 11 :

   • Groupe de travail sur les questions opérationnelles : Points 10, 12, 13, 14, 15 et 16

   • Groupe de travail spécial sur la recherche et le sauvetage : Point 10.

19. La réunion a convenu que le Point 5b sera traité exclusivement par les Parties consultatives.

20. En outre, la Réunion a décidé de confier les projets d'instruments émanant des activités du Comité pour la protection de l'environnement et des Groupes de travail à un groupe de rédaction juridique pour en examiner les aspects institutionnels et juridiques.

Point 4 – Fonctionnement du Système du Traité sur l'Antarctique : Rapports des Parties, des observateurs et des experts

21. Conformément à la Recommandation XIII-2, la Réunion a entendu des rapports des gouvernements dépositaires et des secrétariats.

22. En leur qualité d'État dépositaire du Traité sur l'Antarctique et de son Protocole relatif à la protection de l'environnement, les États-Unis ont rendu compte du statut de ces instruments à la Réunion (IP 72). Au cours de l'année écoulée, il n'a été enregistré aucune adhésion du Traité sur l'Antarctique ou de son Protocole relatif à la protection de l'environnement. A la date de la Réunion, le Traité et le Protocole relatif à la protection de l'environnement comptaient 50 Parties et 35 Parties respectivement. A la suite de la présentation du document IP 72, les États-Unis ont confirmé avoir reçu confirmation du Royaume-Uni qu'il avait ratifié les Mesures 1 (2005), 15 (2009) et 16 (2009). Il a été reçu une demande d'accession au statut de Partie consultative, émanant de la République tchèque, laquelle a été communiquée aux Parties consultatives par les canaux diplomatiques et par l'entremise du Secrétariat. Appuyés par d'autres, les États-Unis ont exhorté les Parties consultatives à œuvrer activement à l'approbation des Mesures pendantes.

23. En sa qualité d'État dépositaire de la Convention sur la conservation de la faune et de la flore marines de l'Antarctique (CCAMLR), l'Australie a fait savoir qu'une nouvelle adhésion à la Convention a été enregistrée depuis la XXXVᵉ RCTA : Le Panama a adhéré à la Convention le 20 mars 2013 et cet instrument est entré en vigueur au Panama le 19 avril 2013 (IP 41). A cette date, 36 États sont Parties à la Convention CCAMLR.

24. En sa qualité d'État dépositaire de la Convention pour la protection des phoques de l'Antarctique (CCAS), le Royaume-Uni a fait savoir qu'une nouvelle adhésion à cette Convention a été enregistrée depuis la XXXVᵉ RCTA : Le Pakistan a adhéré à la Convention le 24 avril 2013. Le Royaume-Uni a fait également savoir que suite à une demande introduite par l'Espagne, toutes les Parties à la Convention CCAS ont confirmé que l'Espagne pouvait adhérer ; ce pays se prépare actuellement à l'adhésion à cette Convention.

25. En sa qualité d'État dépositaire de l'Accord sur la conservation des albatros et des pétrels (ACAP), l'Australie a indiqué n'avoir enregistré aucune nouvelle adhésion à cet Accord depuis la XXXV^è RCTA et que 13 États sont Parties à cet Accord (IP 40).

26. Le Secrétaire exécutif de la CCAMLR a rendu compte à la Réunion des résultats de la XXXVI^è réunion de la Commission qui s'est tenue à Hobart (Australie) en octobre 2012 (IP 1). Il a indiqué que la Commission avait approuvé une Liste de navires de Parties non contractantes qui s'étaient adonnés à la pêche illicite, non réglementée et non déclarée, précisant qu'au moins sept (07) navires semblent avoir mené des activités de pêches illicites, non réglementées et non déclarées dans la zone de la Convention en 2011/2012. Plusieurs navires ont mené de façon répétée de telles activités de pêche dans la zone de la CCAMLR. L'orateur a signalé qu'en 2011/2012, cinq Membres ont pêché quelques 161 143 tonnes de krill, alors qu'en 2010/2011 la prise totale a été évaluée à 180 992. En 2011/2012, il a été signalé un volume global de 11 329 tonnes de légines pêchées par 11 Membres, alors qu'en 2010/2011 la prise globale a été évaluée à 14 669 tonnes. Il a été signalé une prise totale de 1012 tonnes de poissons des glaces, réalisée par deux Membres. La Commission a constaté des signes de récupération de populations de poisson des glaces, de bocasse marbrée près des îles Shetland du Sud mais a décidé de maintenir la pêche fermée. Un nombre croissant de navires ont fait part de leur souhait de procéder à la pêche exploratoire et la Commission a demandé que soit envisagée la limitation des capacités pour la pêche exploratoire. S'agissant des oiseaux de mer, le nombre de mortalités extrapolées dans la zone de la Convention a été estimé à 225 individus. Douze écosystèmes marins vulnérables ont été recensés en 2012 ; la Commission a entériné la suggestion de mettre en œuvre des mesures pour éviter et atténuer les impacts négatifs sur ces écosystèmes. La Commission a, par ailleurs, félicité les progrès du Comité scientifique dans la mise en place d'un système représentatif de zones marines protégées (ZMP), à l'issue de trois ateliers techniques tenus en 2012. La Commission a également programmé des réunions spéciales à Bremerhaven (Allemagne), pour juillet 2013, pour examiner plus en profondeur les propositions de création de ZMP dans la région de la Mer de Ross et de l'Antarctique de l'Est. La Commission a entériné l'avis du Comité scientifique sur les plans de gestion de la RCTA pour les zones spécialement protégées de l'Antarctique (ZSPA) et les zones gérées spéciales de l'Antarctique (ZGSA). La Commission a approuvé une nouvelle mesure de conservation (91-02) qui met en exergue les valeurs des ZSPA et des ZGSA et qui exhorte les Membres de s'assurer que leurs navires

savent localiser les ZSPA et les ZGSA dont les plans de gestion comportent des zones marines. Il s'agit là d'une réponse à une préoccupation exprimée au sujet de la pêche au krill qui a eu lieu en 2010 au niveau de la ZGSA 1 et de la ZSPA 153 puis, de nouveau, sur la ZSPA 153 en 2012.

27.   Le président du Comité scientifique pour les recherches antarctiques (SCAR) a présenté le rapport annuel de son institution (IP 4) et fait référence au document BP 20 qui recense les principaux articles scientifiques publiés depuis la RCTA XXXV. En juillet 2012, le SCAR a approuvé cinq nouveaux projets de recherche scientifique portant sur : i) l'état de l'écosystème de l'Antarctique ; ii) les seuils antarctiques - Résilience et adaptation des écosystèmes ; iii) les changements climatiques en Antarctique au 21è siècle ; iv) la dynamique passée de la calotte glaciaire de l'Antarctique ; et v) le programme scientifique *« Solid Earth Response and Cryosphere Evolution »*. Le SCAR a réitéré son engagement à soutenir les Parties au Traité en promouvant la science en Antarctique. S'agissant du changement climatique, le SCAR a publié une mise à jour des éléments saillants du rapport « Changement climatique en Antarctique et environnement (ACCE) » pour rendre compte des impacts sur les biotes marins et terrestres de l'Antarctique et de l'océan Austral. Pour améliorer la qualité des données nécessaires à la compréhension du rôle central que joue l'océan Austral dans le fonctionnement du climat et de l'écosystème de la planète, un nouveau portail internet du Système d'observation de l'océan Austral (SOOS) a été mis en place. En outre, la première édition du projet « Tendances des travaux scientifiques en Antarctique et dans l'océan Austral » *(Antarctic and Southern Ocean Science Horizon Scan)* a été lancée. Elle a pour but de réunir des experts pour identifier les questions scientifiques les plus importantes à traiter au cours des deux prochaines décennies. Le SCAR a invité des experts de toutes les Parties à apporter leur contribution par le biais de son site Internet : *www.scar.org*.

28.   La Secrétaire exécutif du Conseil des directeurs des programmes antarctiques nationaux (COMNAP) a présenté le Rapport annuel de son organisation (IP 3). Il a fait savoir que le COMNAP allait célébrer le 25e anniversaire de sa création cette année. Pour cette réunion, le COMNAP a fait savoir qu'il avait collaboré avec d'autres pour préparer deux documents de travail dont une étude des recommandations de la RCTA portant sur les questions opérationnelles (WP 1) et une mise à jour des actions émanant des ateliers du COMNAP sur l'intervention et la coordination en matière de recherche et de sauvetage (WP 17). COMNAP et SCAR envisageaient d'organiser conjointement deux ateliers cette année sur le Système d'observation de

l'océan Austral (SOOS) et sur les difficultés qui se posent aux actions de conservation de l'Antarctique.

29. La Colombie a présenté le document IP 104 intitulé « *La Colombie en Antarctique* » et a déclaré envisager de mettre sur pied un programme national de recherche avec une expédition en Antarctique en 2014/2015 et ratifier le Protocole relatif à la protection de l'environnement et la Convention CCAMLR. La Colombie s'est réjouie de la perspective de collaborer avec d'autres Parties pour protéger le continent antarctique. En réponse à une question du Royaume-Uni, la Colombie a précisé qu'elle entendait ratifier le Protocole relatif à la protection de l'environnement et la Convention CCAMLR avant d'organiser l'expédition.

30. Le représentant de l'Association Antarctique - océan Austral (ASOC) a présenté le document IP 106 intitulé « *Rapport de l'Association Antarctique - océan Austral* » qui rend compte des activités récentes de l'ASOC et des principales préoccupations. L'ASOC a présenté à la Réunion 12 documents traitant de questions environnementales essentielles afin d'aider la RCTA et le CPE à assurer une protection et une conservation plus effectives de l'environnement de l'Antarctique. L'ASOC a félicité la Norvège et le Royaume-Uni d'avoir ratifié l'Annexe VI (Responsabilité) du Protocole relatif à la protection de l'environnement et a encouragé d'autres Parties à en faire de même. Compte tenu des menaces nombreuses qui pèsent sur l'Antarctique, induites par les changements climatiques et les activités anthropiques, l'ASOC attendait avec impatience que la XXXVIe RCTA arrête des actions concrètes.

31. Le représentant de l'Organisation météorologique mondiale (OMM) a rendu compte des activités récentes de l'Organisation. L'OMM a apporté sa contribution au document WP 1 ainsi qu'aux discussions intersessions relatives à l'échange d'informations sur le tourisme en Antarctique, le renforcement de la coopération et les activités de recherche et de sauvetage. Par l'intermédiaire du Panel des experts sur les observations, la recherche et les services polaires relevant de son Conseil exécutif (EC-PORS), l'OMM a mené des activités dans quatre domaines : l'observation, la recherche, les services et l'engagement. Au titre des observations, EC-PORS étudiait les possibilités d'extension de son Réseau d'observation en Antarctique (AntON) et d'application de l'élément d'observation (CRYONET) de la Veille mondiale de la cryosphère *(Global Cryosphere Watch)*. En matière de recherche, EC-PORS plaide pour un Système mondial intégré de prévision polaire (GIPPS) qui couvrirait les prévisions, les prédictions

et les projections sur des échelles de temps horaires, saisonnière et décennales afin de pouvoir répondre aux besoins sans cesse croissants en prévisions et projections météorologiques plus précises dans les régions polaires ; EC-PORS appelle à un soutien pour son bureau de coordination internationale situé à Bremerhaven (Allemagne). L'équipe de travail (EX-PORS) sur les services a poursuivi le recensement des besoins en services pour des régions cibles et la formulation de projets pilotes tout en étudiant l'opportunité d'un Centre régional polaire sur le climat et de forums sur les perspectives d'avenir. Le Groupe directeur interorganisations sur l'Initiative de coopération polaire sur le long-terme formule actuellement un document de réflexion pour une éventuelle Initiative polaire internationale (IPI). Cette IPI est une nouvelle tentative pour apporter une réponse efficace aux défis qui se posent actuellement aux observations, à la recherche et aux services environnementaux et pourrait aider à élaborer des systèmes d'observation et des services d'information environnementale plus fiables pour les régions polaires. Les Parties ont été encouragées à visiter le site de l'OMM sous le lien « Activités polaires ».

32. L'observateur représentant l'Organisation hydrographique internationale (OHI) a présenté le document IP 2 *(Rapport de l'Organisation hydrographique internationale)* qui décrivait l'état des levés hydrographiques et de la cartographie marine en Antarctique. Plus de 90 % des eaux de l'Antarctique n'ont pas été cartographiées, ce qui posait des risques élevés d'incidents maritimes et entravait la conduite d'activités maritimes. Constatant la forte croissance de l'activité humaine, l'OHI se dit préoccupée par la réduction des ressources allouées aux activités de cartographie et de topographie. Pour prévenir les catastrophes, l'OHI a recommandé que la RCTA : examine les carences hydrographiques et cartographiques en Antarctique et leurs impacts sur les activités ; envisage d'encourager les Parties à augmenter leur aide aux activités hydrographiques et cartographiques en Antarctique ; encourage les États à allouer des ressources conséquentes pour accélérer la production de cartes sur support papier et de cartes de navigation électroniques de l'Antarctique ; et adopte la proposition de Recommandation RCTA sur l'hydrographie et la cartographie nautique qui a été formulée par la Commission hydrographique sur l'Antarctique.

33. La représentante de l'Association internationale des organisateurs de voyages en Antarctique (IAATO) a présenté le document IP 99 *(Rapport 2012-2013 de l'Association internationale des organisateurs de voyages en Antarctique)*. IAATO a indiqué que pour la première fois en cinq ans, le nombre de visiteurs a augmenté l'année passée pour dépasser les 34 000

touristes, ajoutant que ce chiffre ne pourrait être soutenu à la prochaine saison. IAATO a adopté un plan stratégique sur cinq ans déclinant la vision et les valeurs de cette organisation. Conformément à sa politique « divulguer et débattre », IAATO a rendu compte de quelques incidents touristiques qui ont eu lieu en 2012/2013. En outre, l'IAATO a indiqué que ses membres et leurs passagers avaient contribué plus de 400 000 $US aux organisations scientifiques et de conservation qui activent dans les régions antarctique et subantarctique. IAATO s'est félicitée de la coopération qu'elle avait reçue des Parties, de COMNAP, SCAR, CCAMLR, OHI/CHA, ASOC et d'autres dans l'intérêt d'une protection durable de l'Antarctique.

Point 5 – Fonctionnement du système du Traité sur l'Antarctique : Questions de caractère général

34. COMNAP a présenté le document WP 1 *(Examen des recommandations de la RCTA sur les questions opérationnelles)* qui a été présenté conjointement par l'IAATO, l'OHI, SCAR et l'OMM et qui contenait des propositions de révision à 28 recommandations relevant de 4 catégories et intéressant les questions opérationnelles. Ce document visait à fournir des conseils d'expert additionnels et proposait des modifications, ajoutées en 3 annexes à ce document. La Pièce jointe A contient les suggestions relatives aux douze recommandations nécessitant une mise à jour ; la Pièce jointe B contient les suggestions relatives aux deux recommandations nécessitant les conseils du COMNAP et du SCAR ; quant à la Pièce jointe C, elle contient les suggestions relatives aux huit recommandations de l'OMM ayant trait à la météorologie.

35. La réunion a remercié le COMNAP et d'autres instances d'experts pour leurs excellentes contributions sur la révision des recommandations traitant des questions opérationnelles qui nécessitent un réexamen, illustrant ainsi l'examen progressif par la RCTA de la pertinence des mesures.

36. Plusieurs Parties ont exprimé leur soutien aux recommandations fournies et ont proposé que les Parties entament des discussions en intersessions sur cette masse de travail abondante et complexe.

37. Il a été relevé que la Recommandation XV-20 (1989) sur la sécurité aérienne en Antarctique devrait être mise à jour dans les meilleurs délais, de préférence lors de cette Réunion.

38. La Réunion a adopté la Résolution 1 (2003) sur la sécurité aérienne en Antarctique.

39.   La Réunion a convenu de mettre sur pied un groupe de contact intersessions (GCI) chargé du réexamen des Recommandations de la RCTA sur les questions opérationnelles ; ce GCI devrait rechercher la participation d'experts et de juristes pour :

- mettre à jour les Recommandations et les Mesures pertinentes en annexe au document WP 1, hormis la Recommandation XV-20 (1989) sur la sécurité aérienne en Antarctique.

40.   Il a été également convenu que :

- les observateurs et les experts qui participent à la RCTA soient invités afin d'apporter des contributions ;
- le Secrétaire exécutif ouvre le forum RCTA au GCI et lui apporter l'assistance nécessaire ; et
- les États-Unis fassent fonction d'organisateur et rendent compte à la prochaine RCTA sur les progrès accomplis par le GCI.

41.   La France a présenté le document WP 44 *(L'exercice de la juridiction dans la zone du Traité sur l'Antarctique)* qui contenait un compte-rendu des travaux du GCI qu'elle présidait. Les échanges ont porté sur les questions susceptibles de poser des problèmes d'application des législations nationales dans la zone du Traité sur l'Antarctique et que la France a présenté à la XXXVe RCTA (WP 28). Ils se sont fondés sur des cas fictifs de dommages causés à l'environnement et d'une agression d'une personne par une autre.

42.   La Réunion a convenu que la question de l'exercice de la juridiction était fort importante et a remercié la France pour avoir coordonné les travaux qui ont fourni à la RCTA des informations de qualité.

43.   Plusieurs Parties ont fait part de leurs préoccupations concernant la création d'une base de données, surtout si celle-ci devait contenir des renseignements sur leurs ressortissants, ou l'inclusion d'études de cas fictives. Certaines de ces Parties préféraient continuer avec l'échange d'informations qui renseigneraient le processus de prise de la décision sur la question sans aller jusqu'à créer une base de données. D'autres Parties se sont déclarées favorables à la poursuite des discussions sur la mise en place d'une base de données mais sans y inclure des cas fictifs. L'Australie a relevé le nombre élevé de propositions soumises à la XXXVIe RCTA sur l'échange d'informations et a exprimé son soutien pour une révision systématique et exhaustive de l'information échangée par les Parties.

44.   La Réunion a bien noté qu'il pourrait y avoir confusion si des cas fictifs étaient insérés dans la base de données à côté de cas réels destinés à servir de références à l'avenir. La France a exprimé son accord pour dire que les cas fictifs ne devraient pas figurer dans l'échange d'informations et que ceci pourrait être porté aux Termes de référence pour les prochaines discussions intersessions.

45.   La France a rassuré la Réunion qu'elle n'avait aucune intention d'incorporer des renseignements privés/personnels dans l'échange d'informations et que cet échange se limiterait aux informations déjà dans le domaine public sur les cas et les lois pertinents pour l'Antarctique, y compris sur les pouvoirs des commandants de stations, de navires et d'avions qui diffèrent d'un Etat à un autre, en s'interrogeant pour savoir si ces personnes ont un quelconque pouvoir pour ce qui concerne les infractions commises dans la zone du Traité sur l'Antarctique.

46.   La France a fait savoir que deux cas réels et deux autres cas fictifs ont été proposés au GCI et que les deux cas réels avaient été retirés après que certaines Parties avaient exprimé leur préoccupation. Deux cas fictifs ont été utilisés lors des discussions du GCI sans qu'une quelconque préoccupation ait été exprimée.

47.   La Réunion a convenu de poursuivre l'étude de la question de la juridiction dans la zone du Traité et à proroger *mutatis mutandis* le mandat du GCI créé à la XXXVᵉ RCTA (Rapport final de la XXXVᵉ RCTA, paragraphes 47-49).

48.   Le Chili a présenté le document WP 66 *(Rapport du groupe de contact intersessions sur la coopération en Antarctique)* contenant un compte-rendu des résultats des discussions sur la coopération depuis la dernière Réunion et un résumé des contributions des participants. Le document reprenait l'essentiel des thèmes discutés, à savoir : l'échange d'informations, la coopération en matière éducative, la coopération sur les questions de logistique et la recherche scientifique conjointe. Le document recommandait l'amélioration du Système électronique d'échange d'information (SEEI) ; le renforcement de la coopération en matière éducative et de la diffusion des informations ; l'encouragement de la formation poussée des chercheurs dans les sciences de l'Antarctique ; le renforcement de la coopération sur les questions logistiques et opérationnelles ; une meilleure communication entre les différents programmes antarctiques nationaux ; et la promotion d'une utilisation conjointe des bases existantes. Le Chili a suggéré que le forum soutienne le travail du GCI sur la juridiction et appelle à une plus grande collaboration dans le domaine de la recherche et du sauvetage (SAR). Pour

prendre en charge ces recommandations, le Chili a suggéré que le mandat du GCI soit renouvelé.

49. Plusieurs Parties ont félicité le Chili et le GCI pour le travail accompli sur les questions de coopération et ont appuyé les recommandations faites, ajoutant que la plupart de celles-ci sont citées comme priorités dans le plan de travail stratégique pluriannuel. Au sujet de la coopération sur les questions éducatives, COMNAP a fait savoir qu'il disposait déjà d'une base de données référençant les cours de formation des Programmes antarctiques nationaux.

50. La Réunion a convenu de poursuivre l'étude de la question du renforcement de la coopération en Antarctique et de proroger *mutatis mutandis* le mandat du GCI créé à la XXXV^è RCTA (Rapport final de la XXXV^è RCTA, paragraphes 51-54).

51. La Fédération de Russie a présenté le document IP 43 *(Implementation of the new Russian legislature « On regulation of activity of the Russian citizens and the Russian legal entities in the Antarctic »)*, indiquant qu'une nouvelle loi russe avait pourvu une assise juridique permettant au Gouvernement russe de ratifier la Mesure 4 (2004) sur l'assurance et la planification d'urgence, la Mesure 1 (2005) relative à l'Annexe VI sur la responsabilité et la Mesure 15 (2009) sur le débarquement des personnes des navires de croisière. Ces Mesures ont été approuvées par le Gouvernement en mars 2013. En juillet 2012, le Gouvernement de la Fédération de Russie avait entériné un plan pour formuler d'autres textes de loi en rapport. Le Gouvernement de la Fédération de Russie avait également adopté des dispositions en novembre 2012 permettant : de désigner l'Agence fédérale russe d'hydrométéorologie (Roshydromet) en tant qu'organisme habilité à nommer des observateurs, à surveiller la conformité et à organiser des activités de recherche et des inspections ; et de charger l'Institut russe de recherches arctiques et antarctiques de veiller à ce que la recherche russe en Antarctique soit conforme aux normes internationales et satisfait les obligations internationales. La Fédération de Russie envisageait d'adopter de nouvelles lois pour parachever son dispositif juridique dès le début de l'année 2014.

52. La France a présenté le document IP 79 *(Strengthening Support for the Protocol on Environmental Protection to the Antarctic Treaty)*, préparé conjointement avec l'Australie et l'Espagne. Le document contenait un rapport sur les démarches menées conformément à la Résolution 1 (2012) pour encourager les 15 États qui sont parties au Traité sur l'Antarctique mais qui n'ont pas ratifié le Protocole relatif à la protection de l'environnement à le faire. La France a fait savoir que l'Autriche, le Danemark, la Malaisie

et le Portugal avaient entamé les procédures nécessaires et devraient pouvoir ratifier avant la fin de l'année 2013. Huit autres Parties ont adopté une approche à plus long terme en raison de difficultés internes et des implications financières. La France a fourni des informations à diverses Parties pour les aider dans leurs efforts de ratification.

53. L'Australie a remercié la France pour la présentation du document IP 79 et d'autres Parties consultatives pour leur participation aux démarches organisées par l'Australie, l'Espagne et la France. L'Australie a confirmé que la réponse aux démarches initiées était positive dans l'ensemble et indiquait une reconnaissance claire de l'importance du Protocole relatif à la protection de l'environnement. L'Espagne était d'avis que le Protocole était l'outil le plus important dont disposait la RCTA pour protéger l'environnement antarctique. L'Australie et l'Espagne ont appuyé la poursuite des démarches durant la période intersessions.

54. La Réunion a félicité les Parties qui avaient pris part aux démarches pour leurs efforts sur ce point et confirmé que cette question était importante pour toutes les Parties. Ayant relevé que des questions précises avaient été posées, notamment en rapport avec les incidences administratives et financières de la ratification du Protocole, la Réunion a convenu de la poursuite du travail intersessions et s'est félicitée de l'offre de l'Australie, l'Espagne et la France de continuer à coordonner le travail intersessions et de rendre compte à la XXXVIIᵉ RCTA des résultats des démarches qui auront été entreprises dans la période intersessions 2013/2014.

55. Les Parties ont étudié et arrêté un format indicatif pour les GCI (voir ci-dessous), conformément au paragraphe 62 du Rapport final de la XXXVᵉ RCTA.

La Réunion a convenu de créer un Groupe de contact intersession (GCI) sur [thème] qu'elle charge de :

  - *[Objectif principal] ;*
  - *[Autres objectifs] ;*

Il a été également convenu que :

  - *les observateurs et les experts qui participent à la RCTA soient invités à apporter des contributions ;*
  - *le Secrétaire exécutif ouvre le forum RCTA au GCI et lui apporter l'assistance nécessaire ; et*
  - *les [Parties] fassent fonction d'organisateurs et rendent compte à la prochaine RCTA sur les progrès accomplis par le GCI.*

Point 5b – Fonctionnement du Système du Traité sur l'Antarctique : Demande de la République tchèque pour accéder au statut de Partie consultative

56.   L'Honorable Vladimir Galuška, Vice-ministre des affaires étrangères de la République tchèque, a déclaré à la Réunion que la République tchèque avait adressé, au gouvernement dépositaire, une demande officielle d'accession au statut de Partie consultative le 18 avril 2013. La République tchèque est Partie non-consultative depuis 1962 et a mené activement des travaux de recherche en Antarctique depuis 1994. Elle gère et entretient sa propre station antarctique, Johann Gregor Mendel, depuis 2006, qui accueille 25 chercheurs et mène diverses activités de recherche scientifiques en géosciences, climatologie, biologie ainsi que la production d'une carte topographique et géologique de la partie nord de l'île James Ross. La République tchèque s'est félicitée de la collaboration d'autres Parties au niveau de sa station.

57.   Elle a également annoncé avoir approuvé les Annexes en vigueur du Protocole de Madrid et, conformément à la Décision 4 (2005), a fait part de son intention d'approuver toutes les Recommandations et les Mesures approuvées par toutes les Parties consultatives. La République tchèque compte également envisager d'approuver d'autres Recommandations et Mesures, notant que sa Loi sur l'Antarctique de 2003 avait transposé les obligations internationales dans son droit interne, ajoutant qu'elle a créé une Commission pour l'Antarctique, toutes initiatives qui viennent appuyer sa demande d'accession au statut de Partie consultative.

58.   Les Parties consultatives ont remercié la République tchèque pour son exposé et pour son engagement à approuver les Recommandations et les Mesures. Plusieurs Parties ont relevé les efforts consentis par la République tchèque pour satisfaire les conditions requises, y compris la mise en œuvre de son programme de recherche scientifique. La Belgique et l'Argentine ont fait part de leurs expériences positives de collaboration avec la République tchèque dans la Péninsule antarctique.

59.   Les Parties consultatives ont convenu que la République tchèque avait rempli les conditions requises et qu'elle était par conséquent acceptée comme Partie consultative par consensus. Les Parties consultatives ont invité la République tchèque à rendre compte à la XXXVIIe Réunion, en 2014, sur les progrès qu'elle aura accomplis dans la mise en œuvre des instruments de la RCTA.

60.   La Réunion a adopté la Décision 1 (2013) portant reconnaissance du statut de Partie consultative pour la République tchèque.

Point 6 – Fonctionnement du système du Traité sur l'Antarctique : Examen de la situation du Secrétariat

61. La Réunion a examiné les documents SP 2 *(Rapport du Secrétariat 2012-2013)*, SP 3.Rev1 *(Programme du Secrétariat pour l'exercice 2013-2014)* et SP 4 *(Profil budgétaire quinquennal prévisionnel 2013-2017)*.

62. A l'issue de discussions informelles sur le budget, le Secrétaire exécutif a présenté un programme de travail révisé et un budget prévisionnel révisé au document SP 3 Rev1. La version révisée a été approuvée par la Réunion laquelle a ensuite adopté la Décision 4 (2013) - Rapport, programmes et budget du Secrétariat, la Décision 2 (2013) - Reconduction du Secrétariat exécutif dans ses fonctions, et la Décision 3 (2013) - Renouvellement de contrat du Commissaire aux comptes du Secrétariat.

63. Rendant compte sur les activités du Secrétariat, le Secrétaire exécutif a indiqué que le Secrétariat avait apporté son appui à trois domaines d'activités, à savoir : Réunions de la RCTA et du CPE ; activités intersessions ; et échange d'informations.

64. Au volet des activités intersessions, le Secrétaire exécutif a relevé l'amélioration substantielle apportée au site du STA et qui offre, désormais, de nombreuses nouvelles fonctionnalités destinées, grâce aux technologies modernes, à assurer une plus grande accessibilité. Il s'est également attardé sur les améliorations apportées au Système électronique d'échange d'informations (SEEI) et la mise à jour de trois grandes bases de données (Base de données sur les études d'impact sur l'environnement (EIA) ; Base de données sur les zones protégées qui comprend aujourd'hui un ensemble d'éléments de haute résolution utiles pour le Système d'information géographique (SIG) ; et la Base de données du Traité sur l'Antarctique). Le Secrétariat a rendu compte des activités de coopération avec le Scott Polar Research Institute (SPRI, Cambridge) qui détient une vaste collection de documents de réunion pour compléter sa banque d'archives.

65. Le Secrétaire exécutif a également mis en exergue plusieurs autres questions concernant le personnel. Il a rappelé aux Parties qu'en vertu de la règle 6.2 du règlement du personnel, le Secrétaire exécutif nomme son adjoint, dont le contrat expire le 31 décembre 2014 et qu'il allait consulter les Parties au Traité sur cette nomination.

66. La Réunion a invité le Secrétaire exécutif à faire une présentation à la XXXVIIᵉ Réunion sur le processus de sélection du Secrétaire exécutif adjoint, conformément à la section 5 de l'Annexe 3 de la Décision 4 (2013).

67. S'agissant de l'atelier sur le Plan de travail stratégique pluriannuel, la Réunion a remercié la Norvège, les États-Unis, l'Australie et les Pays-Bas pour leurs contributions au fonds spécial qui a pu ainsi couvrir la totalité des frais d'interprétation de l'atelier.

68. Le Secrétaire exécutif a présenté le rapport d'audit financier pour l'exercice 2011-2012. Selon le commissaire aux comptes, les états financiers reflétaient fidèlement, pour l'essentiel, l'état financier du Secrétariat du Traité sur l'Antarctique à la date du 31 mars 2012, et que les résultats financiers de l'exercice étaient conformes aux normes comptables internationales et au règlement spécifique des Réunions consultatives du Traité sur l'Antarctique. Le Secrétaire exécutif a appelé l'attention des Parties sur le contrat actuel du commissaire aux comptes qui expire le 1er octobre 2013 et a proposé que le contrat soit renouvelé puisque le travail du commissaire aux comptes a été jugé satisfaisant.

69. Suite à la présentation du rapport financier provisoire pour l'exercice 2012-2013, le Secrétaire exécutif a annoncé la réalisation d'économies sur le budget prévisionnel grâce à la diminution des coûts des services de traduction et d'interprétation de conférence. Elaborant sur ce point, le Secrétaire exécutif a informé la Réunion que la société maltaise de services linguistiques, *International Translation Agency Ltd* (ITA), s'est vue attribuer le contrat de traduction et d'interprétation de conférence en décembre 2012.

70. Présentant les activités inscrites au programme du Secrétariat pour la période 2013-2014, le Secrétaire exécutif a mis en exergue l'assistance que son Secrétariat apportera au Brésil, Pays hôte de la XXXVIIe RCTA et de la XVIIème réunion du CPE. Le Secrétariat continuera à développer et affiner le SEEI et à enrichir les bases de données y compris pour les zones protégées (SIG). Le Secrétariat compte poursuivre sa coopération avec le *Scott Polar Research Institute* à l'effet d'identifier tous les documents manquants de la RCTA et de les intégrer à la base de données STA.

71. Le Secrétaire exécutif a relevé trois caractéristiques du budget 2013-2014, en l'occurrence : aucune demande d'augmentation de salaire n'a été enregistrée cette année ; en vertu de la législation européenne en matière fiscale, les coûts des services linguistiques que la société maltaise ITA a fourni à la XXXVIe RCTA ont été exonérés de la taxe sur la valeur ajoutée (TVA) ;

72. et enfin, le Secrétaire exécutif a annoncé une hausse des dépenses prévue aux prochains budgets. Toutefois, aucune augmentation des contributions n'est à prévoir pour les cinq prochaines années en raison du surplus accumulé au cours des derniers exercices.

73. Plusieurs Parties ont fait part de leur appréciation pour le travail que le Secrétaire exécutif a réalisé ces dernières années, notamment le recours aux technologies avancées qui a permis de réduire les coûts.

74. La Réunion a félicité le Secrétaire général à l'occasion de sa reconduction et s'est réjouie à la perspective de continuer à travailler avec lui.

75. Le Secrétaire exécutif a réitéré son appréciation au Gouvernement d'Argentine pour l'excellent soutien qu'il apporte aux activités du Secrétariat et a remercié chaleureusement les Parties pour lui avoir renouvelé leur confiance pour un nouveau mandat de quatre ans, lequel mandat a été approuvé lors de la réunion des Chefs de Délégations.

76. En réponse à une invitation du Secrétaire exécutif, plusieurs Parties ont fait savoir que leurs contributions au budget 2012-2013 étaient en cours de versement.

77. La Réunion a convenu que le Groupe de contacts intersessions à composition non limitée sur les questions financières, créé en vertu de la Décision 2 (2012), poursuivrait sa mission et qu'il serait coordonné par le pays hôte de chaque RCTA.

78. La France a présenté le document WP 40 *(Glossaire des termes et expressions utilisés par la RCTA)*, et qui a été préparé conjointement avec la Belgique et l'Uruguay. Le document proposait que la RCTA adoptât un glossaire complet dans les quatre langues officielles du Traité sur l'Antarctique. Un tel document faciliterait la tâche des traducteurs et permettrait d'éviter les erreurs, les incohérences et les traductions multiples de termes et d'expressions identiques. La France a proposé une première contribution à un tel glossaire, en anglais et en français, à soumettre aux Parties pour examen, et a suggéré que les Parties intéressées contribuent volontairement aux quatre langues de travail, dans le cadre d'un GCI que la France coordonnerait.

79. La Russie a exprimé sa disponibilité à contribuer à la rédaction de la version russe du glossaire et a attiré l'attention de la Réunion sur le document IP 74 *(On creating a four-language glossary of the main terms and definitions used in the Antarctic Treaty documentation)* que la Fédération de Russie avait présenté en 1999, proposant un glossaire similaire. La Fédération de Russie a déjà entrepris de préparer un glossaire en russe destiné aux personnes qui seront amenées à travailler dans ses stations antarctiques. Plusieurs Parties hispanophones ont exprimé leur disponibilité à contribuer à la production d'un glossaire espagnol.

80.   La Réunion a convenu de l'utilité d'un tel glossaire pour faciliter le travail des traducteurs et des interprètes et les activités informelles des Parties. Certaines Parties ont soulevé quelques inquiétudes liées au coût et à l'utilisation du glossaire. L'Argentine a fait savoir que l'incorporation de termes dans le glossaire et leur traduction devraient se faire sur la base du consensus.

81.   Certains délégués ont fait valoir que l'interprétation de termes figurant dans des instruments juridiques et opposables pourrait nécessiter une procédure formelle et longue, d'autant qu'en l'absence d'un dégagement de responsabilité, un tel glossaire pourrait être considéré, erronément, comme une interprétation juridiquement contraignante.

82.   Il a été également relevé que la production d'un glossaire pourrait augmenter les coûts, et la charge de travail, du Secrétariat. Il ne faudrait pas que la production d'un tel glossaire induise des coûts élevés. Le Secrétaire exécutif a pris bonne note de toute l'importance qu'il faut accorder à la précision et l'exactitude des rapports finaux de la RCTA et du CPE et a cité la disponibilité, et l'utilisation gratuite, d'une banque terminologique conçu par l'Union européenne. Le Secrétariat est tout à fait disposé à organiser l'utilisation de cette banque terminologique pour ses besoins en traduction.

83.   La Réunion a retenu la proposition d'un GCI chargé d'élaborer un glossaire et a réitéré qu'il n'était pas nécessaire de passer une résolution pour poursuivre ce travail ; que la production d'un tel glossaire ne devrait pas être à prix coûtant pour le Secrétariat ni n'exiger de lui une quelconque autre tâche à part la mise en ligne du glossaire sur le site du Secrétariat. Le glossaire envisagé devrait comprendre : « le présent glossaire est destiné à faciliter la tâche des traducteurs et des interprètes et ne constitue en aucun manière une interprétation juridiquement contraignante du Traité sur l'Antarctique ou des instruments juridiques qui lui sont associés. »

84.   La Réunion a convenu de créer un Groupe de contact intersessions (GCI) pour l'élaboration poussée d'un glossaire, afin de :

- d'aider la traduction et l'interprétation ; et
- éviter les traductions divergentes de termes et d'expressions identiques.

85.   Il a été également convenu que :

- les observateurs et les experts qui participent à la RCTA soient invités à apporter des contributions ;

- le Secrétaire exécutif ouvre le forum RCTA au GCI et lui apporte l'assistance nécessaire ; et
- que la France assume les fonctions d'organisateur et rende compte à la prochaine RCTA sur les progrès accomplis par le GCI.

86.	La France a présenté le document WP 45 *(Questions budgétaires : proposition de faire bénéficier le Secrétariat du Traité sur l'Antarctique de l'expertise du « Régime de la Coordination »),* faisant suite aux discussions sur les questions budgétaires tenues à la XXXV^è RCTA et a proposé que le Secrétariat accède au statut d' « organisation associée » du régime dit « de la Coordination » afin qu'il puisse bénéficier de l'expertise et des outils du Service international pour les rémunérations et les pensions (SIRP) pour identifier les voies et les moyens permettant d'améliorer sa méthode d'ajustement des salaires.

87.	Plusieurs Parties ont manifesté leur intérêt pour la proposition et ont estimé qu'elle permettrait un contrôle administratif et financier plus facile pour les Parties et faciliterait le travail de la RCTA. . Cette proposition pourrait également permettre de faire des économies. Plusieurs Parties ont déclaré que la contribution que le Secrétariat ferait en cas d'adhésion à ce régime ne devrait pas être supérieure aux économies potentielles. Des Parties se sont interrogées sur la faisabilité et la pertinence du SIRP pour le contexte spécifique du Secrétariat du Traité sur l'Antarctique et des doutes ont été émis quant aux avantages à escompter au regard du fait que le SIRP est implanté en Europe.

88.	La Réunion a convenu de charger le Secrétariat d'entamer les discussions avec le régime de la Coordination et d'autres entités pertinentes pour recueillir des informations sur :

- les méthodes d'ajustement des salaires adaptées aux réalités du Secrétariat afin d'affiner la méthode actuellement utilisée en la fondant sur un paramètre plus clair que les Parties pourraient contrôler plus efficacement ; et
- la cotisation que le Secrétariat serait amené à payer.

89.	Il a été également convenu que le Secrétariat rendrait compte à la XXXVII^è RCTA sur les résultats de ces démarches.

Point 7 – Élaboration d'un Plan de travail stratégique pluriannuel

90.	Les co-présidents (Australie et Belgique) ont présenté le document WP 67 *(Rapport des co-présidents sur l'atelier d'élaboration d'un Plan de travail stratégique pluriannuel pour la RCTA, Bruxelles (Belgique) 20-21 mai 2013)*, qui rappelle le cadre, la conduite de l'Atelier, les résultats et les actions à venir. La Réunion a longuement débattu de la question de savoir s'il faudrait programmer toutes les priorités et les actions correspondantes sur une échéance de cinq ans ou ne programmer que les priorités qui seront étudiées à la XXXVIIe RCTA. Plusieurs Parties ont reconnu qu'il était important de réaliser toutes les priorités dans une approche pluriannuelle et ont convenu d'aller pour une approche graduelle en commençant, d'abord, par les priorités inscrites à la XXXVIIe RCTA et les actions qui leur correspondent.

91. La Réunion a convenu que la XXXVIIe RCTA se focalisera principalement sur les priorités suivantes :

   Coopération pour :

   - *entreprendre un examen complet des obligations actuelles en matière d'échange d'informations, ainsi que du fonctionnement du Système électronique d'échange d'informations (SEEI), et identifier toute obligation supplémentaire ;*
   - *renforcer la coopération entre les Parties sur les opérations aériennes et maritimes actuelles en Antarctique et les mesures de sécurité, et identifier toute question pouvant être portée à la connaissance de l'OMI et de l'OACI, selon qu'il convient ;*
   - *étudier et évaluer la nécessité de mener des actions supplémentaires de gestion de zone et d'infrastructures touristiques permanentes, ainsi que les questions liées au tourisme terrestre et d'aventure ; et étudier les recommandations de l'étude sur le tourisme menée par le CPE.*

92. Il a été également convenu d'inviter les Parties, les experts et les observateurs à se concerter, dans le cadre du GCI sur la coopération en Antarctique, sur l'élaboration de priorités à verser au Plan.

93. La Réunion a adopté la Décision 5 (2013) *(Plan de travail stratégique pluriannuel pour de la Réunion consultative du Traité sur l'Antarctique)*.

94. ASOC a présenté le document IP 61 *(Human impacts in the Arctic and Antarctic: Key findings relevant to the ATCM and CEP)* qui soutenait que les pratiques de gestion de l'environnement et les systèmes de gouvernance actuels ne suffisaient pas pour satisfaire les obligations prévues au Protocole relatif à la protection de l'environnement. Le document suggère des actions stratégiques et spécifiques pour les Parties au Traité sur l'Antarctique dont

l'utilisation plus large des outils de gestion environnementale existants, un plus grand respect du Protocole et de ses Annexes, un engagement proactif sur les questions stratégiques et controversées, la nécessité de placer les visions partagées et de long terme et les stratégies collectives au cœur du processus décisionnel et une collaboration et une coordination plus étroites.

Point 8 – Rapport du Comité pour la protection de l'environnement (CPE)

95. Dr Yves Frenot, Président du Comité pour la protection de l'environnement (CPE), a présenté le rapport de la XVIᵉ réunion du CPE. Le CPE a examiné 46 documents de travail (WP), 57 documents d'information (IP), 5 documents de Secrétariat (SP) et 7 documents de contexte (BP).

Débat stratégique sur les travaux futurs du CPE (Point 3 de l'ordre du jour du CPE)

96. Le Président du CPE a annoncé que le Comité s'était félicité des progrès accomplis dans la création d'un Portail des environnements de l'Antarctique et avait encouragé la poursuite de l'élaboration de cette initiative destinée à faciliter le lien entre la science de l'Antarctique et le CPE en fournissant un accès libre à une information libre et scientifique sur les questions prioritaires.

97. Le Comité a noté que le Portail était un projet indépendant et qu'il n'avait pas la prétention de servir d'outil politique ou de prise de décision. Saluant cette initiative, le CPE a observé que des questions telles que la gouvernance, la prise de décision, la composition du comité de rédaction du Portail, la représentation géographique et linguistique, la garantie du caractère apolitique et d'indépendance des données, le statut des informations postées sur le Portail et le financement à long terme ne devraient pas être perdus de vue lors de l'élaboration du Portail. A l'heure actuelle, il s'agit d'une initiative de Parties individuelles dont la Nouvelle-Zélande, avec le soutien de l'Australie, la Belgique, la Norvège et le SCAR.

98. La RCTA a salué les progrès enregistrés dans l'élaboration du Portail des environnements de l'Antarctique. Les États-Unis, la Norvège et l'Australie ont remercié la Nouvelle-Zélande pour cette initiative et pour les ressources apportées en soutien au Portail. En outre, les États-Unis se sont félicités de la participation du SCAR.

99. Le Président du CPE a informé que le Comité avait débattu des impacts des activités humaines sur l'environnement de l'Antarctique. L'ASOC a livré un exposé sur deux projets de collaboration internationaux lancés à la Conférence scientifique d'Oslo, en 2010, dans le cadre de l'Année polaire internationale. Ces projets exploraient les effets de l'action de l'homme et les scénarios futurs pour l'environnement de l'Antarctique. La majorité des rapports sont parvenus à la conclusion selon laquelle les méthodes de gestion environnementale et le système de gouvernance en vigueur à l'heure actuelle s'avèrent insuffisants aujourd'hui, et le seront encore demain, pour relever les défis environnementaux et les engagements du Protocole relatif à la protection de l'environnement. Le Comité a relevé que ces éléments pourraient s'avérer utiles et informer les débats futurs.

100. Le Président du CPE a informé que le Comité avait révisé et mis à jour son Plan de travail quinquennal. Le Comité a décidé de reclasser en priorité 2 le thème « Education et vulgarisation ».

Coopération avec d'autres organisations (Point 5 de l'ordre du jour du CPE)

101. Le Président du CPE a informé que le Comité avait reçu des rapports d'autres organisations partageant des centres d'intérêt avec le CPE. Le SCAR a décliné ses cinq nouveaux projets de recherche scientifique, savoir : a) l'état de l'écosystème de l'Antarctique, b) les seuils antarctiques : résilience et adaptation des écosystèmes, c) changements climatiques en Antarctique au 21è siècle, d) dynamique passée de la calotte glaciaire de l'Antarctique, et e) le programme scientifique « *Solid Earth Response and Cryosphere Evolution* ». L'observateur du Comité scientifique de la CCAMLR a identifié cinq thématiques d'intérêt commun avec le CPE, savoir : a) changement climatique et environnement marin de l'Antarctique, b) biodiversité et espèces non indigènes du milieu marin de l'Antarctique, c) espèces antarctiques nécessitant une protection spéciale ; d) gestion de l'espace marin et des zones protégées, et e) surveillance des écosystèmes et de l'environnement.

102. Le Président du CPE a déclaré que le Comité avait pris bonne note du travail visant à mettre au point, au sein de la CCAMLR, un système représentatif de zones marines protégées (ZMP) et a salué le travail que mène la CCAMLR sur les ZMP.

103. Les États-Unis ont fait part de leur préoccupation, à la lecture du rapport de l'observateur du Comité scientifique de la CCAMLR, au sujet des pêches au

krill signalées récemment dans la ZSPA 153, la ZGSA 1 à la Baie Admiralty. Les États-Unis s'étaient déclarés satisfaits par l'action entreprise par la CCAMLR et qui a permis l'adoption de la Mesure de conservation 91-02 (2012) qui exige des Parties qu'elles s'assurent que leurs navires autorisés à pêcher dans la zone de la Convention soient bien informés des plans de gestion et de la localisation de toutes les ZSPA et ZGSA désignées. Comme la CCAMLR l'a relevé en adoptant la Mesure de conservation 91-02, la prise de ressources marines vivantes dans les ZSPA et ZGSA pourrait annihiler la valeur scientifique des études écosystémiques de longue haleine menées dans ces zones et, partant, saper les objectifs assignés aux plans de gestion de ces zones. Les États-Unis estimaient que les Parties consultatives, notamment celles qui sont également membres de la CCAMLR, devraient continuer à accorder l'attention voulue à cette question et, si de tels agissements venaient à se reproduire, soutenir les actions adéquates pour les traiter.

104. ASOC a fait part de sa déception de voir que la résolution, destinée à soutenir les efforts de la CCAMLR sur les ZMP, n'a pas été retenue mais s'est réjoui de l'intérêt du CPE pour la mise en place d'un système représentatif de zones protégées. Intervenant sur le rapport de l'Antarctic Oceans Alliance intitulé *« Antarctic Ocean Legacy Update 1 – Securing Enduring Protection for the Ross Sea Region »*, dont le résumé figurait au document BP 17, ASOC a émis le souhait que la CCAMLR adoptât les deux propositions ZMP en cours de discussion.

Réparation des dommages et remise en état de l'environnement (Point 6 de l'ordre du jour du CPE)

105. Le Président du CPE a déclaré que le Comité avait examiné la demande faite à la XXXIIIe RCTA et contenue dans la Décision 4 (2010) visant à fournir des conseils sur les questions environnementales liées à la faisabilité de la réparation des dommages et à la remise en état de l'environnement. La Nouvelle-Zélande a présenté un compte-rendu sur les activités intersessions d'un GCI qui a été créé en 2012 dans le cadre du CPE, et qui a dressé une liste de questions à prendre en compte dans les activités de réparation des dommages et de remise en état de l'environnement.

106. La RCTA s'est réjouie du conseil fourni par le CPE sur les questions à prendre en compte dans les activités de réparation des dommages et de remise en état de l'environnement et a confirmé que le conseil sera étudié dans le détail par le Groupe de travail sur les questions juridiques et institutionnelles en 2014. En outre, la RCTA a observé que le CPE était prêt à répondre à toute demande future.

107. Certaines Parties ont souligné la nécessité d'améliorer le dialogue entre la RCTA et le CPE suggérant que cela pourrait se faire par le biais du Plan de travail stratégique pluriannuel et en accordant davantage d'attention aux recommandations de la RCTA qui émanent du travail du CPE.

108. Le Président a annoncé que le Comité avait entériné le Manuel de nettoyage de l'Antarctique proposé par l'Australie et le Royaume-Uni. Le Comité a également encouragé les Membres et les observateurs à formuler des lignes directrices pratiques et les moyens d'appui nécessaires en vue de leur inclusion dans le Manuel.

109. Acceptant l'avis du CPE, la RCTA a approuvé le Manuel de nettoyage de l'Antarctique en adoptant la Résolution 2 (2013), *Manuel de nettoyage de l'Antarctique*. La Nouvelle-Zélande a encouragé les Parties à utiliser le Manuel et les a invitées à contribuer à son amélioration continue.

110. Le Président a informé que le Comité avait étudié la question du démantèlement des stations antarctiques. La France et l'Italie ont présenté une estimation théorique des coûts du démantèlement de la station Concordia et le Brésil a livré les résultats de son plan de démantèlement de la station Comandante Ferraz, qui a été détruite par un incendie en 2012. Le Comité a débattu des possibilités de mise en commun de stations, de réouverture de stations déjà fermées plutôt que d'en construire de nouvelles. Le Comité a estimé que le potentiel de démantèlement d'une station doit être pris sérieusement en considération à la phase de conception et a convenu d'examiner la question du démantèlement aux prochaines révisions des *Lignes directrices pour l'évaluation de l'impact environnemental en Antarctique du CPE*.

111. En réponse à une suggestion du Royaume-Uni proposant que la RCTA demande l'avis du CPE sur la question de savoir si l'exigence d'une EIE - prévue au Protocole relatif à la protection de l'environnement - était conforme aux meilleures pratiques en cours, le Président du CPE a indiqué que la mise à jour régulière des lignes directrices figurait parmi les grandes priorités du plan de travail quinquennal du CPE.

Conséquences des changements climatiques pour l'environnement (Point 7 de l'ordre du jour du CPE)

112. Le Président a fait savoir que le Comité avait reçu du SCAR une version actualisée de son Rapport *Antarctic Climate Change and the Environment* (ACCE) Ce document résume les améliorations des connaissances sur la manière dont les climats de l'Antarctique et de l'océan Austral ont changé,

les probables scénarios de leur évolution future et les impacts afférents sur les biotes marins et terrestres. En approuvant les recommandations du SCAR, le Comité a décidé :

- d'encourager le SCAR et les Parties au Traité à collaborer avec la Convention-cadre des Nations unies sur les changements climatiques (CCNUCC) et le Groupe intergouvernemental sur l'évolution du climat (GIEC) afin de s'assurer que les questions liées aux changements climatiques en Antarctique et dans l'océan Austral soient étudiées en détail et que les deux organisations prennent conscience des résultats du rapport de l'ACCE et des mises à jour afférentes ;

- de concentrer ses efforts sur la mise en œuvre des recommandations exposées par la Réunion d'experts du Traité sur l'Antarctique (RETA) sur les conséquences des changements climatiques pour la gestion et la gouvernance en Antarctique (2010) ; et

- d'assurer la plus large diffusion des points saillants de la mise à jour du rapport ACCE pour sensibiliser au rôle crucial de l'Antarctique et de l'océan Austral dans le système climatique et à l'importance des impacts associés sur la région.

113. En réponse à cette importante mise à jour du Rapport ACCE, le Comité avait mis sur pied un GCI sur les effets des changements climatiques qui sera coordonné conjointement par le Royaume-Uni et la Norvège afin d'enregistrer des progrès sur les recommandations de la RETA 2010 relatives aux changements climatiques.

114. Le Président a fait savoir qu'en réponse aux présentations de l'ASOC livrant les derniers résultats de la recherche sur les changements climatiques et les actions que les Parties pourraient mener pour en atténuer les impacts, sur le rôle potentiellement important du carbone noir et des polluants climatiques à courte durée sur le réchauffement climatique, sur l'accélération de la perte de masse des calottes glaciaires antarctiques, le retrait généralisé des glaciers et les changements relevés au niveau de la Calotte glaciaire de l'Antarctique occidental - lesquels sont dus aux changements climatiques induits par l'activité anthropique -, le Comité avait pris bonne note de la problématique des polluants climatiques à courte durée suggérant de confier ces questions au GCI sur les changements climatiques.

115. Par ailleurs, le Comité avait reçu un rapport de l'IAATO rendant compte des progrès accomplis par son Groupe de travail sur les changements climatiques et des efforts déployés pour sensibiliser davantage au changement climatique

en Antarctique, ainsi qu'un rapport du COMNAP contenant les résultats de son analyse des coûts/énergie de la logistique de transport des programmes antarctiques nationaux et une étude sur les meilleures pratiques en matière de gestion énergétique.

116. La RCTA a relevé l'importance du travail du CPE sur les implications des changements climatiques et s'est réjouie de la mise sur pied, par le Comité, d'un groupe de contact intersessions. L'Australie a ensuite remercié le Royaume-Uni et la Norvège pour s'être proposés pour diriger ce travail.

117. L'Uruguay et l'Argentine ont réitéré qu'il était important de faire en sorte que ces discussions se concentrent spécialement sur les implications des changements climatiques sur l'Antarctique.

Évaluation d'impact sur l'environnement (Point 8 de l'ordre du jour du CPE)

Projets d'évaluations globales d'impact sur l'environnement

118. Le Président a fait savoir que la XVIe réunion du CPE n'avait reçu aucun projet d'évaluations globales d'impact sur l'environnement (EGIE).

Autres questions relatives aux évaluations d'impact sur l'environnement

119. Le Président a indiqué que la Fédération de Russie avait présenté plusieurs documents traitant des techniques et des difficultés de forage sous le lac sous-glaciaire situé sous la station Vostok et la découverte d'un groupe inconnu de bactéries dans le premier petit échantillon d'eau du lac Vostok à être testé en laboratoire.

120. La Chine a présenté son évaluation préliminaire d'impact sur l'environnement (EPIE) pour la construction d'un campement d'été dans l'arrière-pays en Terre Princesse Elizabeth ; ce campement devrait assurer l'appui logistique, la protection en intervention d'urgence et l'appui aux activités d'observation locale. La Chine a indiqué que la construction du campement n'aurait qu'un impact environnemental mineur ou transitoire. En réponse à des questions de Membres sur les impacts environnementaux, l'ampleur et la durée de l'activité prévue au campement, la Chine a manifesté sa disponibilité à échanger avis et opinions et à présenter de plus amples informations sur l'état d'avancement de la construction du campement à la XVIIe réunion du CPE.

121. La République de Corée a livré des informations sur les progrès enregistrés à la station Jang Bogo couvrant la première campagne de construction de 2012/13.

Le Comité a pris bonne note de l'importance qu'accorde la République de Corée aux aspects environnementaux dans la construction et des efforts qu'elle déploie pour nettoyer le déversement d'hydrocarbures qui s'y était produit. En outre, le Comité a exprimé ses condoléances les plus attristées suite à l'accident tragique qui avait frappé la station durant sa construction.

122. Le Comité a été également destinataire d'une information concernant les conditions juridiques à satisfaire et les autorisations à obtenir auprès des autorités de la Fédération de Russie pour toute activité déclarée ; une mise à jour du Brésil sur ses efforts de reconstruction de sa station antarctique ; une Évaluation préliminaire de l'impact sur l'environnement en rapport avec l'implantation d'une station pour les satellites d'observation terrestre au niveau de la station Bharati (Inde) située sur les Collines Larsemann.

123. Des Membres ainsi que l'ASOC ont soulevé plusieurs questions en lien avec les documents présentés, dont l'évaluation des impacts cumulatifs ; l'absence d'un accord pour déterminer si une EPIE ou une EGIE était nécessaire pour une activité donnée ; la perspective d'exploiter des installations scientifiques communes ; la nécessité d'évaluer les lacunes en connaissances ; l'évaluation des impacts sur l'état naturel ; et la possibilité d'utiliser ultérieurement les installations mises en place pour la science dans le cadre d'autres activités (ex. : touristiques).

Plans de gestion et de protection des zones (Point 9 de l'ordre du jour du CPE)

Plans de gestion et de protection des zones

124. Le Président a déclaré que le Comité avait eu à examiner les plans de gestion révisés de 16 Zones spécialement protégées de l'Antarctique (ZSPA) ou Zones gérées spéciales de l'Antarctique (ZGSA), deux propositions de désignation de nouvelles ZSPA et une proposition de désignation d'une nouvelle ZGSA. Trois de ces documents ont déjà été examinés par le Groupe subsidiaire sur les plans de gestion (GSPG) tandis que les autres ont été soumis directement à la XVIᵉ réunion du CPE.

125. Acceptant l'avis du CPE, la Réunion a ensuite adopté les Mesures suivantes sur les zones protégées :

- Mesure 1 (2013), Zone spécialement protégée de l'Antarctique n° 108 (Île Green, Îles Berthelot, Péninsule antarctique) : Plan de gestion révisé
- Mesure 2 (2013) : Zone spécialement protégée de l'Antarctique n°117 (île Avian, baie Marguerite, Péninsule antarctique) : Plan de gestion révisé

- Mesure 3 (2013) : Zone spécialement protégée de l'Antarctique n° 123 (Vallées Barwick et Balham, Terre Southern Victoria) : Plan de gestion révisé

- Mesure 4 (2013) : Zone spécialement protégée de l'Antarctique n° 132 (Péninsule Potter, île du Roi-George (isla 25 de Mayo) îles Shetland du Sud) : Plan de gestion révisé

- Mesure 5 (2013) : Zone spécialement protégée de l'Antarctique n° 134 (pointe Cierva et îles situées au large, côte Danco, Péninsule antarctique) : Plan de gestion révisé

- Mesure 6 (2013) : Zone spécialement protégée de l'Antarctique n° 135 (Péninsule North-East Bailey, Côte Budd, Terre de Wilkes) : Plan de gestion révisé

- Mesure 7 (2013) : Zone spécialement protégée de l'Antarctique n° 137 (Île Northwest White, Détroit de McMurdo) : Plan de gestion révisé

- Mesure 8 (2013) : Zone spécialement protégée de l'Antarctique n° 138 (Terrasse Linnaeus, Chaîne Asgard, Terre Victoria) : Plan de gestion révisé

- Mesure 9 (2013) : Zone spécialement protégée de l'Antarctique n° 143 (Plaine Marine, Péninsule Mule, Collines Vestfold, Terre Princesse Elizabeth) : Plan de gestion révisé

- Mesure 10 (2013) : Zone spécialement protégée de l'Antarctique n° 147 (Vallée Ablation et Monts Ganymède, Île Alexandre) : Plan de gestion révisé

- Mesure 11 (2013) : Zone spécialement protégée de l'Antarctique n° 151 (Lions Rump, île du Roi-George, îles Shetland du sud) : Plan de gestion révisé

- Mesure 12 (2013) : Zone spécialement protégée de l'Antarctique n° 154 (Baie Botany, Cap Géologie, Terre Victoria) : Plan de gestion révisé

- Mesure 13 (2013) : Zone spécialement protégée de l'Antarctique n° 156 (Baie Lewis, Mont Erebus, Île Ross) : Plan de gestion révisé

- Mesure 14 (2013) : Zone spécialement protégée de l'Antarctique n° 160 (Îles Frazier, Îles Windmill, Terre de Wilkes, Antarctique de l'Est) : Plan de gestion révisé

- Mesure 15 (2013) : Zone spécialement protégée de l'Antarctique n° 161 (Baie de Terra Nova, Mer de Ross) : Plan de gestion révisé

- Mesure 16 (2013) : Zone spécialement protégée de l'Antarctique n° 170 (Nunataks Marion, Île Charcot, Péninsule antarctique) : Plan de gestion révisé

- Mesure 17 (2013) : Zone spécialement protégée de l'Antarctique n° 173 (Cap Washington et Baie Silverfish, Baie de Terra Nova, Mer de Ross) : Plan de gestion

126. Par ailleurs, le Comité a décidé de renvoyer au SGMP, pour examen durant la période intersessions, le Plan de gestion révisé et la proposition de création d'une nouvelle ASPA qui suivent :

- ZGSA N° 1: Baie Admiralty, Île du Roi -George, Îles Shetland du Sud (Brésil, Equateur, Pérou, Pologne) ;
- ZSPA N° 141: Vallée de Yukidori, Langhovde, Baie de Lützow-Holm (Japon) ;

Nouvelle ZSPA à Stornes, collines Larsemann, Terre Princesse Elizabeth (Australie, Chine, Inde, Fédération de Russie).

127. La Chine a également présenté un projet de plan de gestion pour une nouvelle ZGSA au niveau de la zone du Dôme A dont le but était de promouvoir la protection des valeurs scientifiques, environnementales et logistiques du site. La Chine a indiqué que sa proposition n'était pas fondée sur la prémisse qu'il faudrait nécessairement que plusieurs parties utilisent le site mais plutôt sur une approche de précaution au regard des activités et intérêts potentiels dans la région et à la lumière des valeurs à protéger. Après avoir félicité la Chine pour son rapport exhaustif, plusieurs Membres se sont interrogés sur l'opportunité de la désignation d'une nouvelle ZSGA, estimant qu'elle était peut-être prématurée. Le Comité a accepté la proposition de la Chine de diriger les discussions sur la proposition de désignation d'une nouvelle ZGSA durant la période intersessions.

Autres questions relatives aux plans de gestion des zones protégées ou gérées

128. Le Président a fait savoir que le Comité avait pris bonne note de l'opportunité du réexamen de l'ensemble du processus de désignation des ZSPA et des ZGSA et qu'il revisiterait ce thème dans un avenir proche.

129. Le Comité a adopté le plan de travail du SGMP pour la période intersessions 2013/14.

130. Le Comité a également reçu des rapports des groupes de gestion de la ZSGA n° 4 (île de la Déception) ainsi qu'un autre rapport sur les activités menées dans la ZSPA n° 171 (Pointe Narebski).

Sites et monuments historiques

131. Le Président a annoncé que le Comité avait été saisi de propositions pour quatre nouveau Sites et monuments historiques.

132. Acceptant l'avis du CPE, la Réunion a ensuite adopté les Mesures suivantes sur les Sites et monuments historiques :

- Mesure 18 (2013) – *Sites et monuments historiques de l'Antarctique : Emplacement du premier site de recherche installé par l'Allemagne en Antarctique, station Georg Forster, Oasis Schirmacher, Terre Dronning Maud*
- Mesure 19 (2013) – *Sites et monuments historiques de l'Antarctique : bâtiment du complexe de forage du Professeur Kudryashov, station Vostok*
- Mesure 20 (2013) – *Sites et monuments historiques de l'Antarctique : Partie supérieure de « Summit Camp », Mont Erebus*
- Mesure 21 (2013) – *Sites et monuments historiques de l'Antarctique : Partie inférieure du « Camp E », Mont Erebus*

133. Le Président a indiqué que le Comité avait convenu d'envisager le réexamen des procédures de désignation des Sites et monuments historiques dans son plan de travail quinquennal. Ceci permettrait d'apporter des réponses à la préoccupation exprimée en ces termes : puisque nombre de constructions en Antarctique peuvent être considérées comme porteuses de valeurs historiques, ceci pourrait conduire à la désignation d'un trop grand nombre de sites historiques au fil des années, ce qui pourrait être considéré comme allant à l'encontre de la disposition du Protocole relatif à la protection de l'environnement concernant l'enlèvement des traces d'activités révolues en Antarctique.

134. La Nouvelle-Zélande a exprimé sa satisfaction quant à la qualité supérieure des plans de gestion des zones gérées et protégées et a appelé à l'adoption de lignes directrices efficaces afin de s'assurer que la désignation d'un site ou monument historique ne serve pas de prétexte aux Parties pour ne pas nettoyer les sites désaffectés. De même, ASOC a noté les efforts et les ressources considérables nécessaires pour l'entretien de sites historiques et a exhorté les Parties à étudier des alternatives aux désignations de sites historiques proposées, précisant que la plupart portaient sur des éléments assez récents. L'Argentine a appuyé la poursuite des discussions sur les sites et les monuments historiques.

Lignes directrices pour les visites de sites

135. Conjointement avec l'Australie, l'Argentine et les États-Unis, le Royaume-Uni a rendu compte de leur examen sur site des Lignes directrices pour les visites de sites qu'ils avaient effectué avec l'IAATO en janvier 2013. L'équipe chargée de cette mission n'avait pas relevé d'impact significatif des visites effectuées sur les sites, mis à part les impacts qui avaient déjà fait l'objet de discussions au sein du Comité. Les Lignes directrices semblent avoir réussi à encadrer et guider les visites de la plupart des groupes organisés sur les sites afin d'éviter les impacts préjudiciables à l'environnement. Il a été toutefois indiqué que les lignes directrices constituent uniquement une partie d'un ensemble d'outils qui pourraient être déployés pour encadrer les visites.

136. Le Comité a entériné plusieurs recommandations présentées par l'équipe d'examen :

   • Recommandation 1 : Les Parties poursuivent les efforts pour s'assurer que tous les visiteurs des sites couverts par les Lignes directrices de la RCTA ont pleine connaissance des Lignes directrices et qu'elles s'y conforment. Ceci devrait inclure aussi les visites récréatives effectuées par le personnel des Programmes antarctiques nationaux (PAN) ainsi que les visiteurs qui participent à des activités privées ou non commerciales.

   • Recommandation 3 : Les Parties poursuivent les examens sur place des Lignes directrices, selon les besoins spécifiques à chaque site.

   • Recommandation 7 : Il conviendrait que les Parties continuent à solliciter les contributions de l'IAATO et d'autres acteurs non gouvernementaux, le cas échéant, lors de la révision ou de la création de nouvelles Lignes directrices de site.

   • Recommandation 8 : lorsque cela est possible,

      • utiliser des photos-cartes illustrées pour aider à l'interprétation sur place des dispositions des Lignes directrices de site ;

      • un format de carte standard doit être développé qu'il soit utilisé sur toutes les Lignes directrices du site ;

      • que les Lignes directrices de site doivent comprendre des indications sur la date de leur adoption et de toute révision ultérieure ;

      • que le CPE pourrait examiner l'avantage de réunir toutes les Lignes directrices de site avec les lignes directrices générales de même format, dans le cadre de la pochette de renseignements pratiques pour les visiteurs de l'Antarctique.

- Recommandation 9 : que le CPE encourage l'élaboration, par l'IAATO et d'autres acteurs non gouvernementaux, d'une évaluation de formation aux bonnes pratiques et/ou de programmes d'accréditation pour les guides et chefs d'expédition antarctique, en relevant les discussions du CPE en 2005 et 2006.

137. Le Comité a également examiné plusieurs autres recommandations et a constaté que certaines de ces recommandations coïncident avec l'étude sur le tourisme que la RCTA avait chargé le CPE d'entreprendre. Une tâche spécifique consacrée à cette demande a été ajoutée au plan de travail quinquennal du CPE.

138. Le Comité a été saisi de propositions de révision de 14 lignes directrices de sites et de 2 nouvelles lignes directrices de site. Les sites concernés sont : Port Yankee, Île Half Moon, Brown Bluff, Pointe Hannah, Île Cuverville, Île Danco, Port Neko, Île Pleneau, Île Petermann, Pointe Damoy, Pointe Jougla, Bailey Head, Île de la Déception, Île Torgersen, Île Barrientos, Orne Harbour (nouvelles) et les Îles Orne (nouvelles).

139. La Réunion a examiné et approuvé 16 nouvelles Lignes directrices de sites en adoptant la Résolution 3 (2013) - *Lignes directrices pour les visites de sites.*

140. La RCTA a salué le travail sur la révision des Lignes directrices des sites mené par le CPE. Le Royaume-Uni a réitéré que la liste des lignes directrices révisées devrait inclure la date initiale de leur adoption et la date de toute révision ultérieure ; La Nouvelle-Zélande a chaleureusement accueilli le calendrier des actions de suivi du CPE, notamment en ce qui concerne les recommandations sur le tourisme.

141. Le Président a confirmé que le Comité avait reçu également un rapport de l'IAATO sur la manière dont ses membres utilisent les sites de débarquement sur la Péninsule antarctique et les Lignes directrices 2012-2013 pour les visites de sites de la RCTA. L'IAATO a fait observer que le tourisme de croisière traditionnel représentait plus de 95% de toutes les activités de débarquement, que les 20 sites les plus visités représentaient 72% du nombre global des débarquements effectués, et que tous ces sites fréquemment visités - à l'exception d'un seul (Pointe Portal) - étaient couverts par des plans spécifiques de gestion.

Empreinte humaine et valeurs liées à l'état naturel

142. Le Comité a examiné un rapport présenté par la Nouvelle-Zélande contenant des éléments d'orientation susceptibles d'aider les Parties à intégrer les

valeurs liées à l'état naturel dans les évaluations d'impact sur l'environnement (EIE). ASOC a également fourni des informations sur la modélisation et le recensement des valeurs liées à l'état naturel en Antarctique, résumant ainsi les recommandations du Wildland Research Institute. Le Comité a convenu d'intégrer la question des valeurs liées à l'état naturel dans toute révision future des *Lignes directrices pour l'évaluation de l'impact environnemental en Antarctique* du CPE.

Protection et gestion du territoire maritime

143. Le Président a fait savoir qu'à l'exception du document BP 17 *(Antarctic Ocean Legacy Update 1 – Securing Enduring Protection for the Ross Sea Region)*, aucun autre document n'avait été présenté sous ce point de l'ordre du jour.

Autres questions relevant de l'Annexe V

144. En réponse à une présentation du Royaume-Uni traitant de l'impact potentiel des changements climatiques sur les aires de distribution et la reproduction des manchots empereurs, le Comité a entériné la surveillance des colonies de manchots empereurs en utilisant les techniques de télédétection afin de déceler les zones refuges potentielles en cas de changements climatiques. Le Comité a également noté que d'autres techniques pourraient être utilisées en complément de la télédétection et s'est félicité de l'offre du Royaume-Uni de conduire les discussions informelles sur cette question durant la période intersessions.

145. Par ailleurs, le Comité a remercié la Fédération de Russie pour son travail mettant en exergue la valeur des programmes de veille, notamment de la vie sauvage en Antarctique, dans les zones dotées de plans de gestion ou pour lesquelles tels plans sont proposés, afin de recueillir la preuve scientifique devant informer la prise de la décision sur les plans de gestion. Le Comité a réitéré l'importance de la surveillance à long terme des valeurs biologiques pour déceler les changements de long terme et pour confirmer que les valeurs à protéger sont toujours pertinentes, mais il n'a pas pu arriver à un consensus sur la proposition de la Fédération de Russie concernant la veille environnementale pour les zones protégées. Le Comité s'est réjoui de l'offre de la Fédération de Russie pour animer les discussions sur ce sujet en période intersessions.

146. La Comité a convenu que le travail qu'avait entrepris la Fédération de Russie pour établir une classification des types de paysages antarctiques, en se fondant sur des paramètres écologiques, a fourni des données utiles. Il a également observé que ce travail venait compléter l'analyse des domaines environnementaux adoptée

à la Résolution 3 (2008), les Régions de conservation biogéographiques de l'Antarctique adoptées à la Résolution 6 (2012) et des travaux antérieurs menés par l'Australie, la Nouvelle-Zélande et le SCAR.

147. En se fondant sur des matériaux préparés conjointement par l'Afrique du Sud, le Royaume-Uni et le SCAR, la Belgique a exposé les dangers potentiels pour la conservation des écosystèmes microbiens terrestres en Antarctique et pour la recherche scientifique future sur ces écosystèmes. Si certains Membres ont relevé l'importance des travaux pour protéger les habitats microbiens, d'autres ont soulevé plusieurs questions sur les difficultés liées au contrôle du transport d'organismes microbiens, la définition de la notion de « zone vierge » appliquée aux microorganismes de l'Antarctique, la possibilité de désigner des zones d'accès interdit et l'absence de méthodes de décontamination.

148. La Belgique a rappelé à la RCTA qu'elle était disposée à diriger une discussion informelle par voie électronique sur les impacts de l'empreinte humaine en Antarctique et la conservation et l'étude à long terme des habitats terrestres et microbiens. La Belgique a invité toutes les Parties intéressées à prendre part à cette discussion.

149. Le Royaume-Uni et l'Espagne ont rendu compte des pratiques des Parties en matière d'échange d'informations intéressant les visites aux ZSPA, concluant que des Parties interprétaient et appliquaient différemment la législation sur les zones protégées. Le Royaume-Uni et l'Espagne ont conclu que les données sur la fréquentation des ZSPA n'informeraient probablement que d'une façon limitée les pratiques générales de gestion environnementale et celles spécifiques à la gestion des ZSPA sans une divulgation complète et cohérente par les Parties. Plusieurs Membres ont fait part de leur inquiétude et ont recommandé le partage plein et entier de l'information pour permettre une gestion efficace et coordonnée des activités au sein des ZSPA.

150. L'Equateur et l'Espagne ont livré un exposé sur la récupération de communautés de mousses sur les sentiers de l'Île Barrientos, indiquant qu'ils comptaient poursuivre cet exercice de surveillance sur les sentiers central et côtier de l'Île.

Conservation de la flore et la faune de l'Antarctique (Point 10 de l'ordre du jour du CPE)

Quarantaine et espèces non indigènes

151. Le Président a déclaré que le Comité avait entériné les recommandations déposées par l'Allemagne sur la question des mesures de biosécurité

destinées à prévenir le transfert et l'introduction d'édaphons (organismes du sol) non indigènes. Le Comité a convenu de poursuivre ce travail sous la direction de l'Allemagne, dans le cadre d'un groupe de discussion informel et à composition non limitée, et a pris bonne note de la disponibilité de SCAR, l'IAATO et l'ASOC à contribuer à ce travail.

Autres questions relevant de l'Annexe II

152. Le COMNAP a présenté un bilan des impacts environnementaux potentiels des installations hydroponiques par les programmes antarctiques nationaux de l'Australie, des États-Unis et de la Nouvelle-Zélande et les mesures de gestion de risques actuelles.

Surveillance de l'environnement et rapports (Point 11 de l'ordre du jour du CPE)

153. Le Président a indiqué que la Belgique et le SCAR avaient présenté le nouveau Portail international de la biodiversité antarctique (*www.biodiversity.aq*), inspiré de l'ancien Réseau d'information sur la biodiversité marine du SCAR et du Centre d'information sur la biodiversité de l'Antarctique. Le SCAR a fait une démonstration de l'accès, sur le Portail, aux données marines et terrestres concernant la biodiversité de l'Antarctique.

154. Si le Comité a pris bonne note de l'initiative dont il a reconnu la valeur, plusieurs Membres ont fait part de leurs préoccupations quant à l'interopérabilité avec le Portail de l'environnement antarctique, le financement (aussi bien à long terme que privé), la cartographie, sa relation avec d'autres bases de données et le degré d'implication du Comité dans la gestion de ce Portail.

155. La Nouvelle-Zélande a félicité la Belgique et le SCAR pour avoir conçu la base de données sur la biodiversité de l'Antarctique. La Nouvelle-Zélande a cité le travail du Royaume-Uni sur les manchots empereurs pour illustrer l'importance de la base de données et a indiqué sa disponibilité à collaborer avec la Belgique pour assurer la complémentarité avec le Portail des environnements de l'Antarctique.

156. Le SCAR a présenté son « *Antarctic and Southern Ocean Science Horizon Scan* » pour identifier les principales problématiques scientifiques auxquelles devrait s'intéresser la recherche scientifique dans et à partir de la région polaire australe au cours des vingt prochaines années.

157. La République de Corée et l'Allemagne ont rendu compte d'un atelier sur la surveillance de l'environnement sur l'Île du Roi-George, qui s'est tenu à Séoul en avril 2013.

158. L'ASOC a présenté une analyse sur les problématiques de gestion des comportements des touristes ; cette analyse s'est penchée sur les comportements et attitudes des touristes de l'Antarctique au regard des tendances touristiques actuelles. L'ASOC a invité les Parties à adopter une approche stratégique à la gestion et à la réglementation du tourisme, au lieu de se concentrer sur la réglementation de comportements spécifiques des touristes avec l'élaboration de lignes directrices spécifiques aux visites de sites.

Rapports d'inspection (Point 12 de l'ordre du jour du CPE)

159. Le Président a informé que le Comité avait examiné trois rapports d'inspection, à savoir :

- Une inspection conjointe (Afrique du Sud/Allemagne) des stations Troll, Halley VI, Princesse Elizabeth et Maitri, qui n'a fait état d'aucune infraction aux dispositions du Traité sur l'Antarctique ou à celles du Protocole relatif à la protection de l'environnement même si les mesures de protection différaient d'une station à l'autre. Les recommandations de l'équipe d'inspection portaient entre autres sur : le remplacement des incinérateurs obsolètes, l'enlèvement des objets et dispositifs non opérationnels, l'amélioration des mesures de prévention et d'intervention en cas de déversement de carburants, la surveillance et l'élimination des eaux résiduaires traitées, la mise en œuvre de mesures de prévention de l'introduction d'espèces non indigènes et la vérification effective de la détention par les visiteurs des permis requis. L'équipe d'inspection a également préconisé pour les prochaines inspections, l'utilisation des rapports d'inspections précédents comme point de référence

- Une inspection conjointe (Espagne/Pays-Bas/Royaume-Uni) de 12 stations permanentes, trois stations inoccupées, trois sites historiques, quatre bateaux de croisière, un yacht et une épave, et qui n'ont fait état d'aucune infraction majeure aux dispositions du Traité sur l'Antarctique ou celles du Protocole relatif à la protection de l'environnement. L'équipe d'inspection a émis des recommandations concernant la protection de l'environnement. Elle préconise notamment l'élaboration d'une EIE en amont des nouveaux projets et activités et la gestion conjointe par les stations de l'ensemble des infrastructures et services communs dans la mesures du possible. Ces infrastructures et services comprennent notamment les dispositifs d'entreposage des combustibles, les systèmes de production d'énergie et d'eau, l'hébergement, la gestion des déchets. Leur mise en commun permettrait de prévenir la multiplication des impacts de leurs activités.

- Une inspection conjointe (États-Unis/Fédération de Russie) aux stations Maitri, Zhongshan, Bharati, Syowa, Princesse Elizabeth et Troll a conclu que ces stations étaient toutes en bon état, bien organisées, et généralement conformes aux dispositions du Traité sur l'Antarctique et de son Protocole relatif à la protection de l'environnement. Cependant des améliorations ont été suggérées. Il s'agit notamment de s'assurer de la bonne compréhension, par le personnel des stations, des dispositions de l'Annexe 1 du Protocole relative à l'EIE. Il a été également recommandé que les programmes antarctiques nationaux envisagent la mise en place d'un système de surveillance des impacts potentiels des activités des stations sur l'environnement dans le cadre de leurs programmes scientifiques.

160. L'Uruguay et l'Argentine ont recommandé que les Parties consultatives informent le Secrétariat, en plus de la notification par voie diplomatique, de toute nomination d'observateurs pour la réalisation d'inspections. Elles ont recommandé en outre que le Secrétariat intègre cette information dans sa base de données et la mette à la disposition des Parties lors des échanges d'informations pré-saison.

161. L'Italie et la France ont fourni des réponses à l'inspection conjointe que la Fédération de Russie et les États-Unis avaient menée en janvier 2012 aux stations Concordia et Mario Zucchelli.

162. La RCTA a souligné l'importance des inspections en vertu du Traité et de son Protocole, surtout eu égard au nombre de recommandations environnementales ayant pour origine ces inspections. Le Royaume-Uni a proposé que la RCTA fasse le bilan des recommandations actuelles et passées figurant dans les rapports d'inspection afin d'identifier les questions récurrentes et réfléchir à des outils nouveaux pour les traiter. Il a également annoncé qu'il allait revisiter les recommandations à la lumière de ces considérations, avec les Parties intéressées, l'année suivante afin de dégager des pistes pour aller de l'avant.

Questions d'ordre général (Point 13 de l'ordre du jour du CPE)

163. Le Président a informé que le SCAR avait exhorté toutes les Parties à poursuivre leur contribution de données à la Carte bathymétrique internationale de l'océan Austral (IBCSO).

164. La Colombie a rendu compte à la Réunion de ses efforts de mise en place de nouvelles organisations pour soutenir et accompagner son travail en Antarctique et a ajouté qu'elle allait bientôt être prête pour ratifier le Protocole relatif à la protection de l'environnement.

165. La Turquie a fait part de son intérêt croissant et de ses activités dans l'arène antarctique. Elle a révélé son intention d'y installer une station en temps opportun.

166. Le Portugal a souligné l'importance de l'éducation et de la sensibilisation qui pourrait faire l'objet de discussions dans le cadre de la XVIIe réunion du CPE. Le Portugal a reçu le soutien de plusieurs autres Membres et le Brésil a annoncé son intention de mener ces activités aux prochaines réunions de la RCTA et du CPE à Brasilia et lancer une plateforme pour les autres pays dans les années à venir. Ainsi, la problématique de l'éducation et de la sensibilisation a été relevée à un niveau de priorité supérieur dans le plan de travail quinquennal du CPE.

Élection du Bureau (Point 14 de l'ordre du jour du CPE)

167. Le Comité a élu Dr. Polly Penhale, des États-Unis, Vice-présidente du CPE et l'a félicitée pour son élection à ce poste.

168. Le Comité a remercié chaleureusement Mme Verónica Vallejos du Chili de s'être acquittée de ses fonctions de Vice-présidente durant son mandat.

Préparatifs de la XVIIème réunion du CPE (Point 15 de l'ordre du jour du CPE)

169. Le Comité a adopté le projet d'ordre du jour de la XVIIe réunion du CPE (Appendice 1 au rapport du CPE).

170. La RCTA a remercié le Dr Frenot pour son excellente présidence et a remercié Mme Verónica Vallejos, Vice-présidente sortante. En outre, la RCTA a salué les réalisations du Comité qui a toujours fourni des avis et des conseils de gestion de qualité. Le Président du CPE a réitéré qu'il était important pour le Comité de disposer de cinq jours de réunion pour pouvoir mener à bien ses tâches.

Point 9 – Responsabilité : Application de la décision 4 (2010)

171. Le Royaume-Uni a présenté le document IP 8 *(Annex VI of the Protocol on Environmental Protection to the Antarctic Treaty : United Kingdom's Implementing Legislation)* décrivant la Loi britannique récemment

promulguée régissant ses activités en Antarctique (Antarctic Act 2013). Le Royaume-Uni a fait observer que, ce faisant, il avait approuvé toutes les Recommandations et Mesures adoptées en vertu de l'Article IX.

172. La Norvège a présenté le document IP 85 (*Norway's Implementing Legislation : Annex VI of the Protocol on Environmental Protection to the Antarctic Treaty and Measure 4 (2004)*, informant les Parties des mesures que la Norvège a mis en œuvre pour appliquer l'Annexe VI du Protocole relatif à la protection de l'environnement et la Mesure 4 (2004), qui est entrée en vigueur le 26 avril 2013, et de l'existence d'une traduction officieuse de ces textes réglementaires.

173. Des Parties ont informé sur l'état de ratification, par leurs pays, de l'Annexe VI du Protocole relatif à la protection de l'environnement. Au mois de mai 2013, neuf Parties consultatives (Espagne, Fédération de Russie, Finlande, Italie, Nouvelle-Zélande, Pérou, Pologne, Royaume-Uni et Suède) avaient ratifié l'Annexe VI. L'Australie et les Pays-Bas ont annoncé que la procédure législative requise pour la ratification de l'Annexe est accomplie au niveau de leurs Parlements. Les Parties consultatives ont réitéré leur engagement à ratifier l'Annexe VI et ont attribué tout retard accusé dans ce processus aux ressources limitées et/ou à certaines difficultés de mise en œuvre. La Réunion a invité les Parties consultatives, qui ont adopté des mesures législatives en vue de la ratification de l'Annexe VI, d'échanger ces mesures avec d'autres Parties par le truchement du Forum de la RCTA.

174. Au nom du CPE, le document WP 27 *(Réparation des dégâts causés à l'environnement : Rapport du Groupe de contact intersessions)* a été présenté. La Réunion a remercié le CPE pour le conseil fourni sur la question de la réparation et de la remise en état de l'environnement dans la zone du Traité sur l'Antarctique, en réponse à la demande formulée à la Décision 4 (2010). La Réunion a convenu d'étudier le conseil fourni tel qu'il figure au document WP 27 à la prochaine RCTA. La Réunion a demandé au Secrétaire exécutif de présenter ce document de travail (WP) en tant que document du Secrétariat (SP) en vue de son examen à la prochaine RCTA.

Point 10 – Sécurité et opérations en Antarctique, y compris la recherche et le sauvetage

Groupe de travail spécial sur les opérations de recherche et de sauvetage :

175. Conformément à la Résolution 8 (2012), complétée par les résultats des consultations intersessions dirigées par les États-Unis, un Groupe de travail

spécial s'est réuni pour discuter des moyens permettant d'améliorer la coordination des opérations de recherche et de sauvetage en Antarctique. Lors de la réunion, il a été pris acte des dispositions relatives à la recherche et au sauvetage (SAR) dans la région antarctique notamment au sein des centres de coordination des secours (RCC) gérés par cinq États Parties. Note a été prise de l'importance des ateliers que le COMNAP avait organisés en 2008 et 2009 sur cette problématique.

176. Les États-Unis ont présenté le document de travail WP 25 *(Proposition d'ordre du jour pour la réunion du Groupe de travail spécial sur les opérations de recherche et sauvetage (SAR))* et ont remercié les Parties, les observateurs et les experts pour leurs contributions aux travaux intersessions.

177. Le Groupe de travail spécial a adopté l'ordre du jour proposé par les États-Unis tel qu'il a été amendé par le Chili, en conséquence de quoi, le point III.2 de l'ordre du jour avait été libellé comme suit : « Amélioration de la coopération entre les Parties consultatives et les centres de coordination des secours ». A l'issue des discussions sur le statut et les spécifications relatives à l'établissement des rapports du Groupe de travail spécial, le Président a conclu que le rapport allait être adopté par le Groupe de travail spécial et communiqué au Groupe de travail sur les questions opérationnelles.

Questions d'actualité

178. Le COMNAP a présenté le document de travail WP 17 *(SAR-WG : Mise à jour sur les actions découlant des deux ateliers SAR du COMNAP, « vers une amélioration de la coordination des opérations et interventions de recherche et sauvetage en Antarctique »)*. Ce document livre un aperçu des mises à jour depuis la tenue par le COMNAP de deux ateliers pratiques sur la recherche et le sauvetage. Ces ateliers s'inscrivent dans le cadre de la Résolution 8 (2012). Ils se sont tenus en août 2008 à Valparaiso et Viña del Mar et en novembre 2009 à Buenos Aires.

179. Le COMNAP a fait remarquer que la problématique de la sécurité fait l'objet de débats depuis la toute première RCTA. En 2006, le COMNAP a entamé des discussions avec les autorités de recherche et de sauvetage. Ces discussions ont mis en évidence des besoins considérables en matière de collaboration. Deux ateliers ont ainsi été organisés sur la problématique SAR, en 2008 à Viña del Mar (Chili) et en 2009 à Buenos Aires (Argentine). Les mises à jour figurant au document WP 17 attestent de l'excellente amélioration de la coordination entre les programmes antarctiques nationaux

et les centres de coordination des secours. Il y est par ailleurs fait mention des outils du COMNAP notamment ATOM, AFIM, SPRS et AINMRS.

180. Les auteurs, à travers le document, suggéraient au Groupe de travail spécial d'inciter le COMNAP à organiser régulièrement des ateliers sur les activités SAR.

181. La Nouvelle-Zélande a fait observer que les ateliers organisés par le COMNAP ont permis de renforcer les relations entre les programmes antarctiques nationaux et les centres de coordination des secours et ont favorisé l'amélioration des procédures opérationnelles. La Nouvelle-Zélande a noté par ailleurs que le partage d'expériences et l'accès à une information de meilleure qualité sur les moyens de télécommunication et la notification par les navires ont été particulièrement utiles pour la région de la Mer de Ross. Les Parties ont souligné l'intérêt des ateliers précédents et ont salué le projet du COMNAP visant à organiser, tous les trois ans, des ateliers SAR. Suite à la recommandation du Chili, le COMNAP a indiqué que la CCAMLR pourrait être invitée aux prochains ateliers.

182. L'Argentine et le Chili ont déclaré que l'utilisation du terme « chevauchement » (overlapping) dans le document WP 17 n'était pas appropriée et ont demandé que la zone en question soit mentionnée comme une zone de collaboration. Le COMNAP a indiqué son accord.

183. La Norvège a souligné l'importance des quatre outils du COMNAP cités au document WP 17, autant pour une utilisation immédiate que des améliorations futures. La Norvège a aussi fait remarquer l'intérêt des exercices de simulation d'opérations SAR. La France a souligné l'importance des liens entre l'ensemble des navires et les centres de coordination compétents, en insistant notamment sur l'intérêt d'un autre outil de recherche et de sauvetage particulièrement important, en l'occurrence le dispositif LRIT (identification et suivi des navires à distance) de l'OMI. L'IAATO a quant à elle, souligné l'importance des rapports « accident, incident et quasi-accident » du COMNAP.

184. Le COMNAP a salué la contribution des Parties et des experts à la réussite de ses ateliers. Dans le sillage de la recommandation de la Norvège, le COMNAP a poursuivi en indiquant que l'atelier de 2009 comprenait des exercices de simulation et que ces exercices seraient aussi organisés lors des ateliers à venir. Le COMNAP a ensuite souligné l'importance de la participation à l'exercice de simulation réalisé lors de la réunion annuelle de l'IAATO.

185. La Nouvelle-Zélande a présenté le document d'information IP 14 *(SAR-WR: Incidents de recherche et de sauvetage dans la région de la mer de Ross : 2004-2013)*, qui rend compte brièvement de 18 incidents SAR dans la région SAR de la Nouvelle-Zélande. Ces événements ont contribué à l'amélioration des procédures d'intervention de la Nouvelle-Zélande et au renforcement des liens entre le centre de coordination des secours de Nouvelle-Zélande (RCCNZ) et le programme antarctique national des États-Unis (USAP).

186. Les États-Unis ont présenté le document d'information IP 23 *(Summary of International SAR Activities Associated with an Aircraft Incident in the Queen Alexandra Range, Antarctica)* qui traite de l'activation de la *Joint Antarctic Search and Rescue Team*, équipe de sauvetage américano-néo-zélandaise dans le cadre des opérations de secours suite à l'accident tragique de l'aéronef Twin Otter en janvier 2013. La coordination sur le terrain entre les États-Unis, la Nouvelle-Zélande et l'Italie s'explique principalement par l'interaction du personnel et les échanges collaboratifs facilités par les rencontres annuelles du COMNAP. L'Italie a réitéré l'importance de la communication directe et de l'harmonisation des lignes directrices relatives aux incidents SAR.

187. L'Australie a présenté le document d'information IP 50 *(Cooperation between Australia's search and rescue and Antarctic agencies on SAR coordination)*. Ce document décrit le protocole d'accord sur la coordination de la recherche et du sauvetage de l'Australie et définit les responsabilités en la matière entre l'Autorité australienne de sécurité maritime et la Division australienne de l'Antarctique. Il indique par ailleurs les procédures opérationnelles permettant de faciliter une coordination efficace de la recherche et du sauvetage. Les responsabilités sont attribuées par le biais du centre de coordination des secours de l'Australie (RCC Australia).

188. Le Chili a présenté le document IP 89 *(Support Provided by the Fildes Bay Maritime Station in Emergency Situations in the Antarctic Peninsula Year 2012)*. Ce document porte sur l'intervention de la station Fildes Bay lors de quatre incidents impliquant des navires dans la région de la Péninsule antarctique. Le Chili a également présenté le document IP 90 *(Fire and Sinking of Fishing Vessel « Kai Xin »)*, traitant de l'opération de sauvetage - en 2013 - de 97 membres d'équipage à bord d'un navire de pêche battant pavillon chinois qui a coulé malgré les efforts de sauvetage. Le Chili avait pris des mesures afin d'éviter la dispersion de grandes quantités de combustibles et pour retrouver les débris flottants, cependant l'impact de cet accident sur l'environnement reste à déterminer. La Chine a remercié le

Chili pour avoir coordonné l'opération de sauvetage de l'équipage, précisant que les leçons tirées des procédures de communication ont montré qu'il était nécessaire d'harmoniser les procédures de communication entre les RCC, les programmes antarctiques nationaux, les armateurs de navires et les autres acteurs concernés.

189. La Nouvelle-Zélande a présenté le document de travail WP 34 *(Enseignements tirés des incidents de recherche et de sauvetage dans la région de la Mer de Ross)*. Le document traite des meilleures pratiques tirées de l'expérience néo-zélandaise en matière de coordination des interventions SAR notamment en ce qui concerne le maintien de relations étroites avec les responsables des programmes nationaux, les intervenants non gouvernementaux, les navires de pêche et l'IAATO. La Nouvelle-Zélande a souligné l'intérêt d'élaborer et de partager des principes et des procédures clairement définis entre les RCC et les programmes antarctiques nationaux dans chaque région SAR.

190. L'Australie a présenté le document IP 81 *(SAR coordination case study – helicopter incident in Australia's search and rescue region, October 2012)*. Ce document livre les résultats de la séance de débriefing relative à l'intervention SAR suite au crash d'un hélicoptère français de type AS350 en octobre 2010, lors d'un vol en provenance de L'Astrolabe et à destination de Dumont D'Urville. L'Australie a souligné que le Mémorandum d'entente entre l'Autorité de sécurité maritime et la Division australienne des affaires antarctiques s'est avéré très efficace lors de l'intervention. L'Australie a souligné l'importance de son accord avec le centre de coordination des secours de la Nouvelle-Zélande (RCCNZ) qui a d'ailleurs facilité la collaboration avec le programme antarctique américain. L'Australie s'est ensuite exprimée sur les défis que représente la gestion des médias sur différents fuseaux horaires, l'importance de l'utilisation d'outils équipés de GPS, plus modernes et précis, ainsi que sur l'importance de la mise à jour des activités, des ressources et des équipements de sécurité des programmes antarctiques nationaux.

191. La France a remercié l'Australie pour son soutien lors de l'incident et s'est également accordée sur le fait que le contact direct entre RCC et gens de mer permet d'assurer un flux continu d'informations vers les RCC sur la position géographique des navires.

192. Les États-Unis ont indiqué que, sur le terrain, leur programme ne s'appuyait pas sur la délimitation officielle entre les zones RCC de l'Australie et de la Nouvelle-Zélande pour déterminer le centre avec lequel coordonner une intervention SAR à terre, ajoutant que la plupart des activités hors de la station

McMurdo avaient été coordonnées par la Nouvelle-Zélande. Poursuivant, les États-Unis ont fait savoir que la plupart des activités réalisées hors de la station McMurdo étaient coordonnées avec la Nouvelle-Zélande et chaque programme national était responsable de la couverture SAR de ses activités et que leurs rapports de collaboration tant avec la Nouvelle-Zélande que l'Australie étaient fondés sur ce principe. Les États-Unis ont aussi noté que les RCC peuvent apporter une assistance considérable aux programmes antarctiques nationaux, ce qui leur permettrait de se concentrer sur les opérations et les interventions y compris la gestion des relations avec les médias et des différentes activités à l'issue des opérations de secours (voir le document IP 81).

193. Les États-Unis ont présenté le document WP 52 *(Proposition de développement de procédures opérationnelles normalisées de recherche et de sauvetage à l'échelle régionale)* et le document WP 53 *(Système global de recherche et de sauvetage (SAR): Impacts des nouvelles technologies)*. Ces documents relèvent l'importance des procédures SAR actuelles et confrontent les possibilités de mise en place de procédures normalisées susceptibles d'améliorer la collaboration et la coordination en matière de recherche et de sauvetage. Les États-Unis ont également présenté la carte action du manuel IAMSAR de recherche et de sauvetage en mer *(International Aeronautical and Maritime Search and Rescue Manual)* comme exemple de guide pratique permettant de clarifier les informations de base en matière de SAR, de préciser la terminologie et les procédures à utiliser par tous les RCC, les stations antarctiques ainsi que les opérateurs privés. Les États-Unis ont par ailleurs noté qu'un guide commun serait particulièrement utile pour les nouvelles recrues (opérateurs et personnel) ou en cas d'événement rare ou complexe. Chaque incident SAR étant unique, le partage de l'information peut contribuer à accélérer le processus d'intervention.

194. Les États-Unis ont relevé les incidences de deux types de technologies utilisées dans les activités SAR. Comme indiqué au document WP 53, il est important de reconnaître que l'acquisition de balises de localisation personnelles (BLP) ne signifie pas forcément que ces balises sont reliées à un centre de coordination des recherches (RCC). Dès lors, il faut que les propriétaires enregistrent leurs balises et intègrent le fonctionnement du système d'alerte et surtout, comme il est précisé au document IP 81, qu'ils sachent utiliser les systèmes de communication par liaison série. De plus, les opérateurs privés doivent s'assurer de l'adéquation de leurs procédures avec les processus des RCC.

195. L'Argentine a observé que le manuel IAMSAR de l'OMI contenait des procédures SAR très claires en ce qui concerne les navires, et que les capitaines de navires doivent suivre. L'Argentine s'est déclarée favorable à l'élaboration de procédures SAR pour la région antarctique, par le truchement de l'OMI et de l'OACI.

196. Le Chili a convenu avec l'Argentine et les États-Unis qu'il était nécessaire de discuter des préoccupations liées aux balises 'SPOT', utilisées par certains opérateurs dans la région de la Péninsule antarctique. Le Chili a indiqué qu'il est actuellement en contact avec des fournisseurs privés afin de s'assurer que son MRCC figure bien sur la liste des points de contact.

197. L'IAATO a porté à la connaissance de la RCTA que certains expéditionnaires privés préfèrent les appareils SEND ou SPOT car ils sont rechargeables, traçables en ligne et permettent de communiquer dans les deux sens. Toutefois, certains d'entre eux ignoraient les limites de cette technologie, notamment les retards sporadiques dans la transmission des signaux dus à la faiblesse de la couverture satellite et à l'absence, en Antarctique, de stations de réception au sol. L'IAATO a demandé aux expéditionnaires privés de fournir des informations détaillées sur les types de balise et sur les données de reporting les concernant. Les membres de l'IAATO ont en effet signé des protocoles d'entente sur la coordination SAR avec les autres opérateurs non-gouvernementaux.

198. L'Australie a noté que les unités à 406 MHz étaient répandues en Australie ; en effet, 270 000 balises de ce type y sont enregistrées. L'Australie intervient sur environ 1 700 incidents de balise à 406 MHz par an dont 35% concernent des BLP, ce qui confirme l'importance de la soumission d'informations exactes lors de l'enregistrement.

199. La Norvège, l'Afrique du Sud et les Pays-Bas ont réitéré l'importance d'un enregistrement adéquat des BLP et d'une sensibilisation idoine du public. Les informations fiables sont primordiales lors des interventions sur les incidents SAR et pour faciliter le constat d'un incident SAR. La Norvège a ajouté que les Parties avaient la responsabilité de porter à la connaissance des expéditionnaires privés et commerciaux équipés de BLP les limites de ces systèmes. La Norvège et les Pays-Bas ont également insisté sur l'intérêt de la coordination SAR en Antarctique.

200. En réponse à la suggestion du Royaume-Uni concernant l'amélioration de la sensibilisation et de l'échange d'informations sur les nouvelles technologies commerciales, le COMNAP a accepté d'insérer ce sujet au programme

de ses prochains ateliers SAR. Cette suggestion a été soutenue par la Norvège et les États-Unis. Le Royaume-Uni a estimé qu'il serait bon que les fournisseurs commerciaux rencontrent les opérateurs des programmes antarctiques nationaux et les représentants des MRCC afin de discuter des problématiques de communication. Il a également proposé que l'utilisation de certaines balises de localisation soit une condition à satisfaire avant d'autoriser des expéditions privées.

201. La CCAMLR a présenté le document WP 61 *(SAR-WG : Système de surveillance des navires de la Commission pour la conservation de la flore et la faune marines de l'Antarctique et sa contribution potentielle aux efforts SAR dans l'océan Austral)*, décrivant le système de surveillance de navire (VMS). Depuis 2004, cet outil permet au Secrétariat de la CCAMLR de rester en contact quasiment en temps réel avec les navires de pêche autorisés, soit directement ou par le biais du centre national de surveillance de leur Etat de pavillon. Le document propose des options pour le renforcement des capacités de la CCAMLR à appuyer les efforts SAR en mettant ses données VMS à la disposition des centres de coordination des secours afin de contribuer aux efforts de recherche et de sauvetage. Le Secrétaire exécutif a observé que la RCTA pourrait souhaiter inviter la CCAMLR à réfléchir à ces possibilités.

202. Plusieurs Parties ont favorablement accueilli la poursuite des discussions sur ce sujet au sein de la CCAMLR. Elles ont notamment souligné que les informations relatives à la localisation des navires devraient être utilisées exclusivement pour la recherche et le sauvetage et que la confidentialité devrait être préservée par le biais d'un protocole établi à cet effet. La France et le Chili ont précisé que le VMS n'était pas un système d'alerte en soi mais plutôt un système de signalement de position capable de fournir de meilleures images de la surface marine, même s'il pourrait être utile aux centres de coordination pour essayer d'identifier les navires à proximité afin d'intervenir en cas d'incident SAR. Le Royaume-Uni a relevé que les centres de coordination des secours (RCC) ont besoin de toutes données disponibles pour intervenir en cas d'incident SAR.

203. La Norvège a souligné que son RCC reçoit des informations de tous les navires de pêche présents dans sa région mais aussi de tous les navires de pêche norvégiens où qu'ils se trouvent. Ce système de données permet de localiser les navires se trouvant à proximité d'un site d'incident et susceptibles d'assister un navire en détresse. La Chine a évoqué, elle aussi, son système national de surveillance des infrastructures de pêche.

204. L'ASOC a présenté le document d'information IP 63 *(An Antarctic Vessel Traffic Monitoring and Information System)* dans lequel elle réitère son invitation à la RCTA visant à demander à tous les navires de la zone du Traité d'utiliser des systèmes d'identification automatique (AIS) afin de transmettre les informations LRIT à un centre compétent, et à concevoir un système d'information et de surveillance du trafic maritime en Antarctique afin de renforcer les efforts de recherche et de sauvetage, à commencer par la zone de la Péninsule antarctique.

205. L'IAATO a présenté le document d'information IP 93 *(IAATO Information Submitted Annually to MRCCs with Antarctic Responsibilities)*. Cette information comporte notamment les outils disponibles sur chaque navire en cas d'urgence et les auteurs ont précisé être ouverts à tout retour sur expérience des centres RCC afin d'améliorer le dispositif.

206. Les États-Unis ont fait remarquer l'intérêt de la surveillance des navires et l'importance de l'accès des centres de coordination aux bases de données utiles. Ils ont par ailleurs souligné la pertinence des rapports détaillés que produit l'IAATO. Les États-Unis ont constaté que la RCTA n'était peut-être pas le forum idéal pour introduire de nouvelles exigences à l'intention des navires en sus de celles que leur impose la réglementation de l'OMI. L'Argentine et la Norvège étaient du même avis.

Résultats escomptés et action de la RCTA

207. L'Allemagne a précisé que son service des glaces disposait de données sur les propriétés des glaces pouvant servir à informer un incident SAR. Le Royaume-Uni a souligné que l'application informatique libre Polar View est utilisée par certains RCC et par plusieurs programmes nationaux. L'Allemagne a également évoqué un autre portail spécialisé sur les glaces *(International Ice Portal)* qui est aussi un outil important pouvant livrer une analyse à plus haute résolution lors des situations d'urgence.

208. Après observation des procédures en vigueur au sein des RCC, des programmes antarctiques nationaux et des opérateurs privés, la Réunion a retenu qu'il n'était pas nécessaire à l'heure actuelle d'adopter des procédures opérationnelles normalisées en Antarctique si le partage de l'information et des bonnes pratiques et la mobilisation des efforts pour des objectifs commun restent de mise. La Nouvelle-Zélande s'est déclarée du même avis, précisant qu'il serait utile de définir des objectifs communs plutôt qu'un ensemble de procédures opérationnelles normalisées. Le COMNAP

a proposé de faire office de centre d'information et des bonnes pratiques à travers un site internet dédié à accès restreint.

209. L'IAATO a proposé sa contribution, en alimentant avec des données pertinentes la base de données que se propose de créer le COMNAP. Les États-Unis ont suggéré que, lors du partage des informations, les Parties accordent une attention particulière aux atouts et aux obstacles inhérents aux nouvelles technologies.

210. Les Parties étaient d'avis qu'il faut informer et sensibiliser les nouveaux acteurs (touristes, bateaux de pêche) aux centres de coordination des secours et à leurs responsabilités.

211. L'Argentine a présenté le document WP 65 *(Ressources des stations antarctiques pour l'intervention d'urgence en milieu terrestre : intégration au système électronique d'échange d'informations (SEEI))* qui aborde la difficulté des efforts SAR à terre et fait noter que les centres de coordination dépendent souvent des ressources disponibles au niveau des programmes antarctiques nationaux. L'Argentine a recommandé que la RCTA encourage les Parties consultatives à joindre une description des ressources disponibles sur leurs stations pour les interventions d'urgence en milieu terrestre, lors de la présentation annuelle de leurs données à travers le SEEI. Les États-Unis ont indiqué soutenir le partage d'information concernant les ressources disponibles mais ont toutefois émis des réserves quant à l'utilisation du SEEI comme véhicule de déclaration de ces ressources à cause des difficultés liées à la saisie et l'extraction des données. La France a observé que la suggestion d'utiliser le SEEI avait déjà été faite à la Résolution 6 (2010). Le COMNAP a manifesté son accord avec la France sur le fait que la Résolution 6 (2010) préconisait la saisie de cette information. L'IAATO a fait savoir que ses deux membres au sol resteraient en contact et échangeraient des informations avec les autres membres.

212. La Réunion a conclu qu'il faudrait disposer d'informations fiables sur les ressources disponibles pour la recherche et le sauvetage en milieu terrestre et que ces ressources devraient être facilement accessibles en cas de besoin et mises à jour annuellement. Le COMNAP a précisé qu'il pourrait publier ces informations sur son site sécurisé ajoutant que les regroupements régionaux ont déjà fourni une somme considérable de listes détaillées. L'Uruguay a recommandé que les SEEI soient accessibles depuis la base de données du COMNAP afin d'éviter la duplication. L'Argentine a conclu que les échanges d'information étaient essentiels, qu'ils se fassent à travers le COMNAP ou les SEEI.

213. L'IAATO a présenté le document IP 100 *(Joint Search and Rescue Exercise in Antarctica)*, préparé conjointement avec le Chili. Ce document portait sur les exercices de recherche et de sauvetage organisés en février 2013 par l'IAATO, Holland America Line NV et le Centre de coordination des secours maritimes du Chili. Il s'agissait du premier exercice de terrain réunissant un organisateur de voyages et un MRCC en Antarctique. Les leçons apprises portaient notamment sur les difficultés de communication, le traitement des questions des médias et la construction de rapports de confiance. L'IAATO a proposé la prise de nouvelles mesures telles que l'élaboration de protocoles mettant en évidence les centres de secours des organisateurs de voyages, la coordination des relations publiques, l'amélioration des bases de données de navires et l'organisation d'exercices à intervalles réguliers.

214. Plusieurs Parties ont manifesté leur intérêt pour la participation aux prochains exercices SAR. L'Afrique du Sud a suggéré que des exercices théoriques et pratiques (simulations) soient effectués si les exercices ne peuvent être réalisés sur le terrain.

215. Le Chili a présenté le document de travail IP 109 *(Decimoquinta Versión de la Patrulla Antártica Naval Combinada entre Chile y Argentina)*. Ce document a été préparé conjointement par le Chili et l'Argentine et décrit la patrouille navale conjointe de ces deux pays, qui a opéré en Antarctique lors des 15 dernières années. La patrouille navale était équipée et formée aux opérations de sauvetage et de protection de l'environnement. Elle a effectué des exercices réguliers.

216. La Réunion a demandé au Secrétariat de transmettre un exemplaire de cette section du rapport à l'OMI et à l'OACI pour information.

Principaux résultats et perspectives proposées

217. La Réunion a convenu que la RCTA devrait se tenir informée sur les opérations SAR par l'entremise du Groupe de travail sur les opérations de recherche et de sauvetage. Les processus SAR élaborés sous les auspices d'organismes internationaux tels que l'OMI et l'OACI présentent un intérêt pour l'Antarctique. Les Parties devraient veiller à poursuivre leur engagement auprès de ces entités, en ce qui concerne la recherche et le sauvetage dans la zone du Traité sur l'Antarctique.

218. La Réunion a pris acte des efforts de la CCAMLR pour garantir la sécurité des navires de pêche et a recommandé que la CCAMLR envisage de donner accès aux centres de coordination des secours, à ses données de VMS

exclusivement pour les besoins de SAR. La confidentialité des données concernées devrait être assurée de manière appropriée. Les membres de la CCAMLR ont été invités à poursuivre ce travail afin d'améliorer la sécurité des bateaux de pêche dans la zone de la Convention.

219. La Réunion a par ailleurs soutenu les projets envisagés par le COMNAP visant à renforcer l'efficacité des interventions et des opérations de SAR. Il s'agit : 1) de l'organisation d'ateliers SAR tous les trois ans qui seraient ouverts aux représentants des RCC, aux programmes antarctiques nationaux, à la CCAMLR, aux experts, aux opérateurs privés et aux fournisseurs de services commerciaux tels que les outils d'alerte et de communication ; 2) de la création d'un portail Internet qui constituerait un forum d'échange d'information entre les centres de coordination sur leurs objectifs communs et les meilleurs pratiques ; 3) de la mise à disposition aux RCC, par le biais du site Internet du COMNAP, des informations actualisées sur les ressources des programmes antarctiques nationaux pouvant être exploitées pour les interventions SAR en milieu terrestre. Les Parties étaient toutes d'accord pour éviter la duplication d'informations déjà disponibles ailleurs.

220. La Réunion a constaté que les Parties responsables de la recherche et du sauvetage ont manifesté un très grand intérêt pour l'organisation d'autres exercices SAR.

221. La Réunion a adopté la Résolution 4 (2013) intitulée « Renforcement de la collaboration en matière de recherche et de sauvetage (SAR) en Antarctique ».

222. L'ASOC a présenté le document IP 59 *(Update to Vessel Incidents in Antarctic Waters)* contenant un récapitulatif des incidents maritime assorti de cartes pour en indiquer la localisation. L'ASOC a recommandé : l'établissement de spécifications techniques pour les équipements, les procédures et la formation à la lutte contre les déversements d'hydrocarbures ; la tenue de formations supplémentaires pour tous les gens de mer évoluant en eaux polaires ; l'appui, par le biais du Sous-comité sur les normes de formation et de veille (STW) de l'OMI pour des formations poussées sur les eaux recouvertes de glace ; et la soumission des bateaux de pêche au Code polaire.

223. L'ASOC a également présenté le document IP 66 *(Discharge of sewage and grey water from vessels in Antarctic Treaty waters)*. Ce document reflète les préoccupations exprimées quant à l'inadéquation du système actuel de gestion des flux d'eaux usées et des eaux grises, notamment pour la protection des écosystèmes et de la vie sauvage de l'Antarctique. L'ASOC

a encouragé ses membres à collaborer en vue d'introduire une disposition interdisant le rejet d'eaux usées ou d'eaux grises non traitées dans les eaux de l'Antarctique.

Point 11 – Tourisme et activités non gouvernementales dans la zone du Traité sur l'Antarctique

Examen des politiques touristiques

224. Les Pays-Bas ont présenté le document WP 47 *(Rapport du Groupe de contact informel sur la diversité croissante des activités touristiques et non gouvernementales en Antarctique)* qui avait été créé lors de la XXXV^è RCTA. Ce rapport fournit divers exemples des types d'activités menées actuellement en Antarctique et qui illustrent la diversification des activités touristique et non-gouvernementales en Antarctique. Les exemples cités relèvent de plusieurs catégories, à savoir : modes de transport maritime et aérien ; expéditions visant essentiellement à réaliser certains parcours (souvent difficiles) ; activités spécifiques notamment sportives ou expéditions impliquant des effectifs plus importants, hébergement nocturne dans le cadre du tourisme à l'intérieur des terres ; et des autres activités non gouvernementales.

225. Le rapport du GCI résume les contributions des participants sur les expériences de leurs pays respectifs en matière de diversification des activités touristiques, y compris les dispositifs nationaux d'autorisation, les EIE, quelques exemples d'activités interdites et la coopération internationale. Le rapport met en évidence le fait que plusieurs participants à la discussion considèrent l'évaluation des impacts cumulatifs et des impacts sur les valeurs de l'état naturel comme une tâche difficile. Le rapport a également fourni force détails sur les compétences et les systèmes nationaux auxquels les Parties octroient ou refusent des autorisations pour la réalisation d'activités. Lors de la présentation du rapport, les Pays-Bas ont expliqué que l'étude du GCI pouvait donner à croire que les autorisations étaient rarement refusées, mais que six cas de refus ont été cités dans le rapport. Les Pays-Bas ont salué la contribution constructive des Parties consultatives qui ont participé aux discussions, de l'IAATO et de l'ASOC, et ont remercié le Secrétariat d'avoir facilité ces discussions.

226. La Réunion a remercié les Pays-Bas pour avoir modéré les discussions intersessions et a examiné les difficultés de manière plus approfondie. Les

Parties ont échangé sur les expériences et les obstacles liés à l'application de leur législation nationale concernant différents types d'activités, par exemple : l'évaluation des impacts cumulatifs et des impacts sur les valeurs liées à l'état naturel de l'Antarctique, les critères utilisés pour rejeter certaines demandes d'autorisation ou interdire certaines activités, le degré d'intérêt à porter aux infrastructures et actions destinées aux activités de type terrestre, les leçons tirées de la gestion du tourisme dans d'autres parties du monde telles que l'Arctique et le Subantarctique.

227. En ce qui concerne la diversité des activités, la Nouvelle-Zélande a identifié au moins 13 activités qui manifestement ne rentraient pas dans les 22 catégories prévues dans le formulaire de rapport post-visite et qui a été élaboré conformément à la Résolution 6 (2005).

228. En ce qui concerne les infrastructures prévues pour les activités terrestres, la Nouvelle-Zélande a suggéré qu'en plus d'un rapport annuel recensant les effectifs des touristes et des opérations, l'IAATO pourrait fournir davantage d'informations sur les activités des prestataires de services logistiques terrestres. Pour ce qui est du tourisme terrestre et d'aventure, les États-Unis ont proposé que les activités touristiques et de campement non-gouvernementales fassent l'objet de plus d'échanges entre Parties pour une meilleure gestion de ces activités notamment en ce qui a trait aux meilleures pratiques. Les États-Unis ont déclaré en outre que même si les discussions étaient plutôt orientées vers la comparaison des procédures nationales, il était plus pressant de déterminer les aspects touristiques les plus problématiques (ex : tourisme terrestre, gestion des zones et tourisme) et d'envisager ensuite les solutions éventuelles à mettre en œuvre.

229. Les États-Unis et le Royaume-Uni ont insisté qu'il faudrait examiner plus précisément le niveau de coopération entre les autorités compétentes. La Fédération de Russie a réitéré sa proposition de 2010 prévoyant que les autorités compétentes partagent les informations liées aux permis avec le Secrétariat qui aurait alors informé les autorités des ports de «destination finale». Cette approche présente l'avantage de fournir à la RCTA un aperçu de l'ampleur des activités non gouvernementales en Antarctique.

230. La Fédération de Russie a fait part de sa préoccupation concernant l'absence, chez certaines Parties, de dispositif législatif pour les systèmes de permis ou d'agrément pour atténuer les risques des activités non gouvernementales non autorisées et a souligné que les opérateurs originaires d'États non parties au Traité menaient des activités dans la région antarctique. L'ASOC a reconnu

que la Fédération de Russie avait soulevé un point essentiel et a sollicité des précisions sur l'ampleur du problème soulevé.

231. Les Pays-Bas ont déclaré que les différences de systèmes juridiques pourraient mener à des mises en œuvre différentes du Protocole relatif à la protection de l'environnement. Cela pourrait aboutir à une utilisation sélective des différentes dispositions juridiques qui conduirait les opérateurs à faire du «forum shopping». La France a souligné les incidences que cela pourrait avoir sur la sécurité des populations comme cela a été confirmé par les conclusions du Groupe de travail sur la recherche et le sauvetage lors de la XXXVIe RCTA. Le Royaume-Uni a expliqué que, dans ce domaine, les échanges sur les activités des autorités compétentes, l'implication des Membres concernés du CPE et de la RCTA au processus d'application du Protocole relatif à la protection de l'environnement lors des interactions, serait bénéfique et permettrait notamment d'identifier les lacunes et les incohérences. Les États-Unis ont observé que les Parties devraient prêter une attention toute particulière à des questions spécifiques telles que les impacts cumulatifs et les moyens de les atténuer. En effet, selon eux, il ne faudrait pas considérer d'emblée que des méthodes d'application ou des législations différentes constitueraient un problème.

232. En ce qui concerne les activités terrestres, le Royaume-Uni a rappelé que la Résolution 9 (2012) adoptée à la XXXVe RCTA avait prévu des questions (d'aide à la décision) que les autorités compétentes pourraient poser dans le cadre de la gouvernance des activités terrestres non gouvernementales. La France a estimé qu'il était important de surveiller de près les activités de soutien et a cité l'exemple d'une expédition de saut en parachute qui aurait été menée sans aucune autorisation préalable. L'ASOC a souligné la différence entre la possibilité de procéder à l'enlèvement d'infrastructures terrestres et l'utilisation à long terme d'un site et a suggéré que les autorités compétentes évaluent les activités touristiques qui impliquent l'installation d'infrastructures à terre sur la base de la durée d'occupation de sites proposée sur une longue durée, par opposition à une visite saisonnière au cours de laquelle les infrastructures terrestres amovibles sont assemblées pour une courte durée.

233. En ce qui concerne les difficultés liées à l'évaluation des impacts cumulatifs, l'Argentine a rappelé à la Réunion les discussions menées au cours des RCTA précédentes, notamment celles d'un GCI qui avait élaboré des lignes directrices pour l'évaluation des impacts cumulatifs. L'Argentine a proposé que les prochains travaux sur cet aspect prévoient l'examen de la

mise en œuvre des lignes directrices en rapport avec les impacts cumulatifs. Les Pays-Bas ont déclaré qu'à la lumière des défis qui se posent pour l'évaluation des impacts cumulatifs d'une diversification des activités et de l'évaluation des impacts sur les valeurs de l'état naturel, on note une tendance à la tolérance des impacts des activités individuelles. Pourtant, les impacts sur certaines valeurs de l'Antarctique, notamment les valeurs de la vie sauvage pourraient s'intensifier considérablement. Les États-Unis ont observé que la réglementation efficace, l'évaluation et la surveillance des impacts cumulatifs du tourisme sont complexes, difficiles et nécessitent la formulation de politiques dans le cadre de la RCTA. La Nouvelle-Zélande a estimé qu'un léger changement au système de reporting du SEEI, abordé au document de travail WP 33, permettrait aux Parties de mieux analyser les tendances comportementales sur certains sites spécifiques importants. Les conseils du CPE dans la Recommandation 3 de son étude sur le tourisme de 2012, portant sur la méthodologie d'évaluation de la vulnérabilité des sites, pourraient constituer un outil crucial pour l'évaluation des impacts cumulatifs.

234. En ce qui concerne les critères de refus d'autorisation d'activités proposées, certaines Parties ont fourni des exemples d'activités dont l'autorisation avait été refusée. Plusieurs autres Parties ont signalé que leurs autorités compétentes adoptaient une démarche interactive au traitement des demandes de permis, qui se décline par la consultation permanente, des candidats potentiels, au sujet de l'environnement et de la sécurité. Cette approche a découragé certains candidats mais a permis de relever le niveau de satisfaction des critères chez d'autres.

235. La Réunion a également abordé la question des mesures prescriptives. Les Pays-Bas ont noté que dans certains cas, une orientation plus appuyée de la RCTA encouragerait les Parties à dire « non » aux activités contraires aux objectifs et principes du Protocole. Cet avis a été soutenu par plusieurs Parties qui ont également observé que les lois nationales permettent à leurs autorités d'adopter une approche préventive et de refuser des autorisations aux candidats dont les activités présentent un risque élevé (ex. : tourisme d'aventure). La Norvège a expliqué que, conformément à sa législation nationale, les activités envisagées en Antarctique doivent être menées dans le respect de la sécurité et de façon auto-suffisante. La Nouvelle-Zélande a signalé des exemples d'expéditions privées menées durant les saisons 2010/11 et 2011/12 pour lesquelles des assurances n'avaient pas été prévues et des mesures de sécurité adéquates n'avaient pas été prises. Les responsables de ces activités avaient préféré éviter de communiquer avec

les autorités compétentes plutôt que d'essuyer des refus pour les motifs précisés.

236. L'IAATO a observé que ceux de ses membres qui sont en relation avec plusieurs autorités compétentes sont conscients des divergences dans les approches adoptées d'un pays à l'autre et a précisé qu'elle encourageait le dialogue préliminaire constructif entre les autorités compétentes et les opérateurs. L'IAATO a également souligné l'importance de son projet d'arrêté disposant que les activités touristiques ne devraient avoir que des impacts mineurs ou transitoires. L'IAATO a par ailleurs rappelé ses commentaires sur les activités terrestres puis fait référence aux documents qu'elle avait soumis sur le thème du tourisme terrestre, notamment les documents IP 84 (XXXIᵉ RCTA) et IP 101 (XXXIIᵉ RCTA).

237. Dans une perspective de partage d'expériences d'autres régions du monde, la Norvège a relevé que des leçons pourraient être tirées de son expérience en termes de réglementation touristique à Svalbard. Lors de la dernière saison, la Norvège a relevé un certain degré de diversification du tourisme en Arctique, avec une tendance vers le tourisme d'aventure. La Norvège privilégie une politique de la concertation avec les organisateurs de voyages et les informe de la stricte réglementation qu'elle applique. La Nouvelle-Zélande a précisé que le système de gestion appliqué dans les îles subantarctiques gérées par la Nouvelle-Zélande était comparable à celui des zones spécialement protégées de l'Antarctique, ce qui témoigne de la pertinence de la gestion des zones comme outil de gouvernance.

238. La Réunion a favorablement accueilli la proposition de la Norvège de faciliter les préparations intersessions préalables à la discussion prévue l'année prochaine sur les expériences et les défis identifiés par les autorités compétentes concernant les différents types de tourisme et d'activités non gouvernementales.

239. L'ASOC a présenté le document IP 67 *(Management implications of tourist behaviour)*. Ce document examine certains comportements de touristes en Antarctique, dans le cadre des tendances touristiques observées actuellement. Les incidences de la gestion et de la réglementation y sont également débattues. L'ASOC a déclaré que la recherche sur les comportements des touristes a mis en évidence des préoccupations concernant les impacts environnementaux potentiels pouvant résulter de la diversification, de l'expansion, des impacts cumulatifs potentiels et de la non-conformité. L'ASOC a recommandé aux Parties d'aborder la réglementation et la gestion touristique dans une perspective stratégique qu'elle estime préférable à

l'insistance sur une réglementation spécifique ciblant principalement les comportements des touristes et s'appuyant essentiellement sur des lignes directrices de sites. L'ASOC a déclaré en outre que les lignes directrices relatives aux comportements pourraient compléter avantageusement mais non remplacer des approches stratégiques en matière de réglementation et de gestion touristiques y compris les EIE, la surveillance des sites et une série de zones spécialement protégées ou gérées conçues pour veiller à ce que le tourisme soit concentré ou réparti, voire réorienté en fonction des circonstances.

Surveillance et gestion du tourisme

240. La Nouvelle-Zélande a présenté le document de travail WP 33 *(Rapport du Groupe de contact intersessions sur l'échange d'informations ainsi que sur les aspects environnementaux et les impacts du tourisme sur l'environnement)* qui résume les résultats des discussions qui ont eu lieu entre l'Australie, les États-Unis, la France, le Japon, la Nouvelle-Zélande, le Secrétariat du Traité, l'IAATO et l'OMM. Le groupe a identifié des options pouvant aider à spécifier davantage les informations échangées sur cette problématique à travers la modification des formulaires des rapports des SEEI et de post-visites. Il a également suggéré des thèmes clés à verser aux prochaines discussions.

241. Le groupe a recommandé la révision des spécifications prévues à la Résolution 6 (2001) concernant les échanges d'informations. La modification consisterait à inclure le « type d'activité » dans la catégorie 'Expéditions non gouvernementales' - Opérations à bord des navires et une liste d'activités touristiques de laquelle les Parties pourraient puiser une ou plusieurs activités lors de l'élaboration du rapport sur les activités menées.

242. La Réunion a débattu des meilleurs moyens de procéder pour la soumission efficace des données touristiques et la gestion du tourisme et a envisagé une série d'amendements aux exigences que pose le SEEI à la communication de rapports sur les activités touristiques. Ainsi, la nécessité de limiter les doublons de tâches et d'harmoniser les spécifications en matière de SEEI avec les données déjà soumises par les opérateurs dans le cadre des rapports post-visites, est prise en considération.

243. En ce qui a trait aux amendements visant particulièrement les SEEI, plusieurs Parties ont estimé utile de fournir une liste des activités touristiques à partir de laquelle il est possible de sélectionner une ou plusieurs activités lors

de la communication de rapports d'activités. Elles ont cependant ajouté qu'il conviendrait de laisser un champ libre pour l'ajout d'activités non encore intégrées à la liste. La République de Corée a déclaré qu'elle tenait particulièrement aux échanges d'informations sur les activités touristiques. Elle a ensuite encouragé la RCTA et les organisations internationales du secteur du tourisme et de l'environnement telles que l'Unesco à communiquer entre elles. Les États-Unis ont noté qu'il serait utile de joindre des informations sur la date, l'heure et le nombre de visiteurs pour un site donné afin d'établir une corrélation entre ces données et le cycle de reproduction des oiseaux et des phoques sur ce site.

244. L'IAATO a exprimé sa volonté de poursuivre son appui à la RCTA à travers le partage des enseignements tirés de la collecte et de l'analyse des données soumises dans les rapports post-visites et en partageant d'autres données avec les Parties. Cette organisation a suggéré en outre que les Parties pourraient exploiter ses données après l'évaluation de leur qualité par une tierce partie. Ainsi les autorités compétentes des différentes Parties pourraient consacrer leur temps et leur énergie à la collecte de données auprès de sources autres que l'IAATO.

245. La Réunion a convenu d'examiner la liste des activités touristiques incluse dans les formulaires de rapport post-visites à la XXXVIIᵉ RCTA. Elle envisage de consolider ou d'allonger la liste des activités identifiées par la RCTA. Dans le cadre des travaux d'élaboration des fonctionnalités des SEEI, la Réunion a également demandé au Secrétariat de fournir à la XXXVIIᵉ RCTA, dans le respect des lignes budgétaires établies :

   a) un menu déroulant des activités du SEEI correspondant à celui des formulaires du rapport post-visite ;

   b) une fonctionnalité permettant de chercher toutes les activités ayant fait l'objet de comptes rendus selon des coordonnées géographiques connues, dans la section SEEI du rapport synthétique ;

   c) une fonctionnalité pour identifier les expéditions ayant reçu l'autorisation de plusieurs Parties ; et

   d) la possibilité de consulter les informations annuelles par site et par année sur plusieurs années, à partir des données de la section SEEI du rapport synthétique.

246. La Réunion a invité le Secrétariat à faire à la XXXVIIᵉ RCTA une présentation sur les spécifications de la RCTA en matière d'échange d'informations et sur le fonctionnement du SEEI, en mettant l'accent sur les changements effectuées conformément à la Décision 6 (2013) et sur ses travaux portant

sur les fonctionnalités de recherche mentionnées au paragraphe précédent, sans dépasser les limites budgétaires fixées.

247. La Réunion a convenu qu'il faudrait discuter des modalités permettant aux Parties de mieux utiliser le SEEI. Il a été décidé que cet aspect serait discuté plus en profondeur à la XXXVIIe RCTA.

248. La Nouvelle-Zélande a présenté le document IP 13 *(Antarctic Treaty System Information Exchange Requirements for Tourism and Non-Governmental Activities)* qui fournit un aperçu des principales Décisions et Résolutions prises en matière d'échange d'informations, en insistant sur les activités touristiques et non gouvernementales.

249. La Réunion a adopté la Décision 6 (2013) – « *Échange d'informations sur les activités touristiques et non gouvernementales* ».

250. Les États-Unis ont présenté le document IP 20 *(Antarctic Site Inventory : 1994-2013)* qui propose une mise à jour des découvertes de l'Inventaire des sites antarctiques jusqu'en février 2013. L'Inventaire contient des données biologiques et des descriptions de sites de la région de la Péninsule antarctique dont la collecte a commencé en 1994. Les États-Unis ont noté que les résultats de ces travaux pourraient compléter les recommandations issues de l'étude sur le tourisme du CPE surtout la Recommandation 3 sur l'analyse de la sensibilité des sites et la Recommandation 6 sur les tendances touristiques.

251. La Réunion a remercié les États-Unis ainsi que Oceanites Inc. pour son travail de haute qualité et d'avant-garde en matière de surveillance à long terme. Il a été précisé que l'Inventaire des sites antarctique est une importante source primaire d'informations autant pour les recommandations de l'étude du CPE sur le tourisme que pour l'élaboration des lignes directrices de site. De manière plus générale, l'Inventaire permet une meilleure compréhension des changements environnementaux y compris les impacts potentiels du tourisme.

252. Les Pays-Bas ont manifesté leur intérêt pour l'Inventaire des sites antarctiques. Toutefois, ils ont précisé que le document IP 20 s'attardait trop sur les sites visités et sur la fréquence des visites. Les Pays-Bas ont estimé que le rapport devrait se focaliser davantage sur le contenu et les résultats des activités de surveillance et la manière dont ces derniers pourraient informer la gestion. Après avoir félicité Oceanites Inc. pour son travail de surveillance permanente, l'ASOC a suggéré qu'il serait bon, dans la mesure du possible, d'analyser et d'extraire des informations sur les impacts du tourisme sur chaque site en les distinguant des autres impacts anthropiques et des changements dus aux variations naturelles.

253. L'Argentine a présenté le document IP 88 *(Areas of tourist interest in the Antarctic Peninsula and Orcadas del Sur Islands (South Orkney Islands) region. 2012/2013 Austral summer season.)* Il s'agit d'une description de la répartition des visites touristiques dans la région en fonction des plans de voyage présentés par les voyagistes qui ont opéré vers et à partir du port d'Ushuaia durant la saison 2012/2013.

254. L'IAATO a présenté le document IP 97 *(Report on IAATO Operator Use of Antarctic Peninsula Landing Sites and ATCM Visitor Site Guidelines, 2012-13 Season)*. L'IAATO a observé que l'augmentation des voyages lors de la saison 2012/13 a eu pour conséquence une croissance du nombre de débarquements. Elle constate en outre que deux sites de débarquement de plus ont été utilisés par rapport à l'année précédente et qu'il s'agit de sites d'ancrage récemment enregistrés par des opérateurs de yachts. L'IAATO a souligné que 19 des 20 sites les plus utilisés ont déjà fait l'objet de lignes directrices pour les visites de sites.

255. Répondant à une question, l'IAATO a confirmé qu'elle s'intéresse toujours à l'utilisation des sites auxquels s'appliquent des lignes directrices, par des opérateurs non membres de l'IAATO ainsi qu'aux autres activités menées en Antarctique par des opérateurs qui ne sont pas affiliés à elle.

256. L'IAATO a également mentionné le document IP 98 qui comprend ses lignes directrices pour les courts séjours *(IAATO Guidelines for Short Overnight Stays)*. Suite aux discussions menées lors de la XXXVᵉ RCTA, le Comité des opérations de terrain de l'IAATO avait mis à jour les lignes directrices de l'organisation. Les lignes directrices pour le campement côtier avec nuitées avaient également été adoptées et devraient être testées au cours de la prochaine saison. L'IAATO a précisé qu'en 2012/13, 61 séjours de courte durée impliquant des nuitées ont eu lieu sur 16 sites. Le rapport passager/guide le plus élevé était de 15 passagers pour 1 guide. Le rapport moyen était de 9 passagers pour 1 guide.

257. La Réunion a remercié l'IAATO d'avoir répondu aux questions qui lui ont été posées par les Parties et d'avoir ainsi amélioré la compréhension des activités de campement en cours ainsi que les modalités de leur gestion. En réponse à une demande de l'ASOC, l'IAATO a confirmé qu'il y a eu effectivement une reprise des activités de camping durant ces dernières années, précisant que les touristes vont sur la terre ferme après le diner et rejoignent leur navire avant le petit-déjeuner.

258. L'IAATO a présenté le document IP 102 *(Barrientos Island Footpath Erosion)*. Ce document évoque les problèmes identifiés par le personnel de terrain lors de l'enquête interne de l'IAATO sur l'érosion des couches de mousses à l'Île Barrientos, dans l'archipel d'Aitcho. L'IAATO était préoccupée par ce problème et avait arrêté un certain nombre de mesures pour y remédier.

259. L'Équateur a remercié l'Espagne pour sa collaboration dans le cadre de l'étude sur l'érosion due au piétinement évoquée au document WP 55 *(Rétablissement des communautés de mousses sur les sentiers et proposition de gestion touristique de l'Île Barrientos)*. L'Équateur a souligné l'importance de la surveillance du processus de rétablissement de l'écosystème de l'Île Barrientos, site essentiel pour la nidification des manchots, et a remercié l'IAATO pour sa disponibilité et son appui tout au long du processus.

Aperçu du tourisme antarctique pour la saison 2012/13

260. L'IAATO a présenté le document IP 103 *(IAATO Overview of Antarctic Tourism: 2012-13 season and preliminary estimates for 2013-14 season)*. L'IAATO estime que le nombre total de touristes pour la saison 2012/13 a augmenté de 29,4% par rapport à la saison précédente. L'effectif de cette saison se rapproche de ceux des saisons 2009/10 et 2010/11. L'IAATO a identifié plusieurs facteurs qui pourraient expliquer cette hausse, dont la légère reprise des voyages à bord de bateaux de croisière, qui transportent plus de 500 passagers. Ces voyages sont passés de cinq à sept, ce qui représente 9070 passagers c'est-à-dire environ 5000 passagers de plus que l'année précédente. Une estimation des activités touristiques pour la saison 2013/14 a été communiquée également.

261. Plusieurs Parties ont remercié l'IAATO pour son rapport détaillé et ses réponses aux préoccupations des Parties. En réponse à une question de la France concernant l'État du pavillon des bateaux de tourisme, l'IAATO a expliqué que les touristes venaient de plus de 100 pays et que même s'il n'y avait pas de politique stratégique encourageant les bateaux à opérer sous le pavillon d'un Etat-Partie au Traité sur l'Antarctique, tous les opérateurs membres de l'IAATO étaient basés dans des États Parties au Traité. L'IAATO a aussi fait part de son intention de se lancer dans une dynamique de croissance tout en contribuant à l'objectif de réduction des impacts des activités touristiques sur l'environnement antarctique en sorte qu'ils soient mineurs ou de nature transitoire.

262. En réponse à une question de l'ASOC, l'IAATO a confirmé que les visites par voie aérienne/maritime ont doublé lors de l'année précédente et que cela s'expliquait par différents facteurs dont l'augmentation des visites 'éclairs' qui privilégient les voyages par avion, plus rapides. L'IAATO a expliqué que cela pose de nouveaux défis en termes de gestion notamment le temps limité pouvant être consacré à l'information des clients. L'IAATO a par ailleurs souligné que le voyagiste chilien très expérimenté en charge de ces voyages, véhicule de bonnes pratiques, en organisant des séances de briefing à l'attention des passagers durant la phase de préparation en amont du départ.

263. L'Argentine a présenté le document IP 86 *(Report on Antarctic tourist flows and cruise ships operating in Ushuaia during the 2012/2013 Austral summer season)* et le document IP 87 *(Antarctic tourism through Ushuaia. Comparison of the last five Austral summer seasons)*. L'Argentine enregistre systématiquement les mouvements de passagers et de bateaux qui ont visité l'Antarctique, en passant par le port d'Ushuaia, depuis la saison 2008/2009 et a remis ces informations à la RCTA. Ces documents comportent des informations détaillées sur tous les voyages touristiques depuis Ushuaia (les passagers, les équipages, le personnel des expéditions, les organisateurs de voyages, les armateurs des navires et l'immatriculation des navires). Tout en s'intéressant particulièrement aux bateaux qui font escale à Ushuaia, les documents constituent une source d'information alternative et/ou complémentaire aux autres sources disponibles actuellement, pouvant contribuer à l'évaluation des activités touristiques en Antarctique.

264. Les États-Unis, la Nouvelle-Zélande et l'IAATO ont remercié l'Argentine pour ces données utiles qui viennent compléter celles de l'IAATO. En réponse à la Nouvelle-Zélande au sujet des rapports passagers/guides évoqués au document IP 86, l'Argentine a expliqué que les données provenaient des déclarations des navires au port, lieu où les effectifs de personnel peuvent être relevés à partir des listes d'équipages ou de passagers fournis et que par conséquent ces données n'étaient pas systématiquement identifiables.

Croisières de plaisance et autres activités en Antarctique

265. Le Royaume-Uni et l'IAATO ont présenté le document IP 54 *(Data Collection and Reporting on Yachting Activity in Antarctica in 2012-2013)*. Ce document fournit une mise à jour des données présentées en 2012 afin de poursuivre l'échange d'informations, avec les autres Parties, sur l'utilisation des yachts en Antarctique. Les données sont extraites

des escales enregistrées par l'équipe britannique à Port Lockroy, dans la Péninsule antarctique et complétées par des observations enregistrées par les membres de l'IAATO dans la zone du Traité. Le Royaume-Uni et l'IAATO ont vivement encouragé les Parties à partager leurs informations sur les autorisations qu'elles octroient aux yachts conduits par des opérateurs non membres de l'IAATO, afin d'améliorer la coordination entre Parties des activités des yachts en Antarctique. L'IAATO a évoqué l'impact positif des campagnes de sensibilisation sur la baisse du nombre de yachts circulant sans autorisation.

266. La Réunion a encouragé les Parties à continuer à échanger des informations sur les activités des yachts dans la zone du Traité notamment à travers le mécanisme d'information pré-saison du SEEI mais aussi en exploitant les rapports post-visites, dans l'esprit de la Résolution 5 (2005).

267. L'Argentine a indiqué qu'il était important de disposer de ces informations pour attirer l'attention sur la présence de yachts non autorisés au port d'Ushuaia et qu'elle souhaitait contribuer à la compilation de ces données.

268. L'ASOC a déploré le manque d'information sur l'impact des activités des yachts. Elle a indiqué toutefois que, selon le document IP 54, la majorité des yachts identifiés en Antarctique durant la saison 2012/13 avaient obtenu une autorisation, que leurs opérateurs soient ou non membres de l'IAATO.

269. La Fédération de Russie a soulevé le problème de l'assistance médicale d'urgence pour les participants aux marathons antarctiques tels que ceux qui sont organisés à l'Île du Roi-George et a suggéré que ce point fasse l'objet de discussions approfondies au sein de la RCTA. La Fédération de Russie a suggéré que les examens médicaux constituent une condition préalable indispensable à toute participation à ces marathons.

270. En réaction à cette suggestion, l'IAATO a précisé que ses membres avaient l'obligation de suivre les lignes directrices relatives aux marathons dont l'obligation de contacter les stations situées à proximité du lieu du marathon et de se soumettre aux examens médicaux prévus. L'IAATO a pris bonne note des préoccupations de la Fédération de Russie et déclaré qu'elle communiquerait sur la question à la prochaine RCTA.

Problématiques touristiques abordées dans le Plan de travail pluriannuel

271. Les Parties se sont entretenues sur la manière d'aborder les priorités identifiées dans volet « tourisme et activités non gouvernementales » du Plan

de travail stratégique pluriannuel. Il s'agirait d'examiner et d'apprécier la nécessité de réaliser des actions supplémentaires en matière de gestion de sites et en ce qui concerne les infrastructures à caractère permanent destinées au tourisme, les aspects liés au tourisme terrestre et d'aventure ainsi que les recommandations issues de l'étude du CPE sur le tourisme.

272. La Réunion a décidé d'accorder une attention particulière à l'un de ces thèmes lors de la XXXVIIᵉ RCTA, à savoir le tourisme terrestre et d'aventure. Elle a également prévu d'examiner les premiers résultats des travaux intersessions du CPE sur les Recommandations 3 et 6 de l'étude du CPE sur le tourisme. La Réunion a également décidé, dans le cadre de cet examen dédié, de veiller à ce que des échanges spécifiques et approfondis aient lieu à la prochaine RCTA. Pour ce faire, les Parties, les observateurs et les experts ont été invités à préparer des documents de travail et autres rapports traitant de ces sujets. La Réunion a par ailleurs chargé le Secrétariat de produire un condensé des discussions des précédentes RCTA ainsi qu'un récapitulatif des Mesures et des Résolutions en lien avec le tourisme terrestre et d'aventure.

273. La Réunion a décidé d'entreprendre, lors de la XXXVIIᵉ RCTA, des discussions sur les actions à mener pour traiter les autres aspects prioritaires liés au tourisme figurant dans le Plan de travail stratégique pluriannuel.

Point 12 – Inspections effectuées en vertu du Traité sur l'Antarctique et du Protocole relatif à la protection de l'environnement (Protocole de Madrid)

274. L'Allemagne a présenté le document de travail WP 4 *(Inspection effectuée par l'Afrique du Sud et l'Allemagne en application de l'Article VII du Traité sur l'Antarctique et l'Article 14 du Protocole au Traité sur l'Antarctique relatif à la protection de l'environnement : Janvier 2013)*. Ce document, préparé conjointement avec l'Afrique du Sud, porte sur les inspections réalisées dans quatre stations en Terre Dronning Maud, du 8 au 29 janvier 2013. L'Afrique du Sud réalisait ainsi sa première série d'inspections aux côtés de l'Allemagne qui avait déjà effectué deux inspections conjointes (avec la France en 1989 et le Royaume-Uni en 1999). Bien que l'équipe d'inspection n'ait observé aucune violation directe du Traité sur l'Antarctique ou du Protocole relatif à la protection de l'environnement, elle a toutefois remarqué que les stations inspectées appliquaient les normes prévues par le Système du Traité à des degrés divers. L'Afrique du Sud a remercié l'Allemagne pour son initiative et pour lui avoir permis de réaliser sa première mission d'inspection complète.

275. Les Parties dont les stations ont été inspectées ont remercié l'Afrique du Sud et l'Allemagne pour les rapports qu'ils ont élaborés. L'Inde a apprécié les recommandations allant dans le sens de l'amélioration, et a confirmé qu'elle envisageait de les appliquer. La Norvège a soutenu qu'un des principaux avantages des rapports d'inspection est qu'ils permettent aux Parties de tirer profit de leurs expériences réciproques. Ces rapports fournissent également l'opportunité de discuter des recommandations à un haut niveau. La Belgique a indiqué qu'elle était prête à échanger des informations sur l'utilisation des nouvelles technologies dans les stations. Le Royaume-Uni s'est réjoui d'avoir accueilli l'équipe d'inspection de la station de recherche Halley VI et a informé les Parties que cette station était entièrement opérationnelle depuis février 2013. La station a récemment été agréée par l'OMM et devient la troisième station antarctique considérée à être associée au programme de veille atmosphérique GAW *(Global Atmospheric Watch)*. De plus amples informations sur les activités scientifiques réalisées à Halley VI et sur le démantèlement de Halley V sont disponibles dans le document d'information IP 37. Le Royaume-Uni a noté que le rapport d'inspection soulignait l'utilisation faite par British Antarctic Survey de son système de reporting AINME (communication sur les accidents, incidents, quasi-accidents et sur l'environnement). Cet outil a en effet servi de modèle pour le COMNAP.

276. La Nouvelle-Zélande a apprécié les recommandations de l'équipe d'inspection sur la lutte contre l'introduction d'espèces non indigènes et a salué l'excellent travail que le SCAR et le COMNAP avaient réalisé dans ce domaine. L'ASOC a par ailleurs recommandé que, dans l'esprit de son document d'information IP 65 *(Black Carbon and other Short-lived Climate Pollutants: Impacts on Antarctica)*, les sources de carbone noir en Antarctique devraient faire l'objet d'évaluations et que la pollution par le carbone noir devrait être prise en considération dans le format du rapport d'inspection des stations et des navires.

277. Le Royaume-Uni a présenté le document de travail WP 9 *(Recommandations générales des inspections conjointes effectuées par l'Espagne, les Pays-Bas et le Royaume-Uni, en application de l'Article VII du Traité sur l'Antarctique et de l'Article 14 du Protocole au Traité sur l'Antarctique relatif à la protection de l'environnement)* préparé conjointement avec les Pays-Bas et l'Espagne. Les inspections ont été réalisées dans la région de la Péninsule antarctique entre le 1er et le 14 décembre 2012 et ont concerné 12 stations permanentes dont 3 stations inoccupées, 3 Sites historiques, 4 bateaux de croisière, 1 yacht et 1 site d'épaves. L'équipe d'inspection n'a relevé aucune violation du Traité sur l'Antarctique et a noté les efforts considérables

déployés dans les stations inspectés, afin d'en assurer la conformité avec les dispositions du Protocole relatif à la protection de l'environnement. Le Royaume-Uni a invité les Parties à se référer au document IP 38 pour de plus amples informations.

278. Le Royaume-Uni a félicité le Brésil pour son excellente opération de nettoyage et de démantèlement suite à l'incendie de la station Comandante Ferraz. Le Royaume-Uni a indiqué qu'il y avait des risques pour le personnel dans d'autres stations plus petites surtout en ce qui concerne les activités de plongée, ajoutant que tous les membres du personnel des stations n'ont pas consulté les procédures de sécurité et d'urgence en cas d'incendie. Une recommandation d'ordre général a été émise à l'issue de l'inspection encourageant les stations à renseigner la liste de contrôle (*checklist*) des inspections conformément au Traité sur l'Antarctique car le fait d'accomplir cette tâche en amont permet de faciliter le travail des inspecteurs. Le Royaume-Uni a ajouté qu'il conviendrait de publier les listes de contrôle des inspections des stations sur le site du Secrétariat du Traité afin qu'elles puissent être consultées par les inspecteurs avant leur arrivée aux stations.

279. Les Pays-Bas et l'Espagne ont fait remarquer l'importance de l'échange d'informations pour la recherche dans les stations parce qu'il permet de réduire les coûts et d'optimiser la coopération. L'Espagne a attiré l'attention sur la recommandation d'ordre générale faite aux stations afin qu'elles vérifient régulièrement leurs conteneurs de combustibles et limitent autant que possible leur manipulation pour minimiser les risques d'incendie. L'Espagne a noté que dans les stations inspectées, à l'exception de quelques éoliennes, l'utilisation de sources d'énergies renouvelables était très limitée.

280. Les États-Unis ont apprécié les recommandations émises par l'équipe d'inspection dans leur rapport concernant la station Palmer. Les États-Unis ont réagi à la recommandation d'ordre général concernant la checklist des inspections en vertu du Traité sur l'Antarctique en rappelant à la Réunion que l'utilisation de cette checklist reste facultative, quoique souhaitable. En outre, ils ont ajouté à propos de la longue liste de recommandations, figurant dans les rapports d'inspection, qu'elles ne reflèteraient formellement la politique de la RCTA que si elles sont adoptées par cette dernière. L'Argentine a remercié les Parties qui ont mené les inspections et a insisté sur l'utilité des recommandations particulières. En ce qui concerne les recommandations d'ordre général, l'Argentine a partagé l'avis des États-Unis pour dire que l'utilisation de la liste de contrôle était souhaitable mais facultative et que ces recommandations devraient être versées aux discussions. La France

a précisé que du point de vue des autorités compétentes, l'inspection des navires privés était une bonne initiative.

281. La Réunion s'est félicitée de la disponibilité des rapports d'inspection et a tenu à préciser que l'organisation d'inspections est une activité complexe qui requiert d'importantes ressources et que les Parties impliquées devraient être félicitées pour leur contribution à la réalisation d'une tâche essentielle du Traité et du Protocole relatif à la Protection de l'environnement.

282. La discussion générale autour des inspections étant envisagée comme un outil, le Royaume-Uni et les États-Unis ont encouragé les équipes d'inspection à étudier les rapports des inspections passées. Les États-Unis ont proposé de fournir au Secrétariat des documents d'archives afin de contribuer à la réalisation de cette tâche.

283. Plusieurs Parties ainsi que l'ASOC ont suggéré à la RCTA d'examiner tous les ans les recommandations émises par les équipes lors des inspections passées afin de mesurer les progrès et d'apprécier ainsi l'amélioration des opérations générales et de la gestion de l'environnement dans les stations antarctiques. Il a été noté qu'une telle initiative nécessiterait des discussions poussées. Toutefois, des ébauches de propositions concernant les processus à envisager pour la revue des recommandations des inspections précédentes ont émergé. Il a été proposé (par les Pays-Bas) que la RCTA tienne une liste de suivi des recommandations issues des inspections, similaire à celle utilisée pour suivre les recommandations liées au climat. Une RETA consacrée aux inspections pourrait par exemple formuler une approche à cet effet (proposition des Pays-Bas). Il a été estimé (Espagne) que puisque l'Article 7 n'oblige pas les Parties à procéder à un suivi de ces recommandations, la RCTA serait le forum indiqué pour cette mission. L'Uruguay a précisé que les recommandations des inspecteurs étaient examinées par les stations inspectées et leurs gouvernements et que les avis émis par les stations inspectées quant aux actions à mener pour satisfaire aux recommandations étaient pris en considération et le processus suivi entre Parties.

284. La Réunion a indiqué que tous les rapports d'inspections qui ont été examinés ont soulevé des inquiétudes concernant le stockage et la gestion des carburants dans les stations antarctiques. Plusieurs Parties ont proposé à la Réunion que le COMNAP, qui dispose d'une grande expertise en matière de manipulation sécurisée des combustibles, soit mis à contribution à travers la promotion de ses lignes directrices relatives à la sécurité et à la gestion des combustibles.

285. L'Uruguay a présenté le document de travail WP 51 (rev. 1) *(Disponibilité à titre complémentaire par le biais du Secrétariat du Traité sur l'Antarctique, des listes d'observateurs des parties consultatives)*, préparé conjointement avec l'Argentine. Ce document recommande aux Parties consultatives d'informer le Secrétariat, en plus de la notification par voie diplomatique, des nominations d'observateurs aux missions d'inspection. Il recommande par ailleurs au Secrétariat du Traité d'inclure ces informations dans la base de contacts afin qu'elles soient disponibles lors des échanges d'informations pré-saisons.

286. L'Équateur a soutenu la proposition car elle serait utile pour la préparation des prochaines inspections. Le Royaume-Uni et l'Italie considèrent également qu'il est important de continuer à communiquer la liste des observateurs aux Partie par voie diplomatique. Ces deux Parties ont toutefois déclaré rencontrer des difficultés lors de l'utilisation du système actuel. Elles se disent prêtes à contribuer à tout effort d'amélioration du système d'échange d'informations.

287. La Réunion a adopté la Décision 7 (2013) - *Disponibilité d'informations complémentaires sur les listes des observateurs des Parties consultatives par l'intermédiaire du Secrétariat du Traité sur l'Antarctique.*

288. L'Italie a présenté le document IP 16 *(Status of the fluid in the EPICA borehole at Concordia Station: an answer to the US / Russian Inspection in 2012)*, préparé conjointement avec la France. Ce document répond à quelques unes des préoccupations liées au risque de fuite du fluide du trou de forage, dans le cadre du Projet européen d'extraction de carottes de glace en Antarctique (EPICA). Le document fournit des informations sur les propriétés du fluide de forage et sur les résultats des mesures effectuées dans le trou et qui ont confirmé qu'il n'y a pas eu de fuite et que le risque de fuite n'est dorénavant plus à craindre. Tout en soulignant l'intérêt scientifique considérable de ce projet, l'Italie a confirmé son intention ainsi que celle de la France de conserver un accès au trou de forage aussi longtemps que possible. Les États-Unis ont remercié l'Italie pour ce document et ont fait part de leur satisfaction quant aux explications fournies. La Fédération de Russie s'est déclarée du même avis que les États-Unis.

289. L'Italie a présenté le document d'information IP 77 *(Italy answer to the US / Russian Inspection at Mario Zucchelli Station in 2012)* dans lequel elle présente le cadre réglementaire en vigueur. Ce cadre est constitué de décisions ministérielles. Le document précise en outre les mesures préventives, les méthodes de gestion et les programmes de surveillance mis

en place par l'Italie, de même que les prochains travaux envisagés pour la transposition de cette réglementation dans la législation nationale.

290. La Fédération de Russie a présenté le document IP 45 *(Report of Russia – US joint Antarctic Inspection, November 29 – December 6, 2012)* préparé conjointement avec les États-Unis. Il s'agit du rapport d'inspection des stations situées dans la partie orientale de l'Antarctique à Terre Dronning Maud, Terre Princesse Elizabeth et Terre Enderby. Les stations Maitri (Inde), Zhongshan (Chine), Bharati (Inde), Syowa (Japon), Princesse Élisabeth (Belgique) et Troll (Norvège) ont été inspectées. Ces stations constituent un ensemble hétérogène de stations implantées dans un grand espace, comprenant des stations nouvelles et des stations bien établies, certaines sont petites d'autres grandes et ces stations reçoivent des financements publics nationaux de niveaux très divers. Toutes les stations sont bien organisées et se conforment aux obligations des Parties dans le cadre du Traité sur l'Antarctique et du Protocole relatif à la protection de l'environnement.

291. La Fédération de Russie a rappelé à la Réunion que ces inspections s'inscrivaient dans le cadre de la seconde phase d'inspections conjointes réalisées avec les États-Unis. La première phase avait été menée en janvier 2012 et ses résultats communiqués à la dernière RCTA. Elle avait également été encadrée par un Mémorandum d'entente sur la coopération en Antarctique signé par les Ministres des affaires étrangères des deux pays.

292. La Fédération de Russie a fait part de ses préoccupations concernant les activités menées par des entités non gouvernementales dans certaines stations, notamment à la station Princesse Élisabeth (Belgique) et à la station Troll (Norvège). La Fédération de Russie a observé que les interactions entre représentants des pouvoirs publics et entités non gouvernementales dans les stations de recherche étatiques et les nouvelles formes d'activités commerciales telles que les échanges d'informations satellites et la prospection biologique donnent lieu à de fortes préoccupations politiques. Les États-Unis ont remercié la Fédération de Russie pour avoir dirigé la seconde phase d'inspections conjointes et a souligné l'efficacité du programme aérien DROMLAN (Dronning Maud Land Air Network) pour relever les défis logistiques.

293. La Norvège a apprécié le caractère exhaustif du rapport qui a traité plusieurs aspects dont la logistique et les opérations, les questions environnementales, les moyens d'intervention d'urgence et la science. La Norvège s'est félicitée de l'opportunité de discuter des nouveaux types d'activités qui émergent en Antarctique. L'Inde a réaffirmé son engagement à mettre en œuvre les recommandations selon un calendrier approprié à partir du prochain été austral.

Point 13 – Questions scientifiques ; coopération et facilitation scientifiques

294. Le SCAR a présenté le document IP 5 *(The Southern Ocean Observing System (SOOS) 2012 Report)* dans lequel il évoque les réalisations du SOOS en 2012 et les activités prévues pour 2013. Il a indiqué que la réunion du comité de pilotage scientifique s'est tenue en mai 2013 en Chine et a abordé l'élaboration et l'intégration des plans de travail des six thèmes scientifiques du SOOS.

295. Le SCAR a présenté le document IP 19 *(1st SCAR Antarctic and Southern Ocean Science Horizon Scan)* qui décrit le lancement d'un suivi des tendances des travaux scientifiques en Antarctique et dans l'océan Austral. Le SCAR a noté que cette initiative 'Horizon Scan' devrait identifier les 100 problématiques de recherche antarctique à traiter en priorité au cours des 20 prochaines années.

296. Le SCAR a également présenté le document IP 82 *(Advancing technologies for exploring subglacial Antarctic aquatic ecosystems (SAEs))*. Ce document a servi de support lors de la conférence animée par le SCAR durant cette RCTA et jette un nouvel éclairage sur les évolutions technologiques et leur déploiement dans les écosystèmes aquatiques sous-glaciaires de l'Antarctique. Le document propose un aperçu des éléments scientifiques de poids pour la conception et le déploiement de technologies au cours des années à venir, fait le point de la situation actuelle et analyse les conditions d'application des technologies disponibles. Les éléments nécessaires sur les plans technologique et environnemental pour l'exploration future de ces écosystèmes y sont également étudiés. Le SCAR a résumé les activités de son Groupe d'experts sur l'évolution de l'intendance technologique et environnementale pour l'exploration sous-glaciaire en Antarctique (ATHENA).

297. Le SCAR a présenté le document IP 83 *(The International Bathymetric Chart of the Southern Ocean (IBCSO): First Release)*. Ce document matérialise en fait, le résultat d'un projet entamé en 2006 pour concevoir et mettre en œuvre une base de données numérique détaillée des données bathymétriques disponibles à 60° de latitude Sud. En avril 2013, la version 1.0 d'IBCSO avait été lancée par l'Institut Alfred Wegener en Allemagne. La carte et les données sont disponibles sur le site *http://www.ibcso.org.* Le SCAR a exhorté toutes les Parties à continuer à alimenter cette base de données essentielle.

298. Le Belarus a présenté le document IP 56 *(On planned activities of the Republic of Belarus in the Antarctic)*. Ce document décrit son expédition conjointe en Antarctique avec le concours de la Fédération de Russie et livre un aperçu du plan de construction progressive d'une station en Antarctique, dont les travaux devraient commencer en 2014. Le Belarus a noté que

l'EIE initiale prendra en compte plusieurs facteurs. Toutefois, il prévoit que l'impact de la station sur l'environnement sera mineur ou temporaire. Plusieurs Parties ont rappelé que les problématiques environnementales liées à la construction de nouvelles stations devraient être étudiées attentivement par toutes les Parties. Aux termes du Protocole relatif à la protection de l'environnement, une EIE détaillée devrait être préparée au niveau requis à l'Annexe I sur l'estimation des impacts attendus. Les Parties qui partagent cet avis ont également pensé qu'il serait utile, même si aucune exigence formelle n'est prévue dans les procédures actuelles, que les informations relatives aux nouvelles stations soient présentées sous forme de documents dans le cadre de l'ordre du jour du CPE afin de permettre à ce Comité de conseiller la RCTA sur la question.

299. Le Japon a présenté le document IP 30 *(Japan's Antarctic Research Highlights 2012–13).*Ce document aborde trois thèmes relatifs à des activités de recherches menées par l'Expédition scientifique japonaise en Antarctique : le programme antarctique Syowa MST/IS Radar (PANSY) avait entamé une surveillance permanente de l'atmosphère moyenne et basse de l'Antarctique ; une recherche de météorite menée en collaboration avec la Recherche belge en Antarctique à proximité des Monts Sør Rondane avait permis de collecter 420 météorites d'un poids total de 75 kilogrammes ; un nouveau système d'observation constitué d'un véhicule aérien sans pilote embarqué dans un ballon avait été conçu à la station Syowa.

300. Le COMNAP a présenté le document IP 33 *(Analysis of National Antarctic Program increased delivery of science)*. Ce document expose les résultats d'une récente analyse réalisée par un programme antarctique national et constitue un cas exemplaire de recherche scientifique soucieuse de réduire les impacts sur l'environnement.

301. La France a présenté le document WP 41 *(Renforcement de la concertation dans l'utilisation des moyens logistiques au service de la science en Antarctique)* élaboré avec le Chili. Ce document porte sur la promotion des consultations en vue de l'utilisation de la logistique en appui à la science en Antarctique. La France a observé que cette proposition avait pour objectif d'aborder certains aspects des travaux dans les discussions du GCI sur la coopération internationale, facilitées par le Chili. Elle a ensuite suggéré que le COMNAP contribue à l'élaboration d'une méthodologie destinée à renforcer les prestations logistiques internationales.

302. Dans le document WP 41, la France et le Chili proposent que les informations soient compilées en fonction des problématiques suivantes : opportunités

de coopération internationale à travers l'utilisation des infrastructures antarctiques destinées à la science ; dispositions relatives à la coopération logistique formelle et informelle entre les programmes antarctiques nationaux ; pratiques appliquées actuellement par les Parties pour organiser l'accès des scientifiques étrangers à leurs installations. Plusieurs Parties ont signifié leur engagement à réaliser les objectifs énoncés au document WP 41. D'autres Parties ont indiqué que les objectifs appelaient des discussions plus poussées. Les Parties ont cité plusieurs projets scientifiques internationaux d'envergure qui sont actuellement en cours ou qui ont été achevés récemment. Certains de ces projets concernent l'environnement marin. Ces projets ont permis d'atteindre des objectifs similaires à ceux visés au document WP 41.

303.   L'Australie a apprécié et soutenu la proposition conjointe de la France et du Chili. Elle a ensuite fait remarquer que l'appui logistique aux activités scientifiques était un aspect important de la coopération entre Parties et qu'il s'agissait d'un domaine dans lequel les Parties ont fait montre d'un solide engagement. L'Australie souhaiterait poursuivre sa collaboration avec la France et les autres Parties en vue de renforcer la coopération dans ce domaine.

304.   La Réunion a souligné la contribution active du COMNAP et du SCAR à la facilitation des discussions sur la coopération logistique internationale en appui aux objectifs scientifiques. En effet ces deux entités ont utilisé un ensemble d'outils pour appuyer et coordonner cette forme de coopération. Plusieurs Parties ont conseillé d'éviter de créer d'autres groupes d'experts en doublon de ceux du COMNAP.

305.   Le COMNAP a conseillé aux Parties de consulter les résultats des enquêtes sur la coopération internationale présentés dans les documents IP 7 de la XXIIè et XXXᵉ RCTA et IP 92 de la XXXIᵉ RCTA. Ces documents traitent de la collaboration entre les membres du COMNAP et illustrent la grande qualité des dispositions prévues pour faciliter la coopération. En effet cette collaboration va au-delà du partage des installations des stations antarctiques pour inclure la mise en commun des navires, des dispositifs logistiques et des échanges en matière de recherche dans les instituts des États Parties. Suite à la proposition de la France, la Réunion s'est réjouie de la proposition du COMNAP de fournir à la RCTA une mise à jour du document IP 92.

306.   La Réunion a également indiqué que le GCI sur la coopération internationale, créé par la XXXVIᵉ RCTA, sous la direction du Chili, ferait fonction de forum pour l'examen des pratiques en vigueur visant le développement de

la coopération scientifique et logistique et l'exploration des opportunités de coopération capables d'optimiser le support logistique pour la science tout en en atténuant l'impact sur l'environnement.

307. La France ainsi que les autres Parties intéressées ont proposé de fournir des informations sur les pratiques en matière de coopération qu'elles appliquent dans leurs interactions avec les autres programmes nationaux antarctiques, dans le but de donner une idée de la manière dont les informations pourraient être communiquées et partagées.

308. Autres documents soumis au titre de ce point de l'ordre du jour :

- BP 4, *Scientific & Science-related Collaborations with Other Parties During 2012-2013* (République de Corée)
- IP 9, *Principales actividades realizadas en materia antártica por la República Bolivariana de Venezuela 2010-2013* (Venezuela)
- IP 11, *Video divulgativo de las relaciones de cooperación antárticas entre la República Bolivariana de Venezuela y la República de Ecuador* (Venezuela)
- IP 57, Foundation of Austrian Polar Research Institute (APRI) avril 2013 (Autriche)
- IP 71 rev.1, *Romanian Scientific Activities proposed for Cooperation within Larsemann Hills ASMA 6 in East Antarctica – Plan for 2013-2014* (Roumanie)
- BP 4, *Scientific & Science-related Collaborations with Other Parties During 2012-2013* (République de Corée)
- BP 5, *CRIOSFERA 1 - A New Brazilian Initiative for the West Antarctic Ice Sheet* (Brésil)
- BP 6, *The Importance of International Cooperation for Brazilian Scientific Research in Antarctica during summer 2012-2013* (Brésil)
- BP 7, *Scientific Results of Brazilian Research in Admiralty Bay* (Brésil)
- BP 12, *Research at Vernadsky station in pursuance of the State Special-Purpose Research Program in Antarctica for 2011-2020* (Ukraine)
- BP 14, *SCAR Lecture :* « *Probing for life at its limits: Technologies for the exploring Antarctic subglacial ecosystems* (SCAR) »
- BP 19, *Programa de Cooperación Internacional en la Investigación Antártica Ecuatoriana (verano austral 2012-2013)* (Équateur)
- BP 23, *Conmemoración del vigésimo quinto aniversario de la primera expedición científica del Perú a la Antártida y Realización de la XXI ANTAR (verano austral 2012-2013)* (Pérou).

Point 14 – Conséquences des changements climatiques sur la gestion de la zone du Traité sur l'Antarctique

309. Le SCAR a présenté le document WP 38 *(Rapport - « Changements climatiques en Antarctique et environnement » (ACCE) : une mise à jour clé)*. Ce document est une mise à jour du rapport 'Changements climatiques en Antarctique et environnement (ACCE)' (Turner *et al.* 2009). Il résume l'évolution des connaissances sur l'histoire des changements climatiques en Antarctique et dans l'océan Austral, interroge l'évolution future du climat et examine par ailleurs les implications de ces changements sur les biotes marins et terrestres. Le rapport ACCE peut être téléchargé à partir du lien suivant : *www.scar.org/publications/occasionals/acce.html*. Le Royaume-Uni, les États-Unis et la Nouvelle-Zélande ont remercié le SCAR pour cette mise à jour cruciale qui revêt un grand intérêt pour poursuivre le travail de la RCTA sur les changements climatiques.

310. Autres documents soumis sous ce point de l'ordre du jour :
    - IP 34, *Best Practice for Energy Management – Guidance and Recommendations* (COMNAP)
    - IP 52, *Ocean Acidification : SCAR Future Plans* (SCAR)
    - IP 62, *An Antarctic Climate Change Report Card* (ASOC)
    - IP 69, *Update : The Future of the West Antarctic Ice Sheet* (ASOC)
    - SP 7, *Mesures prises par le CPE et la RCTA par rapport aux recommandations proposées par la RETA sur le changement climatiqu*e (Secrétariat).

Point 15 – Questions éducatives

311. L'Argentine a présenté le document WP 57 *(Coopération internationale en matière de projets culturels en Antarctique)* qui reflète l'importance de la promotion des projets culturels et artistiques surtout ceux qui associent des artistes de différents États Parties actives en Antarctique. L'Argentine a exposé une proposition destinée à sensibiliser le grand public sur l'importance de la recherche scientifique et la nécessité de protéger l'Antarctique, par des formes diverses d'expression artistique. Cette proposition place la coopération internationale au cœur de cette dynamique de vulgarisation.

312. La Réunion a favorablement accueilli la proposition de sensibiliser activement le grand public sur l'Antarctique à travers la conception de

projets artistiques ayant le Continent blanc pour thématique. Les États-Unis, la Nouvelle-Zélande, l'Équateur et l'Australie ont informé la Réunion du succès de leurs programmes de bourses pour les artistes. En effet ces initiatives valorisent la recherche scientifique en Antarctique en donnant une plus grande visibilité à la science antarctique auprès du grand public.

313. La Réunion a adopté la Résolution 5 (2013) - *Coopération internationale en matière de projets culturels en Antarctique.*

314. Autres documents soumis sous ce point de l'ordre du jour :

    • IP 10, *Presentación del libro infantil: « La aventura de un osito polar perdido en la Antártida »* (Venezuela)

    • IP 17, *El plan científico antártico argentino: una visión para el mediano plazo* (Argentine)

    • BP 18, *III Concurso Intercolegial sobre Semas CITA 2012* (Équateur)

    • BP 22, *Examples of educational and outreach activities of the Belgian scientists, school teachers and associations in 2009-2012* (Belgique).

Point 16 – Échange d'informations

315. La Nouvelle-Zélande a présenté le document WP 33 *(Rapport du Groupe de contact intersessions sur l'échange d'informations ainsi que sur les aspects environnementaux et les impacts du tourisme sur l'environnement)* dans lequel elle commente les points des travaux du GCI relatifs aux discussions approfondies sur le système d'échange d'informations et le fonctionnement du SEEI. La Nouvelle-Zélande a aussi précisé que les recommandations spécifiques feront l'objet de discussions détaillées au point 11 de l'ordre du jour. Elle a par ailleurs évoqué le document IP 13 *(Antarctic Treaty System Information Exchange Requirements for Tourism and Non-Governmental Activities)* contenant un aperçu des Décisions et Résolutions de la RCTA intéressant l'échange d'informations.

316. Plusieurs Parties ont remercié la Nouvelle-Zélande pour sa contribution aux travaux du GCI et ont déclaré qu'elles fourniraient des commentaires plus détaillés sur ses recommandations lorsque le point 11 de l'ordre du jour serait abordé. L'Australie a remarqué que la discussion avait suscité d'autres questions sur les informations qui figurent et qui pourraient figurer dans le SEEI. Ces questions pourraient alimenter d'autres débats plus poussés au sein de la RCTA

317. La France a présenté le document WP 43 *(Importance d'un géo-référencement unique et partagé des données toponymiques dans le système électronique*

d'échange d'informations) dont l'objectif est d'obtenir un consensus autour d'un principe commun pour la désignation des caractéristiques géographiques des espaces en Antarctique en utilisant autant que possible les outils actuels. La France a rappelé la nécessité de se fonder sur des données géographiques précises qui sont d'ailleurs nécessaires pour évaluer les impacts cumulatifs sur l'environnement et pour garantir le succès des opérations de recherche et de sauvetage en Antarctique.

318. La Réunion a remercié la France pour sa contribution à cette initiative et a souligné la valeur potentielle d'une toponymie harmonisée pour la planification et les opérations de recherche et de sauvetage. La Fédération de Russie, le Royaume-Uni, le Chili et les États-Unis ont reconnu que l'harmonisation des coordonnées géographiques serait bénéfique tout en s'inquiétant de la difficulté que représenterait cette tâche pour le Secrétariat. Le Chili a soutenu qu'il appuierait la conception d'un mécanisme au sein du Secrétariat du Traité capable de faciliter le partage d'information sur la toponymie.

319. Le SCAR a signalé qu'il avait réalisé une nomenclature composite pour l'Antarctique englobant tous les noms de lieux de l'Antarctique qui ont été présentés officiellement, dans toutes les langues. Le SCAR s'emploie à améliorer l'exactitude des coordonnées géographiques utilisées. La Fédération de Russie, les États-Unis et le Royaume-Uni ont estimé que toute nouvelle contribution envisagée pourrait s'inspirer des recommandations issues de l'expérience du SCAR en la matière.

320. La Réunion a estimé nécessaire de poursuivre les discussions sur ce point. La France a indiqué qu'elle continuerait à consulter les Parties concernées estimant que l'absence de communication sur cette question pourrait avoir de graves conséquences.

321. Autre document soumis sous ce point de l'ordre du jour :

- IP 111, *Gestion des zones spécialement protégées de l'Antarctique : permis, visites et pratiques d'échange d'informations* (Royaume-Uni et Espagne)

Point 17 – Prospection biologique en Antarctique

322. La Belgique a présenté le document WP 48 *(Prospection biologique en Antarctique – de la nécessité d'améliorer l'information)*, élaboré conjointement avec les Pays-Bas et la Suède. Ce document propose une méthode pour

améliorer le système de communication relatif aux usages commerciaux des ressources génétiques et biologiques de l'Antarctique. La proposition comporte des bases de données optimisées et des données géographiques référencées et prévoit l'amélioration de l'échange d'informations entre Parties sur ce thème et un accès plus facile par le biais du SEEI.

323.   La Belgique a présenté en outre, le document IP 22 *(An Update on Status and Trends in Biological Prospecting in Antarctica and Recent Policy Developments at the International Level)* préparé conjointement avec les Pays-Bas. Le document indique que le dépôt de brevets portant sur les usages et applications basés sur les ressources biologiques et génétiques de l'Antarctique est en hausse. La Belgique a précisé que des discussions internationales ont permis de faire avancer l'analyse des problématiques liées à l'accès aux ressources génétiques dans le contexte de l'Article10 du Protocole de Nagoya et dans le cadre du Groupe de travail spécial à composition non limitée des Nations Unies qui a étudié les questions de conservation et d'utilisation durable des ressources biologiques marines dans les zones situées hors des juridictions nationales. Le document recommande que la prospection biologique soit intégrée au Plan de travail stratégique.

324.   Certaines Parties ont apprécié cette analyse mais dans la mesure où l'ensemble des Parties n'a pas une perception commune de la définition ou des implications de la prospection biologique, elles ont estimé que cette problématique ne devrait pas constituer une priorité dans l'immédiat.

325.   Plusieurs Parties ont souligné l'importance des discussions menées dans d'autres forums sur la prospection biologique et le partage des avantages qui en découlent. Ces Parties ont réitéré l'intérêt de l'échange d'information avec d'autres forums afin de tirer le plus grand profit des autres processus. Quelques Parties n'ont cependant pas estimé nécessaires les échanges d'informations avec d'autres forums sur la prospection biologique et le partage des avantages tirés des ressources génétiques de l'Antarctique.

326.   Certaines Parties ont insisté sur l'importance de réaffirmer le rôle de la RCTA dans la gestion de cette problématique étant donné qu'elle concerne l'Antarctique. Ces Parties ont classé cet élément parmi les priorités stratégiques de la RCTA.

327.   La Réunion a observé que la RCTA avait déjà décidé qu'elle était l'autorité compétente pour tenir un débat sur ce thème et que par conséquent, elle devrait montrer aux autres forums qu'elle s'investit activement dans le sujet. La Réunion a adopté la Résolution 6 (2013) - *Prospection biologique en Antarctique*.

328. L'Argentine a présenté le document IP 18 *(Reporte de las recientes actividades de bioprospección desarrolladas por Argentina durante el período 2011-2012)*. Dans ce document, l'Argentine se prononce en faveur de l'intensification des échanges d'informations sur les activités scientifiques.

329. L'ASOC a présenté le document IP 64 *(Biological prospecting and the Antarctic environment)* qui étudie la prospection biologique sous l'angle de ses incidences environnementales. L'ASOC a déploré le fait que la prospection biologique ne soit pas réglementée et a recommandé que les Parties déclarent toute intention de mener des activités de prospection biologique lors de la soumission d'informations par le biais du SEEI, déterminent les éventuels impacts sur l'environnement dans des EIE et assurent par ailleurs la surveillance des effets de telles activités sur l'environnement. De plus, l'ASOC a recommandé qu'un mécanisme adéquat soit mis en place afin de recenser les prélèvements de ressources marines vivantes dans l'océan Austral, lors d'activités de prospection biologique.

Point 18 – Préparation de la XXXVIIè Réunion

a. Date et lieu

330. La Réunion s'est félicitée de la généreuse invitation du Gouvernement du Brésil d'accueillir la XXXVIIè RCTA à Brasilia aux alentours du 12 au 21 mai 2014.

331. A toute fin de planification, la Réunion a pris note du calendrier probable ci-après des prochaines RCTA :

- 2015 Bulgarie
- 2016 Chili

b. Invitation aux organisations internationales et non gouvernementales

332. Comme le veut l'usage, la Réunion a décidé que les organisations ci-après ayant des intérêts scientifiques ou techniques dans l'Antarctique devraient être invitées à envoyer des experts à la XXXVIIè RCTA : [Secrétariat de l'ACAP, l'ASOC, l'IAATO, l'OHI, l'OMI, la CIO, le Groupe d'experts intergouvernemental sur l'évolution du climat (GIEC), l'UICN, le PNUE, l'OMM et l'OMC].

c. Préparation de l'ordre du jour de la XXXVIIᵉ RCTA

333.   La Réunion a approuvé l'ordre du jour provisoire de la XXXVIIᵉ RCTA.

d. Organisation de la XXXVIIᵉᵐᵉ RCTA

334.   Conformément à l'Article 11, la Réunion a décidé à titre provisoire de proposer pour la XXXVIIᵉ RCTA, les mêmes groupes de travail que ceux de la présente RCTA.

e. Conférence du SCAR

335.   Eu égard aux riches conférences que le SCAR dispense depuis plusieurs RCTA, la Réunion a décidé d'inviter le SCAR à organiser une nouvelle conférence sur les questions scientifiques intéressant la XXXVIIᵉᵐᵉ RCTA.

Point 19 – Divers

336.   Concernant les références erronées relatives au statut territorial des Îles Malouines, l'Île Géorgie du Sud et l'Île Sandwich du Sud, qui apparaissent dans les documents, les cartes et les présentations faites lors de la Réunion consultative du Traité sur l'Antarctique, l'Argentine rejette toute référence décrivant ces îles comme des entités séparées du territoire national, ce qui leur donnerait un statut international qu'elles n'ont pas, et affirme que les Îles Malouines, l'Île Géorgie du Sud et l'Île Sandwich du Sud et les zones maritimes environnantes sont partie intégrante du territoire national argentin. En outre, l'Argentine rejette le registre maritime utilisé par les autorités britanniques qui en auraient prétendument la responsabilité et toute autre action unilatérale entreprise par telles autorités coloniales que l'Argentine ne reconnaît pas et rejette. Les Îles Malouines, l'Île Géorgie du Sud, l'Île Sandwich du Sud et les zones maritimes environnantes sont partie intégrante du territoire national argentin, et se trouvent sous occupation britannique illégale et font l'objet d'un conflit de souveraineté opposant la République Argentine et le Royaume-Uni de Grande-Bretagne et d'Irlande du Nord, reconnu par les Nations Unies.

337.   Répondant, le Royaume-Uni a déclaré n'avoir aucun doute quant à sa souveraineté sur les Îles Falkland, l'Île Géorgie du Sud, l'Île Sandwich du Sud et leurs zones maritimes environnantes, comme le savent tous les délégués présents. À cet égard, le Royaume-Uni n'a aucun doute quant au

droit du Gouvernement des Îles Falkland de tenir un registre maritime des navires battant pavillon du Royaume-Uni et des Îles Falkland.

338. L'Argentine rejette la déclaration du Royaume-Uni et réaffirme sa position juridique bien connue.

Point 20 – Adoption du rapport final

339. La Réunion a adopté le Rapport final de la 36e Réunion consultative du Traité sur l'Antarctique. Le Président de la Réunion, l'Ambassadeur Mark Otte a prononcé une allocution de clôture.

340. La Réunion a été déclarée close le mercredi 29 mai 2013 à 14:00.

2. Rapport du CPE XVI

Rapport du Comité pour la protection de l'environnement (XVIe CPE)

Bruxelles, 20-24 mai 2013

Point 1 - Ouverture de la réunion

1. Le Président du CPE, Dr Yves Frenot (France) a ouvert la réunion le lundi 20 mai 2013 et a remercié la Belgique pour l'avoir organisée à Bruxelles.

2. Le Comité a noté qu'il n'y a pas eu de nouvelles adhésions et que le CPE est toujours composé de 35 Membres.

3. Le Président a résumé les travaux effectués pendant les périodes intersessions. Il a noté que les travaux retenus et planifiés lors de la CPE XV ont été réalisés dans leur globalité.

Point 2 - Adoption de l'ordre du jour

4. Le Comité a adopté l'ordre du jour ci-après et a confirmé l'inscription de 46 documents de travail (WP), 57 documents d'information (IP), 5 documents du Secrétariat (SP) et 7 documents de contexte (BP) qui ont été examinés sous les différents points de l'ordre du jour :

    1. Ouverture de la réunion
    2. Adoption de l'ordre du jour
    3. Débat stratégique sur les travaux futurs du CPE
    4. Fonctionnement du CPE
    5. Coopération avec d'autres organisations
    6. Réparation et réhabilitation de l'environnement
    7. Conséquences des changements climatiques sur l'environnement : Approche stratégique
    8. Évaluation d'impact sur l'environnement (EIE)

        a. Projets d'évaluations globales d'impact sur l'environnement

        b. Autres questions relatives aux évaluations d'impact sur l'environnement

9. Plans de gestion et de protection des zones

    a. Plans de gestion

    b. Sites et monuments historiques

    c. Lignes directrices pour les visites de sites

    d. Empreinte humaine et valeurs de la nature à l'état sauvage

    e. Protection et gestion du territoire maritime

    f. Autres questions relevant de l'Annexe V

10. Conservation de la flore et la faune de l'Antarctique

    a. Quarantaine et espèces non indigènes

    b. Espèces spécialement protégées

    c. Autres questions relevant de l'Annexe II

11. Surveillance de l'environnement et établissement des rapports

12. Rapports d'inspection

13. Questions générales

14. Élection du Bureau

15. Préparatifs de la prochaine réunion

16. Adoption du rapport

17. Clôture de la réunion

Point 3 - Débat stratégique sur les travaux futurs du CPE

5.   La Nouvelle-Zélande a présenté le document de travail WP 28 intitulé *Portail des environnements de l'Antarctique : Rapport d'étape,* préparé conjointement avec l'Australie, la Belgique, la Norvège et le SCAR. Ce document fait le point sur l'évolution du Portail des environnements de l'Antarctique depuis la présentation du concept lors de la CPE XV et abordé les questions soulevées lors des échanges informels intersessions. Il a été noté que le projet vise à faciliter les rapports du CPE à la science en Antarctique à travers la mise à disposition d'informations scientifiques indépendantes et accessibles sur les questions prioritaires. La Nouvelle-Zélande a fait au Comité une démonstration de la version bêta du Portail et décrit les prochaines étapes du projet.

6.   Plusieurs Membres ainsi que l'ASOC ont accueilli avec satisfaction les progrès réalisés et souligné la valeur du Portail comme outil à même de

fournir un accès rapide aux synthèses scientifiques et aux informations destinées à éclairer la prise de décision et à soutenir la mise en œuvre efficace du Protocole. Les Membres ont remercié la Nouvelle-Zélande pour ses efforts. Le SCAR a été félicité pour son statut remarquable et sa longue expérience en tant que fournisseur de conseils scientifiques objectifs.

7.   Certains Membres ont également soulevé des inquiétudes et des observations liées à la gouvernance, la prise de décision, la composition du comité de rédaction du Portail, la représentation géographique et linguistique, l'assurance de l'indépendance des données et de leur caractère apolitique, le statut des informations diffusées sur le Portail et le financement à long terme.

8.   L'Argentine a présenté le document de travail WP 58 intitulé *Contributions aux débats sur l'accès à l'information liée à l'environnement et à sa gestion dans le cadre du système du Traité sur l'Antarctique*. Le document souligne la nécessité d'initiatives officielles en matière de gestion de l'information, notamment le Portail des environnements de l'Antarctique, qui sera basé sur le principe de consensus du STA, en particulier en ce qui concerne le choix des informations, la gestion, l'édition et la publication dans les quatre langues du Traité. L'Argentine a réitéré les préoccupations des autres Membres concernant une éventuelle dépendance financière du portail vis-à-vis du secteur privé.

9.   Le SCAR a présenté un exposé sur le système qu'il utilise pour s'assurer que les travaux scientifiques présentés sont précis et à jour et font l'objet d'une évaluation indépendante par des experts et des pairs. Notant que la science est en constante évolution, le SCAR a souligné son attente de voir toutes les informations téléchargées sur le portail soumises à un examen régulier.

10.   L'Australie a observé que le portail a été envisagé comme outil d'aide à la prise de décision et n'a pas été conçu pour prendre des décisions au nom du Comité ou des Parties. Elle a en outre noté qu'un futur scénario pourrait consister en l'administration du Portail par les Parties elles-mêmes. En pareilles circonstances, il serait opportun d'aborder les questions relatives à la gestion et au financement des informations. Pour le moment, le projet de Portail est administré et doté en ressources par la Nouvelle-Zélande et tous les membres intéressés sont invités à participer aux travaux en cours.

11.   Afin de mieux expliquer le but du document de travail WP 58, l'Argentine a indiqué qu'il était principalement destiné à mettre en évidence la nécessité d'établir des critères consensuels pour le choix, l'édition et la gestion des

informations en général et qu'aucun lien n'a été établi avec une évaluation de recherche scientifique entreprise par le SCAR.

12.   La Nouvelle-Zélande s'est félicitée de tous les commentaires et a réitéré que le Portail n'a pas été conçu dans le cadre d'une activité officielle du CPE ni comme outil politique ou d'aide à la prise de décision. Elle a encouragé les réactions et contributions de la part des Parties disposées à appuyer le développement du projet.

13.   Le Comité a accueilli avec satisfaction les progrès réalisés dans le développement du Portail des environnements de l'Antarctique. Il a encouragé la poursuite de cette initiative, en souhaitant que les prochaines évolutions soient rapportées lors de la CPE XVII. Les Membres ont convenu de partager leurs observations et réactions avec les promoteurs pour favoriser le développement du Portail.

14.   L'ASOC a présenté le document d'information IP 61 intitulé *Impact des activités humaines dans l'Arctique et l'Antarctique : principales conclusions pertinentes pour la RCTA et le CPE*. Il a mis en évidence deux projets collaboratifs internationaux lancés lors de la conférence scientifique de l'Année Polaire Internationale qui s'est tenue à Oslo en 2010 qui ont exploré les effets de l'action de l'homme et les scénarios futurs pour l'environnement de l'Antarctique. La majorité des rapports étaient parvenus à la conclusion selon laquelle les méthodes de gestion environnementales et le système de gouvernance en vigueur sont insuffisants actuellement et le resteront dans l'avenir en l'absence de changements, pour relever les défis environnementaux et les engagements du Protocole relatif à la protection de l'environnement. L'ASOC a invité les Membres à entreprendre la mise en œuvre intégrale du Protocole, à soutenir les initiatives mondiales de protection de l'environnement et à orienter leur engagement pour la protection de l'Antarctique vers une vision et une volonté politique à long terme.

15.   Le Comité a remercié l'ASOC pour sa contribution. La Belgique a relevé que des changements rapides avaient lieu à grande échelle et que le document de l'ASOC pourrait s'avérer utile pour approfondir la réflexion.

16.   La Fédération de Russie a exhorté les Membres à renforcer l'application de la réglementation sur l'Antarctique dans leurs législations nationales. Cela permettrait de faire avancer plus aisément d'autres questions de fond. Le Royaume-Uni a relevé la pertinence des préoccupations de la Fédération de

Russie au sujet de l'efficacité de la réglementation nationale et a confirmé qu'il avait récemment mis en œuvre l'Annexe du Protocole relatif à la protection de l'environnement portant sur la responsabilité.

17. L'Argentine a souligné qu'en 50 ans d'existence, le Traité sur l'Antarctique a su accomplir des réalisations importantes en matière de gestion environnementale et a atteint des niveaux élevés de conformité, tout en préservant son principe de consensus.

18. Le Royaume-Uni a souligné que le Comité et plusieurs de ses Membres s'étaient déjà penchés sur la plupart des questions soulevées par l'ASOC. En reconnaissant que d'autres efforts pourraient être consentis, le Royaume-Uni a souligné l'importance de l'adoption d'approches préventives, le principe de précaution étant une valeur bien ancrée au sein du CPE.

19. Le Comité a procédé à la révision et à la mise à jour du plan quinquennal (WP 7). (Appendice 1)

Point 4 - Fonctionnement du CPE

20. Aucun document n'a été soumis sous ce point de l'ordre du jour.

Point 5 - Coopération avec d'autres organisations

21. Le SCAR a présenté le document d'information IP 4 intitulé *Rapport annuel 2012-2013 du Comité scientifique pour la recherche en Antarctique (SCAR)*. En 2012, le SCAR a approuvé cinq nouveaux projets de recherche scientifique : a) État de l'écosystème de l'Antarctique, b) Seuils antarctiques - Résilience des écosystèmes et adaptation, c) Changements climatiques en Antarctique au 21e siècle, d) Dynamique passée de la calotte glaciaire de l'Antarctique et e) Réponse de la terre solide et évolution de la cryosphère. Il a également présenté le document d'information IP 19, *Première prospective du SCAR sur la science de l'Antarctique et de l'Océan austral*, qui traite d'une activité qui réunira la communauté du SCAR et des experts de l'Antarctique afin d'identifier les questions scientifiques les plus importantes à traiter au cours des deux prochaines décennies. Le document de contexte BP 20 intitulé *Faits saillants scientifiques sélectionnés par le Comité scientifique pour la recherche en Antarctique (SCAR) pour 2012-2013 (SCAR)* contenait des informations plus détaillées au sujet de cet évènement.

22.   La Norvège a noté que la démarche utile du SCAR cadrait avec les objectifs de ses nouveaux programmes de recherche orientés vers les besoins en matière de gestion. Elle a également souligné l'importance de la diffusion appropriée des résultats de ces programmes. En retour, le SCAR a noté que les résultats de ses activités de recherche en cours feront l'objet de présentation lors de divers événements en 2013 et au-delà, notamment lors de la RCTA. Le prochain événement majeur inscrit au programme du SCAR est le Symposium sur la Biologie du SCAR qui se tiendra du 15 au 19 juillet 2013 en Espagne. Les informations concernant les réunions du SCAR sont disponibles à l'adresse suivante : *www.scar.org/events*.

23.   Le Chili a présenté le document d'information IP 105 intitulé *Rapport de l'Observateur du CPE à la réunion des délégués du XXXIIe SCAR*, qui donne un bref résumé de la réunion, qui a été présenté par ailleurs, de manière plus approfondie par le SCAR. Le Chili a déclaré que l'information produite par le SCAR est appropriée pour les processus décisionnels au sein du CPE. Par conséquent, les deux organisations espèrent maintenir ces bonnes conditions de collaboration dans l'avenir.

24.   L'observateur SC-CAMLR a présenté le document d'information IP 6 intitulé *Rapport de l'Observateur SC-CAMLR à la seizième Réunion du Comité pour la protection de l'environnement*. Le document a mis l'accent sur les cinq questions d'intérêt commun pour le CPE et le SC-CAMLR telles qu'identifiées en 2009 lors de leur atelier commun : a) Changement climatique et environnement marin de l'Antarctique, b) Biodiversité et espèces non indigènes dans l'environnement marin antarctique, c) Espèces antarctiques nécessitant une protection particulière; d) Gestion de l'espace marin et des zones protégées, et e) Surveillance des écosystèmes et de l'environnement. La CCAMLR a informé le Comité que l'intégralité du rapport de la réunion est accessible sur le site de la CCAMLR à l'adresse suivante : *www.ccamlr.org/en/meetings/27*.

25.   Sur la base des données de captures d'animaux communiquées au Secrétariat de la CCAMLR, la pêche au krill a eu lieu dans la ZSPA N°153 (à l'Est de la Baie de Dallmann) en 2010 et en 2012, bien que le plan de gestion n'autorisait pas cette activité de pêche. Le manque de sensibilisation sur le statut de la zone protégée auprès des responsables des navires de pêche a été identifié comme cause de cette situation. Le Comité scientifique a par conséquent admis la nécessité d'améliorer la communication en créant notamment un lien entre les plans de gestion des ZSPA et des ZGSA et

2. Rapport du CPE XVI

les mesures pertinentes de conservation de la CCAMLR pour une accès plus aisé des navires de pêche aux plans de gestion – Mesure 91-02 (2013) de conservation du SC-CAMLR. Le Comité scientifique a également encouragé les membres à faire preuve de proactivité dans la transmission des informations aux navires de pêche relevant de leur juridiction.

26. L'ASOC a exprimé son inquiétude concernant les événements de pêche dans les zones spécialement protégées ou gérées par la RCTA, en insistant sur le fait que leur statut de protection devrait être reflété dans les faits.

27. La Belgique a présenté le document d'information IP 15 intitulé, *Atelier technique sur les AMP de la CCAMLR*, qui résume les résultats d'un atelier qui s'est tenu à Bruxelles en septembre 2012. L'atelier a conclu à la nécessité de poursuivre les travaux de planification systématique de la conservation pour le développement d'aires marines protégées. L'atelier a également recommandé que des travaux supplémentaires soient soumis au Comité scientifique de la CCAMLR et à ses groupes de travail pour examen et que les Membres ayant une vaste expérience en recherche et expertise scientifique dans les zones individuelles puissent diriger lesdits projets. L'intégralité du rapport de l'atelier technique (SC-CAMLR-XXXI/BG/16) est accessible à l'adresse suivante : *www.ccamlr.org*. L'Observateur du SC-CAMLR a informé le CPE que les résultats de cet atelier stipulent que les analyses sont maintenant en cours dans toutes les 9 zones de planification de la région de la convention CCAMLR.

28. Le Comité a désigné Dr. Polly Penhale (États-Unis d'Amérique) comme Observateur du CPE au SC-CAMLR -IM-I (Bremerhaven, Allemagne, 11-13 juillet 2013) et au SC-CAMLR-XXXII (Hobart, Australie, 23 octobre – 01 novembre, 2013).

29. Le SCAR a présenté le document d'information IP 52 intitulé *Acidification des océans : plans d'avenir du SCAR*. Le Groupe d'action du SCAR sur l'acidification des océans vise à : a) définir notre compréhension des taux d'acidification actuels et des scénarios futurs liés à l'acidification de l'Océan Austral, b) documenter les réponses de l'écosystème et des organismes aux perturbations expérimentales selon les conditions géologiques, c) identifier les stratégies d'observation et d'expérience actuelles et prévues, d) identifier les lacunes dans notre compréhension des taux et de la « régionalité » de l'acidification des océans, et e) élaborer des stratégies de recherche future sur l'acidification de l'Océan austral. Le rapport final sera lancé lors de la « *SCAR Open Science Conference* » en août 2014 (*www.scar2014.com*).

30.   La Belgique a présenté le document de travail WP 49 intitulé *Rôle du système du Traité sur l'Antarctique dans l'élaboration d'un réseau général d'aires marines protégées*, préparé conjointement avec l'Allemagne et les Pays-Bas. En se référant aux engagements internationaux pertinents, ce document a insisté sur la responsabilité des Parties dans la protection de l'environnement et la conservation de la flore et la faune marines. Il a en outre pris note des efforts en vue de l'établissement d'un réseau représentatif d'aires marines protégées (AMP) dans la zone de la convention CCAMLR et renvoyé au document d'information IP 15 intitulé *Atelier technique sur les AMP de la CCAMLR*, qui résume les résultats d'un atelier qui s'est tenu à Bruxelles en septembre 2012. La Belgique a invité le Comité à reconnaître ce travail et encourager sa conclusion rapide et positive.

31.   Plusieurs Membres ont reconnu les efforts de la CCAMLR pour établir un réseau représentatif d'AMP dans la zone de la CCAMLR, notant que la RCTA et la CCAMLR ont partagé un engagement pour la protection de l'environnement en Antarctique et des écosystèmes associés.

32.   Le Japon a rappelé aux Membres que la CCAMLR n'avait pas encore réussi à parvenir à un consensus sur les détails d'un réseau d'AMP. Par ailleurs, il a mis en garde contre des discussions qui pourraient préempter celles qui se tiendront lors de la réunion spéciale de la CCAMLR à Bremerhaven en juillet 2013.

33.   La Chine et la Fédération de Russie ont souligné que la CCAMLR a été chargé d'examiner les questions non abordées par la RCTA, telles que l'utilisation rationnelle de la flore et faune marines. Il est également important pour le CPE de rester dans son mandat dans le cadre de toute discussion sur ce sujet.

34.   L'Australie a convenu que les parties ont un rôle important dans la mise en oeuvre d'une protection de l'environnement complète dans la zone du Traité sur l'Antarctique, notamment l'environnement marin. Elle a rappelé l'atelier CPE/SC-CAMLR de 2009, qui a conclu que les questions concernant la protection spatiale et la gestion de la biodiversité marine antarctique étaient généralement mieux menées par le SC-CAMLR actuellement, et considéré qu'il était approprié que le CPE exprime son soutien aux travaux en cours au sein de la CCAMLR

35.   L'Afrique du Sud a indiqué qu'elle avait déclaré sa première zone de protection marine au large des Îles du Prince Édouard dans l'Océan austral.

36.   L'ASOC a encouragé le soutien de cette proposition conjointe par le Comité, notant que le CPE avait adopté des mesures similaires à l'égard des initiatives CCAMLR sur la pêche illicite, non déclarée et non réglementée et le développement d'un système de documentation des captures.

37.   La Belgique a indiqué que l'intention de sa proposition n'était pas de préjuger des conclusions de la réunion spéciale de la CCAMLR ni de stimuler la discussion sur les détails des AMP au sein du CPE, mais plutôt de reconnaître et de montrer le soutien pour les travaux de la CCAMLR en matière d'AMP.

38.   L'Allemagne, la Belgique et les Pays-Bas ont rappelé aux participants la responsabilité des Parties en matière de protection de l'environnement et de conservation de la flore et la faune marines en vertu des accords internationaux qui composent le système du Traité sur l'Antarctique et le lien qui existe entre les deux. Le document de travail 49 a pris acte des travaux menés jusqu'ici en vue de la mise en place d'un réseau représentatif d'aires marines protégées (AMP) dans la zone de la Convention CAMLR, et a reconnu ce travail et encouragé sa conclusion rapide et positive. Le CPE a accueilli avec satisfaction les travaux en cours de la CCAMLR sur les AMP mais n'a pas pu parvenir à un accord sur le texte d'une résolution dans les délais impartis par la réunion.

39.   Le COMNAP a présenté le document d'information IP 3 intitulé *Rapport annuel 2012 du Conseil des directeurs des programmes antarctiques nationaux (COMNAP)*, indiquant qu'il (COMNAP) commémorera son 25è anniversaire avec la publication du livre « Histoire de la coopération en Antarctique : 25 ans du Conseil des directeurs des programmes antarctiques nationaux ». Les activités phares du COMNAP au cours de l'année écoulée ont compris le symposium sur les solutions durables aux défis de l'Antarctique, l'atelier sur les innovations en matière de communications en Antarctique en juillet 2012, l'examen des recommandations de la RCTA sur les questions opérationnelles, l'octroi d'une bourse de recherche « COMNAP » au Dr. Ursula Rack et d'une demie bourse de recherche à M. Jenson George, et l'élaboration d'outils et de produits tels que la Déclaration d'accidents, d'incidents et de quasi-accidents (AINMR), le Système de rapport des positions de navire (SPRS), le Manuel d'information de vol en Antarctique (AFIM) et le Manuel des opérateurs de télécommunications dans l'Antarctique (ATOM).

40. Les autres documents soumis sous ce point de l'ordre du jour :

- Le document de contexte BP 20 intitulé *Faits saillants scientifiques sélectionnés par le Comité scientifique pour la recherche en Antarctique (SCAR) pour 2012-2013 (SCAR).*

Point 6 - Réparation et réhabilitation de l'environnement

41. La Nouvelle-Zélande a présenté le document de travail WP 27 intitulé *Réparation et restauration des dégâts causés à l'environnement : Rapport du groupe de contact intersessions du CPE.* Notant que ces travaux avaient été entrepris en réponse à une demande de la RCTA par la Décision 4 (2010), ce document a décliné les conclusions et recommandations issues des discussions sur la faisabilité de la réparation ou la restauration des dommages à l'environnement en Antarctique afin d'éclairer la décision de la RCTA quant à la reprise éventuelle des négociations sur de nouvelles règles relatives à la responsabilité. Le rapport énumère une série de questions qui doivent être prises en compte lorsque l'on considère des activités de réparation et de restauration.

42. Les Membres ont remercié la Nouvelle-Zélande et ont félicité le GCI pour l'importance et l'utilité du document.

43. Les Pays-Bas ont estimé que le principe de précaution doit être particulièrement observé car il ne serait pas toujours possible de réparer les dégâts.

44. La Russie a déclaré qu'il ne sera pas toujours possible de faire une distinction entre les dégâts d'origine naturelle et les impacts humains. La réparation et la réhabilitation doivent être spécifiques aux sites, étant donné qu'il n y a pas de certitude quant à l'application d'une approche unique à toutes les situations.

45. L'ASOC a souligné que les objectifs de réparation et de réhabilitation doivent refléter les objectifs et les dispositions du Protocole sur la protection de l'environnement.

46. Le Chili a signalé que, par le biais de son ministère de l'Environnement, il avait développé un guide méthodologique pour la gestion et l'organisation des sols potentiellement contaminés par des polluants. Bien qu'il soit présenté

uniquement en langue espagnole, le guide pourrait revêtir de l'intérêt pour le Comité. Le Chili serait disposé à fournir une copie au Secrétariat. Le guide considère qu'une évaluation des risques humains et environnementaux doit être élaborée pour déterminer si un endroit est contaminé, et la décision de réhabiliter ou non le secteur doit être prise en fonction du résultat de l'analyse du rapport coût/bénéfice et du niveau de risque impliqué.

47. Le Comité a souscrit aux résultats et aux recommandations du GCI et a accepté de transférer l'ensemble du document de travail à la RCTA en vue d'examen. Des membres des délégations de la Nouvelle-Zélande (Dr. Neil Gilbert) et de l'Australie (Dr. Martin Riddle) ont été nommés pour présenter le document et pour répondre à toutes les questions.

Avis du CPE à la RCTA

48. En réponse à la demande de la RCTA contenue dans la Décision 4 (2010) au sujet de la réparation ou de la réhabilitation des dommages environnementaux, le Comité a souscrit aux résultats et aux recommandations contenus dans le document de travail WP 27 qu'il transmet comme conseil initial à la RCTA. Il s'est tenu prêt à répondre à toute requête supplémentaire de la RCTA.

---

49. L'Australie a présenté le document de travail WP 32 intitulé *Un manuel de nettoyage de l'Antarctique : Rapport de discussion informelles intersessions*, (Australie et Royaume-Uni) qui a rendu compte des résultats des discussions informelles intersessions pour passer en revue et mettre à jour la version provisoire du manuel de nettoyage de l'Antarctique soumis à la CPE XV. Le manuel révisé a été renforcé par les contributions de plusieurs Membres et d'un Observateur pendant les périodes intersessions.

50. L'Australie et le Royaume-Uni ont recommandé que le Comité :

- examine et approuve le manuel de nettoyage annexé au projet de Résolution présenté dans la Pièce jointe A du WP 32 ;

- encourage les membres et les observateurs à développer des lignes directrices pratiques et les ressources de soutien pour inclusion dans le manuel à l'avenir, et

- accepte de transférer le projet de Résolution ci-joint et le manuel de nettoyage annexé à la RTCA pour approbation.

51. L'Australie et le Royaume-Uni ont également suggéré que si le Comité était d'accord avec ces recommandations, le Secrétariat serait invité à rendre le manuel de nettoyage accessible sur le site Web du STA.

52. Le Comité a remercié l'Australie et le Royaume-Uni, a souscrit aux recommandations présentées dans le document de travail WP 32 et a convenu que le manuel de nettoyage doit être accessible à partir du site Web du STA.

Conseils du CPE à l'endroit de la RCTA

53. Le Comité a approuvé le manuel de nettoyage de l'Antarctique, présenté dans le document de travail WP 32. Il a recommandé que la RCTA approuve le manuel par une Résolution.

54. La France a présenté le document de travail WP 42 intitulé *Nécessité de la prise en compte des coûts de démantèlement des stations dans les Évaluations globales d'impact sur l'environnement (EGIE) concernant leur construction*, préparé conjointement avec l'Italie, qui a illustré une évaluation du coût théorique du démantèlement de la station Concordia. Pour l'élimination complète de tout le matériel et les composants de cette station, il faudrait environ 12 ans, pratiquement le temps nécessaire pour la construire et environ 25 millions d'euros, soit près de 75 % des coûts liés à la construction. La France et l'Italie ont suggéré qu'une évaluation détaillée des coûts de démantèlement soit prise en compte lorsqu'une EGIE est préparée pour la construction d'une nouvelle station.

55. Le Comité s'est félicité de l'analyse et a souligné l'importance du calcul exact des coûts d'établissement de stations en adoptant une approche de cycle de vie et en prenant en compte les coûts de démantèlement. Les Membres ont attiré l'attention sur les possibilités de partager les stations et de rouvrir des stations fermées plutôt que de procéder à l'ouverture de nouvelles stations, et ont proposé que le potentiel de déclassement d'une station bénéficie d'une grande considération lors de la phase de conception. En remerciant au passage les auteurs, l'ASOC a attiré l'attention sur la nécessité d'examiner les impacts sur l'environnement du cycle de vie entier d'une station avant la construction.

56. En réponse à une suggestion d'Australie, le Comité a également accepté de programmer une révision des *Orientations pour l'étude d'impact environnemental en Antarctique* dans le plan de travail quinquennal,

notamment pour prendre en compte les recommandations contenues dans le document de travail WP 42. Il a en outre souligné le rôle du COMNAP en tant que centre d'expertise en ce qui concerne l'évaluation des coûts de démantèlement des stations. La Chine était d'accord sur l'importance de se rendre compte du coût et de la durée de démantèlement d'une station lors de l'EGIE mais a précisé la difficulté de fournir un chiffre concret pour le coût d'une activité qui aura lieu de nombreuses années plus tard, et a remis en cause la valeur de fond d'un tel chiffre.

57. La France a présenté le document d'information IP 36 intitulé *Nettoyage du site de construction d'une piste d'atterrissage non utilisée dénommée « Piste du Lion », Terre Adélie en Antarctique*, qui a rendu compte du nettoyage du site dans le respect des engagements en vertu de l'Annexe III, Article 2 du Protocole de protection de l'environnement. Les travaux ont impliqué la participation de trois partenaires : les Terres Australes et Antarctiques Françaises (TAAF), l'Institut polaire français (IPEV) et un sponsor privé, Véolia Environnement France. Le poids total des déchets était d'environ 300 tonnes et le coût total de l'opération était de 305 000 euros. La France a noté que le nettoyage servait d'exemple de mesure de restauration réussie qui a démontré la faisabilité d'une telle opération avec des ressources humaines et financières relativement limitées. Toutefois, la France a également attiré l'attention sur deux contraintes opérationnelles majeures : a) ce type de travaux est extrêmement lié à la météo, et b) le facteur limitant de la taille du navire du programme dans l'élimination des déchets.

58. L'ASOC a présenté le document d'information IP 68, *Réutilisation d'un site après restauration. Étude de cas du Cap Evans, Île de Ross*, qui illustre comment la réutilisation d'un site restauré pourrait annuler les effets de la restauration, sur la base d'une étude de cas d'un site de taille réduite au Cap Evans, Île de Ross. Ce document a également fait un certain nombre de suggestions pertinentes pour l'évaluation des impacts cumulatifs, l'évaluation de l'efficacité de la restauration et la gestion des sites restaurés.

59. Tout en remerciant l'ASOC pour sa présentation, la Nouvelle-Zélande a noté qu'une étude de la restauration potentielle du site avait été entreprise par des scientifiques de la Nouvelle-Zélande avant qu'une approbation soit accordée pour l'établissement d'une station multi-saison.

60. Le Brésil a présenté le document d'information IP 70 intitulé *Réparation des dommages environnementaux : Démantèlement de la station Ferraz,*

Baie de l'Amirauté, en Antarctique, qui décrit le plan de démantèlement de la station Comandante Ferraz, qui a été détruite par un incendie en 2012. Un plan de gestion environnementale a été élaboré et mis en œuvre avec le soutien de plusieurs institutions spécialisées, sous la coordination du Ministère brésilien de l'environnement. Le Brésil a estimé que le coût de cette opération, à l'exclusion des ressources humaines, d'un montant de 20 millions de dollars et a renvoyé aux documents d'information IP 78 et IP 95 pour plus d'informations. Il a également projeté une vidéo pour présenter au Comité de plus amples renseignements sur les opérations menées au cours de l'été 2012-2013.

Point 7 - Les implications du changement climatique pour l'environnement : approche stratégique

61. Le SCAR a présenté le WP 38, *Rapport sur les changements climatiques et l'environnement en Antarctique (ACCE) : une mise à jour cruciale,* qui constituait une mise à jour essentielle du rapport original du SCAR sur les Changements climatiques et l'environnement en Antarctique (ACCE) (Turner *et al.* 2009). Ce document résume les améliorations subséquentes des connaissances sur la manière dont les climats de l'Antarctique et de l'Océan austral ont changé, la manière dont il pourrait évoluer à l'avenir, et les impacts afférents sur les milieux marins et terrestres.

62. Les Membres ont remercié le SCAR de ses efforts continus pour informer le CPE de l'état des connaissances en matière de changements climatiques et ont noté la recommandation du SCAR de s'investir auprès d'autres organisations telles que le GIEC et la CCNUCC. Le Comité a observé l'allure des changements signalée dans la mise à jour et a rappelé que la RETA sur le changement climatique avait recommandé que le *CPE envisage de développer un programme de travail en réponse au changement climatique* (Recommandation 19). Les États-Unis d'Amérique ont souligné la qualité du rapport du SCAR évalué par des pairs, qui avait été précédemment publié dans une revue scientifique. La Norvège a remarqué que les résultats du rapport pourraient être intégrés au Portail des environnements en Antarctique.

63. La Fédération de Russie a soulevé des questions concernant l'absence dans le rapport des méthodes utilisées pour calculer l'élévation du niveau de la mer, ainsi que les raisons pour lesquelles les contributions de phénomènes

naturels et de causes anthropiques aux changements climatiques n'avaient pas été étudiées. En réponse, le SCAR a observé que son rapport était un document de synthèse et que les publications individuelles qui y sont mentionnées présentent des informations détaillées sur les méthodologies spécifiques.

64. La Colombie, la Malaisie et la Turquie ont indiqué que des scientifiques de leurs programmes antarctiques nationaux mènent actuellement ou prévoient de mener des recherches liées aux changements climatiques en Antarctique.

65. En approuvant les recommandations du SCAR, le Comité a décidé :

   i. D'encourager le SCAR et les Parties au Traité à collaborer avec la Convention-cadre des Nations unies sur les changements climatiques (CCNUCC) et le Groupe intergouvernemental sur l'évolution du climat (GIEC) afin de s'assurer que les questions liées aux changements climatiques en Antarctique et dans l'Océan austral soient étudiées en détail et que les deux organes prennent conscience des résultats du rapport de l'ACCE et des mises à jour afférentes ;

   ii. De concentrer ses efforts sur la mise en œuvre des recommandations exposées par la Réunion d'experts du Traité sur l'Antarctique (RETA) sur les conséquences des changements climatiques pour la gestion et la gouvernance en Antarctique (2010) ;

   iii. De communiquer les points clés du rapport de l'ACCE mis à jour de manière plus généralisée, afin de s'assurer de la prise de conscience quant au rôle crucial de l'Antarctique et de l'Océan austral dans le système climatique et à l'importance des impacts afférents sur la région.

66. Le Comité a décidé de créer un GCI sur le changement climatique, avec les mandats suivants :

   1. Confronter les avancées réalisées au regard des recommandations 18 à 29 de la RETA en s'appuyant sur le SP 8 (CPE XV) et les discussions lors de récentes réunions du CPE (cf. rapport 2010 du CPE, § 351 - 386) ;

   2. Examiner les recommandations de la RETA en tenant compte des documents récents et, en particulier, du rapport de mise à jour essentielle

du SCAR 2013 en vue d'identifier des actions supplémentaires qui pourraient nécessiter un traitement du CPE ;

3. Examiner la manière dont les recommandations pourraient être traitées en élaborant un programme de travail prioritaire en réponse au changement climatique ;

4. Fournir un rapport préliminaire à la CPE XVII.

67. Le Comité a convenu que Rachel Clarke, du Royaume-Uni (*racl@bas.ac.uk*), et Birgit Njåstad, de la Norvège (*njaastad@npolar.no*), coordonneraient et dirigeraient conjointement le GCI.

68. Le Secrétariat a présenté le SP 7, *Actions entreprises par le CPE et la RCTA suite aux recommandations de la RETA sur les changements climatiques.*

69. Le COMNAP a présenté l'IP 32, *Analyse des coûts/énergies liés au transport dans le cadre des programmes nationaux antarctiques*, qui décrit les résultats d'une étude de cas des systèmes de transport utilisés par l'Institut Alfred Wegener (AWI) en Allemagne. Ce document s'attache à l'analyse du transport aérien et maritime de passagers et de fret, en s'appuyant sur des données à la fois financières et énergétiques, en vue d'illustrer les démarches mises en place par les Programmes nationaux antarctiques pour réduire les coûts et l'utilisation de carburant. Le COMNAP a déclaré qu'il partagerait cette analyse lors de sa prochaine Assemblée générale annuelle (AGA) en juillet 2013.

70. L'Italie a remarqué que les résultats de l'étude du COMNAP étaient semblables à ceux d'une étude qu'elle avait réalisée, en rapport avec la construction d'une piste d'atterrissage adjacente à la station Mario Zucchelli. La Fédération de Russie a suggéré que, quoiqu'elle soutienne les efforts visant à réduire les coûts et les émissions, les futurs rapports devraient également prendre en compte les risques impliquant que les programmes nationaux soient susceptibles de devenir dépendants des navires d'autres pays en matière de logistique. Le COMNAP a convenu de discuter de ces risques lors de leur AGA.

71. Le COMNAP a présenté l'IP 34, *Les meilleurs pratiques de gestion de l'énergie – Directives et recommandations*, qui décrit les avancées des programmes nationaux quant à la mise en œuvre volontaire des directives et des recommandations, indiquant que 24 des 28 pays avaient participé à l'étude.

72.   L'ASOC a présenté trois Documents d'information connexes sur le changement climatique. L'IP 62, *Un rapport sur le changement climatique en Antarctique*, décrit les résultats récents des recherches en matière de changements climatiques dans les zones d'altérations environnementales et écosystémiques, et indique les démarches que les Parties peuvent entreprendre en vue d'atténuer leurs impacts. L'IP 65, *Le carbone-suie et autres polluants climatiques de courte durée : impacts sur l'Antarctique*, décrit l'importance potentielle du carbone-suie et d'autres polluants climatiques de courte durée (SLCP) par rapport au réchauffement climatique, et suggère que l'analyse de l'ampleur des émissions de SLCP et de leurs impacts sur l'Antarctique, particulièrement en provenance de sources locales, devrait être une priorité. L'IP 69, *Mise à jour : l'avenir de l'inlandsis de l'Antarctique occidental*, met à jour les informations révisées lors de la RETA de 2010 sur le changement climatique et en conclut que : la perte de la masse des inlandsis antarctiques s'accélère, le retrait généralisé des glaciers pourrait être enclenché, et les altérations des inlandsis de l'Antarctique occidental sont liées au changement climatique d'origine anthropique. L'ASOC a souligné l'importance de faire de l'Antarctique un continent neutre en carbone, ainsi que le rôle des Parties en vue de promouvoir activement l'intégration de la science antarctique dans le dialogue sur les changements climatiques mondiaux.

73.   La Suède a rappelé que l'ASOC avait présenté nombre de bons arguments pertinents pour inclure les travaux relatifs aux Polluants climatiques de courte durée (SLCP) dans le Plan de travail stratégique. La Suède s'est montrée active dans la valorisation d'actions favorisant la réduction des émissions de SLCP et a participé à la mise en place de la Coalition sur le climat et l'air propre en vue de réduire les émissions de SLCP. La Suède a appuyé les idées présentées par l'ASOC et a noté qu'il est important d'approfondir les investigations sur les impacts des SLCP en Antarctique et également de faire attention aux sources locales. Elle a également suggéré qu'il pourrait être intéressant pour le SCAR d'examiner plus en détail les changements climatiques et les polluants climatiques de courte durée. Le Comité a observé que ces questions pourraient également être envisagées dans le GCI sur le changement climatique.

74.   L'IAATO a présenté l'IP 101, *Groupe de travail de l'IAATO sur le changement climatique : rapport sur les avancées*, qui expose les avancées du Groupe de travail de l'IAATO sur le changement climatique, notamment les efforts supplémentaires en vue de sensibiliser aux changements climatiques en Antarctique par l'élaboration d'une présentation PowerPoint disponible au

public, ainsi qu'une liste des méthodes de gestion des émissions de gaz à effet de serre par les voyagistes membres de l'IAATO. L'IAATO a remercié le SCAR de son analyse et de ses commentaires sur la présentation, et a manifesté son engagement à poursuivre la communication de rapports sur ce travail au CPE. Les autres documents présentés dans le cadre de ce point de l'ordre du jour étaient les suivants :

- BP 21 : *Les changements climatiques et l'environnement en Antarctique : une mise à jour* (SCAR)

Point 8 - Evaluations d'impact environnemental

8a) Projets d'évaluations globales d'impact sur l'environnement

75.   Aucun document n'a été soumis sous ce point de l'ordre du jour.

8b) Autres questions liées à l'EIE

76.   La Fédération de Russie a présenté le WP 24, *Approches en vue d'étudier la strate d'eau des lacs sous-glaciaires en Antarctique*, qui explique les techniques utilisées pour forer jusqu'aux lacs sous-glaciaires en Antarctique et les difficultés qui surviennent. Le document décline les raisons du choix du forage dans le lac Vostok par la méthode du « mélange kérosène/fréon » plutôt que par celle de « l'eau chaude ». La Fédération de Russie a déclaré qu'il était impossible que le mélange kérosène/fréon puisse pénétrer dans l'eau et avoir un impact sur l'écosystème lacustre, tandis qu'elle émettait des doutes quant aux impacts potentiels de l'eau chaude sur la vie microbienne.

77.   En réponse à une demande de clarification de la part de la Belgique en vue de savoir si une couche d'eau gelée en permanence demeurerait au fond du trou de forage pour éviter la pénétration du kérosène/fréon dans le lac Vostok, la Fédération de Russie a confirmé que l'une des procédures standards d'exploitation consistait à augmenter l'épaisseur du bouchon de glace dans le trou de forage, une fois le travail de recherche terminé. En réponse à la demande de la part de la France concernant une suggestion préalablement formulée par le SCAR en vue de l'insertion d'une interstrate de fluide silicone au fond du trou de forage pour protéger l'eau dans le lac, une possibilité que la Fédération de Russie avait précédemment évoquée, cette dernière a déclaré qu'elle avait décidé de rejeter cette technique en

raison des inquiétudes par rapport à la contamination croisée potentielle entre les fluides.

78.   La Fédération de Russie a présenté l'IP 42, *A la découverte de bactéries inconnues dans le lac Vostok*, qui signale la découverte d'un groupe inconnu de bactéries (phylotype) dans le premier petit échantillon d'eau du lac Vostok à être testé en laboratoire. Les bactéries n'ont pas pu être identifiées à partir des bases de données et des méthodes de classification existantes. Reconnaissant les inquiétudes par rapport à cette question, la Fédération de Russie a précisé que l'organisme microbien inconnu ne constituait aucune menace pour l'humanité, étant donné son incapacité à survivre hors de son environnement naturel.

79.   La Fédération de Russie a également présenté l'IP 49, *Résultats des études du lac sous-glaciaire Vostok et des opérations de forage dans un trou de forage profond de la station Vostok au cours de la campagne 2012-2013*, qui propose un aperçu technique des activités de forage. La France a remercié la Fédération de Russie d'avoir partagé ces informations et l'a encouragée à continuer de communiquer, par la suite, des mises à jour du travail au Comité.

80.   La Chine a présenté l'IP 21, *Evaluation préliminaire d'impact sur l'environnement pour la construction d'un camp d'été à l'intérieur des terres, Terre Princesse-Élisabeth, Antarctique*. Les principaux objectifs du camp sont d'apporter un soutien logistique, une protection pour les secours d'urgence, et de servir d'appui aux observations locales. La Chine a déclaré que la construction du camp aurait un impact environnemental moindre que mineur ou transitoire.

81.   En remerciant la Chine de ces informations, la France, la Belgique et l'Allemagne ont soulevé des questions concernant les impacts environnementaux du nouveau camp, jugés par la Chine comme étant moindres que mineurs ou transitoires malgré la taille, le nombre de personnes accueillies et la durée prévue des activités. En réponse à une question de l'Allemagne concernant les raisons pour lesquelles la Chine n'avait pas entrepris de réaliser une évaluation globale d'impact sur l'environnement, la Chine a déclaré qu'une EPIE était suffisante pour la construction d'un campement d'été. La Chine a répondu à la question de la France et de la Belgique en déclarant qu'elle était prête à échanger par rapport aux résultats de son Evaluation préliminaire d'impact sur l'environnement, et

qu'elle présenterait des informations complémentaires sur les avancées de la construction du camp lors de la CPE XVII. L'Espagne a rappelé l'Article 8 du Protocole relatif à l'environnement et a déclaré que la Chine semblait avoir agi conformément à ses obligations.

82.   La République de Corée a présenté l'IP 24, *Avancées de la station Jang Bogo au cours de la première campagne de construction de 2012/13, qui décrit les activités de construction de la station Jang Bogo*. La construction a débuté en décembre 2012 et se poursuivrait durant deux campagnes estivales antarctiques. La Corée a communiqué un compte-rendu sur le transport de matériel, les activités de construction, la gestion des déchets et la surveillance de l'environnement, et a exposé sa manière de répondre aux incidents. Une présentation informative concernant la construction de la station a été montrée aux délégués. La Corée a également fait référence à l'IP 25, *Mesures d'atténuation des impacts sur l'environnement générés par la construction de Jang Bogo au cours de la campagne 2012/13*, qui explique la mise en œuvre des mesures d'atténuation proposées dans l'EGIE présentée en 2011 et suggérées par les Parties, en vue de réduire les impacts de la construction.

83.   La Corée a informé le Comité des mesures qu'elle avait prises pour appliquer les normes de gestion de l'environnement dans la construction de sa nouvelle base : en menant une Evaluation complète de l'impact sur l'environnement (EIE), en formant tous les membres de l'expédition en matière d'éducation à l'environnement, et en mettant rigoureusement en application le Manuel sur les espèces non indigènes. En outre, toutes les mesures nécessaires avaient été prises pour gérer un déversement accidentel de carburant qui s'était produit au chantier dans de mauvaises conditions climatiques, conformément au « Plan d'urgence et de prévention des déversements de carburant à la station Jang Bogo ». -La majeure partie d'un total de 1 100 litres de diesel déversé a été récupérée et la surveillance du site s'est poursuivie.

84.   La Corée a exprimé sa gratitude à la Fédération de Russie, à l'Italie, aux Etats-Unis, à l'Australie et à la Nouvelle-Zélande, pour avoir partagé leurs connaissances et leur expérience, et pour avoir apporté un soutien logistique et technique.

85.   Plusieurs Membres ont félicité la République de Corée pour son rapport complet relatif à un projet si difficile, et le Comité a présenté ses sincères condoléances à l'égard de l'accident mortel qui s'était produit pendant la construction de la station lors de la dernière campagne. L'Inde était très

impressionnée par la manière dont l'ensemble de la structure avait été préconstruit en Corée. En réponse à une question de la Nouvelle-Zélande quant aux audits environnementaux externes, la République de Corée a déclaré qu'elle fournirait davantage d'informations à la CPE XVII.

86. La Fédération de Russie a présenté l'IP 48, *Permis pour les activités de l'expédition antarctique russe en 2013-17*, concernant les obligations juridiques et les permis délivrés par la Fédération de Russie pour les activités déclarées. Le document décrit notamment l'EPIE élaborée pour les activités prévues au cours de la période de cinq ans, qui s'étend du 1er janvier 2013 au 31 décembre 2017. L'EPIE couvre tous types d'activités prévues dans le cadre de l'Expédition antarctique russe pour les cinq prochaines années. Des EPIE séparées seront élaborées pour tout nouveau type d'activité non couverte par la présente EPIE.

87. Le Brésil a présenté l'IP 58, *Mandats de l'Evaluation préliminaire d'impact sur l'environnement (EPIE) : reconstruction et exploitation de la station Ferraz (baie de l'Amirauté, Antarctique)*, qui propose une mise à jour concernant les efforts réalisés par le Brésil pour reconstruire sa station, notamment le choix d'un projet conceptuel pour la construction de la station parmi les 74 participants à un concours international, et les préparatifs en vue de la prochaine EPIE. Le Brésil a signalé que, durant l'été 2012-2013, les représentants d'organismes environnementaux brésiliens avaient rassemblé des échantillons pour des analyses environnementales. Les résultats de ces analyses orienteront la mise en œuvre du Plan de remédiation de la zone qui sera mis en œuvre avant les travaux de reconstruction.

88. Le Comité a félicité le Brésil pour sa transparence et sa volonté de coopérer avec d'autres partenaires, et pour son maintien de normes environnementales de haut niveau. Plusieurs Membres ont reconnu que la réhabilitation de la station Comandante Ferraz correspondait aux conditions requises selon le Protocole relatif à l'environnement.

89. L'Inde a présenté l'IP 75, *Evaluation préliminaire d'impact sur l'environnement pour l'installation de la station terrestre pour les satellites d'observation de la Terre à la station de recherche indienne de Bharati aux collines Larsemann, Antarctique oriental*, en signalant que cette station terrestre serait utile à la communication et à la télédétection, et contribuerait aux travaux de recherche sur les changements climatiques au niveau mondial.

90. L'Italie a présenté l'IP 80, *Premières mesures vers la création d'une piste d'atterrissage de gravier à proximité de la station Mario Zucchelli : réflexions préliminaires et avantages possibles pour la région de la baie Terra Nova*. L'Italie a commencé par signaler que les difficultés de plus en plus nombreuses liées à sa piste d'atterrissage sur glace de mer annuelle nécessitaient une solution plus fiable à long terme. Tout en réitérant les points soulevés par le COMNAP dans l'IP 32, par rapport aux coûts des transports et à l'utilisation d'énergie, l'Italie a observé qu'elle avait l'intention de partager la piste d'atterrissage avec d'autres programmes nationaux antarctiques, ce qui permettrait de réduire les coûts ainsi que l'empreinte humaine globale. Quoique la construction de la piste d'atterrissage ne puisse avoir qu'un impact temporaire sur une période de quatre ans, l'Italie a reconnu que l'installation engendrerait probablement un impact plus que mineur ou transitoire et serait par conséquent soumise à une EGIE.

91. L'Allemagne a apprécié la conclusion de l'Italie selon laquelle la construction d'une telle infrastructure permanente serait soumise à une EGIE. Il a été noté que cette piste d'atterrissage sera également profitable aux Parties qui disposent d'installations dans cette zone, comme l'Allemagne qui a un abri d'été à cet endroit, et pourrait engendrer la valorisation de la coopération et des travaux de recherche scientifique. En outre, l'Allemagne a déclaré que les impacts cumulatifs devraient être pris en compte lors de la réalisation d'une EGIE. En réponse à une question posée par l'Allemagne, l'Italie a déclaré que la piste d'atterrissage ne serait pas utilisée dans un but touristique.

92. Compte tenu des EPIE examinées, les Pays-Bas ont soulevé plusieurs points, notamment : l'évaluation des impacts cumulatifs ; l'absence d'un accord commun concernant la procédure des EIE ; la perspective d'exploiter des installations scientifiques communes ; la nécessité d'évaluer le manque de connaissances ; l'évaluation des impacts sur les espaces sauvages ; et la possibilité d'utiliser ultérieurement les installations mises en place pour la science dans le cadre d'autres activités, par exemple touristiques. Les Pays-Bas ont félicité la Chine d'avoir pris en compte les valeurs sauvages dans l'élaboration de leur EPIE (IP 21), et ont encouragé les autres Membres à en faire de même.

93. L'IAATO a déclaré qu'elle ne souscrivait pas à la construction d'infrastructures permanentes dans un but touristique, car cela serait en contradiction avec les visées et la mission de l'organisation qui s'attachent à avoir un impact moindre que mineur ou transitoire.

94. L'Ukraine a signalé les améliorations récentes apportées à la station Vernadsky, notamment l'installation de groupes électrogènes plus respectueux de l'environnement, et d'un réservoir de carburant plus grand.

95. L'ASOC a manifesté son inquiétude quant à l'empreinte humaine plus importante et à la réduction des espaces sauvages antarctiques, qui découlent du développement des activités humaines en Antarctique. Elle a également déclaré qu'un commun accord faisait défaut sur les critères de détermination de la nécessité d'une EPIE ou d'une EGIE pour une activité particulière, que le niveau de suivi de ces dernières était généralement faible, et que les rapports d'inspection avaient révélé le manque de connaissances relatives à la procédure de l'EIE dans les stations de recherche. En référence au SP 5, l'ASOC a fait remarquer que seules 14 Parties avaient soumis des EIE au Secrétariat pour leur intégration dans la liste.

96. Les autres documents soumis dans le cadre de ce point de l'ordre du jour comprenaient notamment :

   • SP 5, *Liste annuelle des Evaluations préliminaires d'impact sur l'environnement (EPIE) et des Evaluations globales d'impact sur l'environnement (EGIE) élaborée entre le 1er avril 2012 et le 31 mars 2013*

   • BP 2, *Evaluation de la vulnérabilité des sols antarctiques au piétinement* (Nouvelle-Zélande).

Point 9 - Plans de gestion et de protection des zones

9a) Plans de gestion

   i) *Projets de plans de gestion qui ont été révisés par le Groupe subsidiaire sur les plans de gestion*

97. La Norvège a présenté le WP 56, *Groupe subsidiaire sur les plans de gestion – Rapport sur les travaux intersessions de 2012/13*, au nom du Groupe subsidiaire sur les plans de gestion (SGMP). Le Groupe avait examiné huit plans de gestion révisés durant les périodes intersessions, et a recommandé que le Comité approuve trois de ces plans de gestion révisés.

98. Concernant la ZSPA n° 132 : péninsule Potter (Argentine) et la ZSPA n° 151 : Lions Rump, Île du Roi-George, Îles Shetland du Sud (Pologne), le SGMP

a informé le Comité que les plans de gestion révisés finaux étaient bien rédigés, de haute qualité et qu'ils traitaient correctement les points clés soulevés pendant la mise à l'étude.

99. En conséquence, le SGMP a recommandé que le Comité approuve les plans révisés.

100. Concernant la proposition d'une nouvelle ZSPA, cap Washington et baie Silverfish (Etats-Unis d'Amérique et l'Italie), le SGMP a informé le Comité que le plan appliquerait de manière adéquate les dispositions de l'Annexe V et les lignes directrices concernées du CPE, et qu'il serait certainement efficace en vue d'atteindre les buts et objectifs stipulés pour la gestion de la zone. En conséquence, le SGMP a recommandé que le Comité approuve le plan de gestion pour cette nouvelle ZSPA.

101. En outre, le SGMP a informé le Comité que des travaux intersessions supplémentaires seraient menés concernant cinq plans de gestion soumis pour une révision intersessions :

    i.   ZSPA n° 128 : rive occidentale de la baie de l'Amirauté, île du Roi-George, îles Shetland du Sud (Pologne/États-Unis d'Amérique)

    ii. ZSPA n° 144 : « baie du Chili » (baie Discovery), île Greenwich, îles Shetland du Sud (Chili)

    iii. ZSPA n° 145 : port Foster, île de la Déception, îles Shetland du Sud (Chili)

    iv. ZSPA n° 146 : baie du Sud, île Doumer, archipel Palmer (Chili)

    v. Nouvelle ZSPA : sites géothermiques de haute altitude de la région de la mer de Ross (Nouvelle-Zélande)

102. En réponse à une question soulevée par la Fédération de Russie concernant la possibilité de devoir éventuellement modifier, lors d'une révision, les éléments qui nécessitent une protection, la Norvège a déclaré que le SGMP avait examiné tous les plans de gestion révisés conformément au « Guide pour l'élaboration des plans de gestion des zones spécialement protégées de l'Antarctique ».

103. Le Comité a approuvé la recommandation du SGMP et a convenu de transmettre les plans de gestion révisés pour la ZSPA 132, la ZSPA 151 et

une nouvelle ZSPA (cap Washington et baie Silverfish) à la RCTA pour leur adoption.

104. L'IAATO a remercié l'Italie, les Etats-Unis et le SGMP d'avoir pris en compte les points de vue de l'IAATO lors de la mise en place de la ZSPA, cap Washington et baie Silverfish, et a manifesté son appréciation des efforts réalisés pour modifier la limite de la zone en vue de permettre des visites aux alentours de la colonie. Néanmoins, l'IAATO a fait part de sa déception quant au fait que les visites dans le cadre d'un tourisme responsable ne seraient plus possibles, particulièrement compte tenu des niveaux très faibles de ces visites et du peu d'alternatives réalistes existantes pour visiter les colonies de manchots empereurs dans la zone. L'IAATO a fait remarquer que les visites à l'île Franklin, qui avait été désignée en tant que visite de site alternative pour les manchots empereurs, permettaient d'observer les manchots d'Adélie et non les manchots empereurs. En outre, l'IAATO a suggéré au Comité qu'il serait important d'envisager une ZGSA pour la région, étant donné le niveau d'activité dans la zone.

   ii) Projets de plans de gestion qui n'ont pas été révisés par le Groupe subsidiaire sur les plans de gestion

105. Le Comité a étudié les plans de gestion révisés pour 12 zones spécialement protégées de l'Antarctique (ZSPA) et deux zones gérées spéciales de l'Antarctique (ZGSA) sous ce point de l'ordre du jour :

   • WP 2, *Plan de gestion révisé pour la zone spécialement protégée de l'Antarctique n° 137, île Northwest White, McMurdo Sound* (Etats-Unis d'Amérique)

   • WP 3, *Plan de gestion révisé pour la zone spécialement protégée de l'Antarctique n° 123, vallées Barwick et Balham, Terre Southern Victoria* (Etats-Unis d'Amérique)

   • WP 5, P*lan de gestion révisé pour la zone spécialement protégée de l'Antarctique n° 138, Linnaeus Terrace, chaîne Asgard, Terre Victoria* (Etats-Unis d'Amérique)

   • WP 6, *Révision du plan de gestion pour la zone spécialement protégée de l'Antarctique n° 141, vallée Yukidori, Langhovde, baie de Lützow-Holm* (Japon)

- WP 11, *Plan de gestion révisé pour la zone spécialement protégée de l'Antarctique n° 108, île Green, îles Berthelot, péninsule antarctique* (Royaume-Uni)

- WP 12, *Plan de gestion révisé pour la zone spécialement protégée de l'Antarctique n° 117, île Avian, baie Marguerite, péninsule antarctique* (Royaume-Uni)

- WP 13, *Plan de gestion révisé pour la zone spécialement protégée de l'Antarctique n° 147, vallée Ablation et mont Ganymède, île Alexandre* (Royaume-Uni)

- WP 14, *Plan de gestion révisé pour la zone spécialement protégée de l'Antarctique n° 170, nunataks Marion, île Charcot, péninsule antarctique* (Royaume-Uni)

- WP 29, *Révision du plan de gestion pour la zone spécialement protégée de l'Antarctique n° 154, baie Botany, cap Géologie, Terre Victoria* (Nouvelle-Zélande)

- WP 30, *Révision du plan de gestion pour la zone spécialement protégée de l'Antarctique n° 156, baie Lewis, mont Erebus, île de Ross* (Nouvelle-Zélande)

- WP 36, *Révision des plans de gestion pour les zones spécialement protégées de l'Antarctique (ZSPA) n° 135, n° 143 et n° 160* (Australie)

- WP 54 rev. 1, *Révision du plan de gestion pour la ZGSA n° 1 : baie de l'Amirauté, île du Roi-George, îles Shetland du Sud* (Brésil, Equateur, Pérou, Pologne)

- WP 59, *Plan de gestion révisé pour la zone spécialement protégée de l'Antarctique n° 134, pointe Cierva et îles au large des côtes, côte Danco, péninsule antarctique* (Argentine)

- WP 60, *Révision du plan de gestion pour la zone spécialement protégée de l'Antarctique n° 161, baie Terra Nova, mer de Ross* (Italie).

106. La Fédération de Russie a rappelé sa proposition de 2012 (XXXVe RCTA, WP 35) selon laquelle le Comité devrait étudier les plans de gestion révisés des ZSPA et des ZGSA pour lesquelles la faune ou la flore constituent les valeurs principales, uniquement lorsque des informations sont soumises

par rapport aux résultats de la surveillance de l'état des valeurs qui étaient à l'origine de la désignation d'une telle zone. La Fédération de Russie a souligné sa conviction de la nécessité d'une approche justifiée d'un point de vue scientifique pour le choix des ZSPA et des ZGSA.

107. Concernant les WP 2 (ZSPA n° 137), WP 3 (ZSPA n° 123) et WP 5 (ZSPA n° 138), les Etats-Unis d'Amérique ont expliqué que les révisions étaient mineures et visaient à aligner ces plans de gestion sur la Résolution 2 (2011), *Guide révisé pour l'élaboration des plans de gestion des zones spécialement protégées de l'Antarctique*. Les modifications comprennent l'ajout d'une introduction et l'amélioration des cartes. En réponse à une question de la Fédération de Russie, les Etats-Unis ont clarifié le fait que tous les plans comprenaient, dans la section des références et selon que de besoin, les résultats de surveillance issus d'une étude de site.

108. Concernant le WP 6 (ZSPA n° 141), en réponse à une question posée par la Fédération de Russie, le Japon a confirmé que son élaboration du plan de gestion était conforme au « Guide pour l'élaboration des plans de gestion des zones spécialement protégées de l'Antarctique », et qu'il comprenait une étude de la végétation bisannuelle dans la vallée Yukidori, mais ne comprenait pas actuellement d'études aviaires.

109. Concernant les WP 11 (ZSPA n° 108), WP 12 (ZSPA n° 117), WP 13 (ZSPA n° 147) et WP 14 (ZSPA n° 170), le Royaume-Uni a déclaré que seules des modifications mineures avaient été apportées aux plans de gestion. Certaines de ces modifications sont : l'ajout d'une introduction, une série de modifications rédactionnelles mineures, l'intégration de cartes améliorées, une référence dans la présentation de l'Analyse des domaines environnementaux (Résolution 3 (2008)) et des Régions de conservation biogéographiques de l'Antarctique (Résolution 6 (2012)), les conditions de gestion des visiteurs relatives à l'introduction d'espèces non indigènes, et une redéfinition des limites des zones.

110. Dans sa présentation des WP 29 (ZSPA n° 154) et WP 30 (ZSPA n° 156), la Nouvelle-Zélande a expliqué que toutes les révisions apportées étaient mineures. La ZSPA n° 154 est protégée du fait de ses valeurs exceptionnelles en termes historiques, scientifiques et de biodiversité, et la ZSPA n° 156 est désignée en tant que tombeau pour éviter les perturbations inutiles, une marque de respect en mémoire des victimes d'un accident d'avion. En réponse à une question du Japon, la Nouvelle-Zélande a assuré le Comité

qu'aucun impact négatif n'était généré par les visites de loisir dans la ZSPA n° 156.

111. L'Argentine a notifié au Comité qu'elle a procédé à la révision du plan de gestion de la ZSPA 134 (WP 59) et que les changements qui y ont été apportés sont d'ordre mineur. Ces changements portent sur l'insertion d'informations supplémentaires concernant les motivations de la désignation de la zone, des dispositions concernant la prévention de l'introduction d'espèces non-indigènes, l'ajout de deux sections prenant en considération la résolution 2 (2011) et une mise à jour et précision de la description des valeurs de la zone.

112. L'Italie a informé le Comité de la réalisation de changements d'ordre mineur sur le plan de gestion relatif à la ZSPA n° 161 (WP 60). En effet, les limites, cartes et descriptions relatives à la zone sont restées inchangées.

113. L'Australie a présenté le document de travail WP 36 (ZSPA n° 135, 143 et 160) et a précisé que seuls des changements d'ordre mineur ont été apportés aux plans de gestion relatifs aux zones citées ci-haut. L'Australie a par ailleurs fait remarquer que le guide révisé de la résolution 2 (2011) a été pris en considération lors de la révision de chacun des plans de gestion.

114. Le Brésil a présenté le document de travail WP 54 rev. 1 relatif à la ZGSA n° 1 et a précisé que son plan de gestion a été modifié afin d'intégrer deux nouveaux points à la section « Buts et objectifs », deux nouvelles annexes, quatre valeurs scientifiques et deux nouvelles cartes. Le Brésil a souligné que les Etats-Unis en tant que coresponsable de la ZGSA n° 1 ont participé à la révision du plan de gestion. Il a ensuite recommandé au CPE d'inviter le Groupe subsidiaire sur les plans de gestion à procéder à l'examen du plan de gestion lors des périodes intersessions. Le Brésil soumettra par ailleurs, cette version provisoire au WG-EMM/CCAMLR pour des contributions supplémentaires en vue de l'élaboration de la version finale du plan de gestion, qui sera présentée à la CPE XVII.

115. La France a noté les importantes interactions entre le CCAMLR et le CPE en ce qui concerne les ZSPA et les ZGSA comprenant une aire marine et a suggéré au Comité de mettre en place un mécanisme prévoyant la communication par le comité scientifique de la CCAMLR de rapports réguliers au CPE concernant tout prélèvement de ressources vivantes dans ces zones. L'observateur de la CCAMLR a fait remarquer que ces

informations étaient inclues dans le document d'information IP 6 et a confirmé que si des informations supplémentaires étaient sollicitées par le CPE à l'avenir, la CCAMLR serait en mesure de les fournir. Le Comité a manifesté son intérêt pour cette information et a encouragé l'élaboration de mécanismes optimisés pour des échanges d'informations efficaces et opportunes entre le CPE et le SC-CAMLR. La Nouvelle-Zélande a pour sa part insisté sur l'importance pour les délégués de partager les informations relatives au ZSPA et ZGSA directement avec leurs collègues du CCAMLR notamment au niveau national, au sein de leur gouvernement.

116. L'ASOC s'est prononcé en faveur de la création de tels mécanismes et a affirmé que la pêche ne devrait pas être pratiquée à l'intérieur des ZSPA et des ZGSA.

117. Le Comité a décidé de soumettre les plans de gestion révisés de la ZSPA n° 141 et de la ZGSA n° 1 au SGMP pour examen lors des périodes intersessions et a décidé de présenter les autres plans de gestion révisés à la RCTA en vue de leur adoption.

iii) Nouveaux projets de plans de gestion pour des zones protégées ou gérées

118. Le Comité a examiné une proposition de désignation d'une nouvelle zone gérée spéciale de l'Antarctique (ZGSA) et d'une nouvelle zone spécialement protégée de l'Antarctique (ZSPA) :

- WP 8, Proposition d'une nouvelle zone gérée spéciale de l'Antarctique à la station Kunlun, Dôme A (Chine).

- WP 63, Projet de plan de gestion pour la zone spécialement protégée de l'Antarctique (ZSPA) Stornes, Collines Larsemann, Terre Princesse Elizabeth (Australie, Chine, Inde et Fédération de Russie).

119. Lors de la présentation du document de travail WP 8, la Chine a précisé qu'elle avait mené une étude complète de la zone du Dôme A et qu'elle avait élaboré un projet de plan de gestion dont le but était de promouvoir la protection des valeurs scientifiques, environnementales et logistiques de la zone. La Chine a proposé que le projet de plan de gestion soit examiné par le SGMP lors des périodes intersessions et a invité les Membres à participer au processus.

120. Après avoir félicité la Chine pour son rapport exhaustif, plusieurs Membres se sont interrogé sur l'opportunité de la désignation d'une nouvelle ZSGA au Dôme A. Certains Membres ont fait remarquer que la station de Kunlun a été construite très récemment et ont estimé qu'il est peut être prématuré d'envisager la désignation de la zone comme ZGSA. Le Royaume-Uni s'est enquis de savoir si la proposition de la Chine s'inscrit dans le cadre des motivations de désignation des ZGSA telles que définies par l'Annexe V du Protocole relatif à la protection de l'environnement. En effet, l'Annexe V prévoit parmi les principaux objectifs, d'éviter tout conflit et de renforcer la collaboration entre différents utilisateurs d'une même zone. La Fédération de Russie et la Norvège ont souhaité savoir quelles étaient les menaces qui pouvaient peser sur cette zone reculée. La France a souligné que d'autres sites ont été identifiés pour leur potentiel d'extraction de carottes glaciaires très profondes. Quant à l'Allemagne, elle s'est posé la question de savoir quelles étaient les avantages de la désignation d'une ZGSA dans une région aussi reculée et caractérisée par une faible biodiversité. Les Etats-Unis ont fait remarquer que de plus amples discussions entre Membres seraient utiles. L'Australie a reconnu la valeur scientifique du Dôme A et a remercié la Chine pour son appui dans la région mais a toutefois estimé que la proposition de la Chine devrait être examinée de manière plus approfondie.

121. La Chine a invoqué l'article 4 de l'Annexe V du Protocole de Madrid et a souligné que sa proposition de désignation d'une ZGSA n'était pas en contradiction avec les dispositions de cet article, en particulier lorsque l'on se réfère au passage qui précise que la désignation peut s'appliquer à : « toute zone, y compris toute zone maritime où des activités sont conduites ou susceptibles d'être conduites dans l'avenir ». En réponse aux questions posées par plusieurs membres, la Chine a indiqué de manière générale que sa perception de « la planification et de la coordination » évoquées dans l'article 4 s'appuie sur des informations concrètes issues de la communauté scientifique qui indiqueraient que des activités de recherche scientifiques sont envisagées par certains pays dans la zone du Dôme A , voire même des activités non gouvernementales telles que des sports extrêmes et qu'elle appliquait le principe de précaution en l'occurrence. L'ASOC a salué l'approche préventive de la Chine vis-à-vis de la gestion des zones.

122. La Chine a remercié les Membres pour leurs observations et suggestions puis a de nouveau insisté sur le fait que sa proposition n'était pas fondée sur le principe qu'il faudrait nécessairement que plusieurs parties soient impliquées dans la gestion d'un site mais plutôt sur une approche préventive

au regard des activités et intérêts potentiels dans la région et à la lumière des valeurs à protéger.

123. Le Comité a accepté la proposition de la Chine de diriger les discussions concernant la proposition de désignation d'une nouvelle ZGSA durant les périodes intersessions et a encouragé les Membres à participer à ces discussions.

124. La Norvège a suggéré que le débat soit également orienté sur la nécessité de faire réexaminer par le Comité, l'ensemble du processus des désignations des ZSPA et ZGSA et a recommandé en outre que les Membres s'engagent dans une grande concertation sur ce thème. Plusieurs Membres se sont prononcés en faveur de cette suggestion. La Norvège a indiqué qu'elle souhaitait travailler durant les périodes intersessions avec les Membres intéressés par ce thème, afin d'élaborer des propositions concrètes.

125. Lors de la présentation du document de travail WP 63, l'Australie a déclaré que la proposition de désignation de la ZSPA située dans la région des collines Larsemann, a pour objectif de protéger les traits géologiques uniques, en particulier la présence de minéraux rares et l'originalité tout à fait exceptionnelle des roches qui les abritent. Elle a précisé que sa proposition s'inscrivait dans le cadre des dispositions de l'article 3.2 f) de l'Annexe V qui prévoit les particularités géologiques, glaciologiques et géomorphologiques parmi les critères de désignation des ZSPA.

126. La Fédération de Russie a précisé que le projet de plan de gestion concernant une zone située dans la région des collines Larsemann a été discuté par le groupe de gestion des zones gérées spéciales lors de sa réunion à St Petersburg en avril 2003. Des informations complémentaires sur les activités du groupe sont communiquées dans le document d'information IP 46.

127. La Belgique a suggéré que les péninsules de Grovenes et de Broknes, lieu où des scientifiques belges et britanniques ont détecté la présence de communautés d'algues endémiques, soient également incluses dans les limites de la future ZSPA.

128. Le Comité a convenu de transmettre le projet de plan de gestion relatif à une nouvelle ZSPA à Stornes, Collines Larsemann, Terre Princesse Elisabeth, au SGMP pour examen lors des périodes intersessions.

Avis du CPE à la RCTA

129. Le Comité a convenu de soumettre les plans de gestions suivants à la RCTA en vue d'adoption:

#	Nom
ZSPA 137	Île Northwest White, Mcmurdo Sound
ZSPA 123	Vallées Barwick et Balham, Terre Southern Victoria
ZSPA 138	Linnaeus Terrace, Chaîne Asgard, Terre Victoria
ZSPA 108	Île Green, Îles Berthelot, Péninsule Antarctique
ZSPA 117	Île Avian, Baie Marguerite, Péninsule Antarctique
ZSPA 147	Vallée Ablation, Mont Ganymède, Île Alexandre
ZSPA 170	Nunataks Marion, Île Charcot, Péninsule Antarctique
ZSPA 154	Baie Botany, Cap Géologie, Terre Victoria
ZSPA 156	Baie Lewis, Mont Erebus, Île Ross
ZSPA 135	Péninsule North-East Bailey, Côte Budd, Terre de Wilkes
ZSPA 143	Plaine Marine, Péninsule Mule, Collines Vestfold, Terre Princesse Elizabeth
ZSPA 160	Îles Frazier, Iles Windmill, Terre Wilkes, Antarctique de l'Est
ZSPA 134	Pointe Cierva et Iles au large des côtes, Côte Danco, Péninsule Antarctique
ZSPA 161	Baie de Terra Nova, Mer de Ross
ZSPA 132	Péninsule Potter, Île du 25 Mai (Ile du Roi-George), Iles Shetland du Sud
ZSPA 151	Lions Rump, Île du Roi Georges, Shetland du Sud
Nouvelle ZSPA	Cap Washington, Terre South Victoria

130. Concernant le document de travail WP 56 relatif aux termes de référence 4 et 5 du SGMP, la Norvège en tant que pays présidant le SGMP, a rappelé que le CPE XIV avait appuyé les recommandations de l'atelier de 2011 portant sur les zones marines et terrestres spécialement protégées de l'Antarctique et avait vivement invité les Membres intéressés *à examiner les dispositions des plans de gestion de ZGSA actuels, afin de préparer une proposition de plan de travail ainsi que les documents annexes appuyant les travaux du Groupe subsidiaire sur les plans de gestion (SGMP) visant à l'élaboration des orientations pour l'établissement des ZGSA, ainsi que l'élaboration et la révision des plans de gestion des ZGSA.* La Norvège a dans ce sens, sollicité l'avis du Comité sur l'opportunité d'aborder ce thème au sein du SGMP, lors des périodes intersessions suivantes. Le Comité a reconnu l'importance du thème mais a relevé par ailleurs la charge de travail importante du SGMP et suggéré que cette discussion soit repoussée à une date ultérieure.

131. Le Comité a ensuite décidé que le plan de travail pour le SGMP lors des périodes intersessions de 2013/2014 devrait être organisé comme suit :

Termes de référence	Tâches
TdR 1 à 3	Examen des projets de plan de gestion soumis par le CPE lors des périodes intersessions et émission d'un avis à l'intention des promoteurs (y compris les cinq plans de gestion dont l'examen avait été reporté lors des périodes intersessions de 2012/2013)
TdR 4 et 5	Collaboration avec les parties concernées pour assurer la bonne progression de l'examen des plans de gestion dont l'échéance de révision quinquennale est dépassée
	Révision et mise à jour du plan de travail du SGMP
Documents de travail	Préparation du rapport de la CPE XVII en fonction des TdR 1 à 3 du SGMP
	Préparation du rapport de la CPE XVII en fonction des TdR 4 et 5 du SGMP

iv) Autres questions relevant des plans de gestion des zones protégées ou gérées

132. La République de Corée a présenté le document de travail IP 26 rev. 1, *Rapport de gestion de Pointe Narebski (ZSPA n° 171) durant la période 2012/2013*. Des activités scientifiques et de gestion ont été menées conformément aux dispositions du plan de gestion de la ZSPA n° 171, le document présentait les leçons apprises ainsi que les recommandations émises suites aux activités. La République de Corée a fait observer que les effectifs des populations de manchots de la région ont augmenté mais que les causes de cette augmentation restent encore à déterminer. La révision du plan de gestion relatif à la zone est prévue en 2014.

133. Le Chili a remercié la République de Corée pour la communication de son document qui fait état de nouvelles informations scientifiques sur les colonies de manchots de la zone. Le Chili a également signalé qu'il souhaitait collecter des données sur ce sujet de recherche à l'avenir. Il a ensuite rappelé aux parties qu'il présentera un plan de gestion révisé pour la ZSPA n° 150 lors du prochain CPE et qu'il ne manquera pas alors de solliciter l'avis de la République de Corée lors de l'examen du plan de gestion révisé.

131

134. La Chine a indiqué qu'elle envisageait d'effectuer une visite de la ZSPA n° 168 lors de la saison 2013/2014 et qu'elle informerait le CPE d'une éventuelle révision du plan de gestion.

135. La Norvège, a présenté le document IP 74 *Rapport du groupe de gestion de la zone gérée spéciale de l'Antarctique (ZGSA) Île de la Déception*, au nom de l'Argentine, du Chili, de l'Espagne, du Royaume-Uni et des Etats-Unis. Ce document récapitule les activités entreprises à l'intérieur de la ZGSA et présente les travaux réalisés par le groupe de gestion lors des périodes intersessions de 2012/2013, dans la perspective de l'atteinte des objectifs et principes du plan de gestion de ladite ZGSA.

   Le document suivant a été présenté sous ce point de l'ordre du jour:

   - SP 6 *Etat des lieux des plans de gestion des zones spécialement protégées et des zones gérées spéciales de l'Antarctique*

9b) Sites et monuments historiques

136. L'Allemagne a présenté le document de travail WP 18 rev. 1 *Proposition d'ajout du site commémorant l'emplacement de l'ancienne station de recherche antarctique de l'Allemagne Georg Forster, à la liste des sites et monuments historiques*. Elle a indiqué que l'emplacement qui abritait le premier site de recherche de l'Allemagne en Antarctique avait été nettoyé et réhabilité suite à l'enlèvement des installations de la station en 1996.

137. Plusieurs Membres ont félicité l'Allemagne pour le succès de son opération de nettoyage et d'enlèvement des installations de la station et ont noté qu'il s'agissait d'un exemple à suivre pour les autres parties.

138. Le Comité a approuvé la proposition d'ajouter le site à la liste des sites et monuments historiques en précisant que la désignation s'appliquait au site de l'ancienne station de recherche Georg Forster (Allemagne) et non à la plaque commémorative de l'emplacement et a convenu de soumettre le projet de désignation à la RCTA en vue d'adoption.

139. La Fédération de Russie a présenté le document de travail WP 23, *Proposition d'ajout du bâtiment du complexe de forage Professeur Kudryashov de la station russe Vostok en Antarctique, à la liste des sites et monuments historiques*. La Fédération de Russie a précisé que l'objectif de sa proposition

est de commémorer la prouesse des foreurs et glaciologues russes dans le domaine du forage de puits glaciaires profonds, de la reconstitution des changements paléoclimatiques à partir des données relevées sur les carottes de glace, de l'étude microbiologiques des carottes de glace et pour le dégagement propre sur le plan écologique du lac sous-glaciaire Vostok. Le Professeur Kudryashov avait apporté une contribution remarquable à la science de l'Antarctique et le complexe de forage qui porte son nom a été le théâtre d'un important événement de l'histoire de l'Antarctique marquant le moment où les scientifiques russes ont atteint le lac sous-glaciaire Vostok. En réponse à une question des Etats-Unis, la Fédération de Russie a précisé que sa proposition portaient exclusivement sur le bâtiment du complexe et ne comprenait ni les équipements ni le puits. Elle a précisé par ailleurs que le fluide sera éliminé dés la fin des activités de forage.

140. Le Comité a approuvé la proposition de la Fédération de Russie et décidé de la soumettre à la RCTA pour adoption.

141. Le Royaume-Uni a présenté le document de travail WP 62, *Nouveaux Sites et monuments historiques : Camps du Mont Erebus utilisés par un contingent de l'Expédition Terra Nova en décembre 1912*, élaboré conjointement avec la Nouvelle-Zélande et les Etats-Unis. Etant donné que les informations portant sur le site sont limitées, les co-auteurs de la proposition ont estimé que les emplacements des camps revêtent un intérêt significatif pour les historiens de l'Antarctique et ont suggéré que l'accès à ces sites soit contrôlé afin de prévenir les risques de perturbation des vestiges récemment découverts.

142. Le Royaume-Uni a répondu aux questions qui lui ont été adressées en expliquant que la proposition portait sur deux nouveaux sites historiques distincts correspondant à chacun des camps décrit dans le document de travail WP 62.

143. Le Comité a approuvé la proposition et convenu de la transmettre à la RCTA en vue d'adoption.

144. La Norvège a avancé l'idée d'une concertation globale sur la désignation des sites et monuments historiques. En effet, la Norvège a fait remarquer que nombres d'installations en Antarctique peuvent être prises en considération pour leurs valeurs historiques, ce qui pourrait mener à la désignation d'un grand nombre de sites historiques au fil des années. Une telle tendance pourrait aller à l'encontre des dispositions du Protocole relatif à la protection

de l'environnement concernant l'enlèvement des traces d'activités révolues. En accord avec la position de la Norvège, l'Allemagne a estimé que des discussions intersessions sur le sujet seraient d'un grand intérêt.

145. Plusieurs Membres ont partagé le point de vue de la Norvège. L'Argentine et les Etats-Unis ont rappelé la contribution de l'ambassadeur chilien Jorge Berguño à la gestion des sites et monuments historiques. Le Comité a estimé que la proposition ne revêtait pas de caractère urgent. Le Comité s'est plutôt prononcé en faveur d'un réexamen des procédures de désignation de sites et monuments historiques et a décidé d'intégrer cette tâche au plan de travail quinquennal.

Avis du CPE à la RCTA

146. Après examen de quatre propositions d'ajout de sites et monuments historiques, le Comité a décidé de transmettre toutes les demandes à la RCTA pour adoption.

#	Nom du site ou monument
Nouveau SMH	Emplacement du premier site de recherche installé par l'Allemagne en Antarctique, station Georg Forster, Oasis Schirmacher, Terre Dronning Maud
Nouveau SMH	Bâtiment du complexe de forage Professeur Kudryashov, station Vostok
Nouveau SMH	Partie supérieure de "Summit Camp", Mont Erebus
Nouveau SMH	Partie inférieure du"Camp E", Mont Erebus

Le document suivant a été présenté sous ce point de l'ordre du jour:

• BP 001 *Antarctic Heritage Trust Conservation Update 2013* (Nouvelle-Zélande)

9c) Lignes directrices pour les visites de sites

147. Le Royaume-Uni a présenté des documents conjointement élaborés avec l'Australie, l'Argentine et les Etats-Unis: il s'agissait du WP 15 *Questions de politiques découlant de l'examen sur place en 2013 des lignes directrices des sites ouverts aux visiteurs dans la Péninsule Antarctique*, WP 16 *Lignes directrices de sites pour i) Orne Harbour Land et ii) Orne Islands*, et WP 20 *Examen sur place des lignes directrices pour les sites ouverts aux visiteurs*

dans la Péninsule Antarctique : résumé du programme et proposition d'amendement de onze lignes directrices. Ces documents, ainsi que la brève présentation effectuée par le Royaume-Uni décrirent l'organisation et les résultats de l'étude de suivi sur site des lignes directrices réalisée par les co-auteurs IAATO en janvier 2013.

148. Le Royaume-Uni a précisé que l'équipe d'examinateurs n'avait pas détecté d'impacts significatifs résultants des visites de sites autres que ceux qui ont déjà fait l'objet de discussions au sein du Comité. Cette série de visites relativement brèves mais particulièrement intensives et ciblées, a permis de conclure que les lignes directrices remplissaient avec succès leur rôle d'orientation de la manière dont les groupes de visiteurs les mieux organisés utilisent les sites de manière à éviter tout impact environnemental négatif. Il a été toutefois indiqué que les lignes directrices constituent uniquement une partie d'un ensemble d'outils qui pourraient être déployés pour encadrer les visites.

149. Le Comité a félicité les co-auteurs pour leur contribution et a salué le rôle constructif de l'IAATO dans la réalisation de cette étude de terrain. Plusieurs Membres ont constaté que les recommandations émanant de cette étude recoupaient celles de l'étude du CPE sur le tourisme. La Fédération de Russie a estimé que cette étude de suivi sur site constituait un formidable modèle de coordination des efforts qui gagnerait à être appliqué aux autres zones de l'Antarctique sujettes aux activités humaines. L'Allemagne a activement soutenu la recommandation visant à réconcilier les lignes directrices génériques et les lignes directrices plus spécifiques à certains sites dans un nouveau format plus pratique et mieux intégré. L'IAATO a abondé dans le même sens en décrivant ce suivi sur le terrain comme un exercice de relations publiques édifiant ayant permis une étroite collaboration entre les Membres du Comité, les compagnies organisatrices de voyages ainsi que les touristes.

150. Plusieurs Membres ont manifesté leur soutien actif aux recommandations préconisant une surveillance continue des sites dans le but d'identifier tous impacts causés par les visiteurs et ont suggéré au Comité de discuter des modalités d'une telle surveillance. Restant sur cette note, la Nouvelle-Zélande a de nouveau insisté sur l'intérêt des données de longues séries chronologiques proposées par *Antarctic Site Inventory of Oceanites Inc.* La Norvège a également souligné que l'expérience de l'Arctique pourrait constituer une référence en matière de méthodologie d'évaluation de la vulnérabilité des sites.

151. L'ASOC a reconnu les vertus des lignes directrices spécifiques aux sites mais a par ailleurs vivement recommandé au Comité d'adopter une position stratégique vis-à-vis de la gestion du tourisme conformément à la résolution 7 (2009).

152. Le Royaume-Uni a répondu à une question de l'Allemagne en expliquant que même si les lignes directrices pour les visites de sites pour l'Île Orne contiennent moins de dispositions spécifiques que celles d'autres sites, le site est suffisamment important et méritait des lignes directrices spécifiques, compte tenu de son emplacement.

153. Le CPE a échangé autour des recommandations présentées dans le document WP 15 :

Le CPE a noté et approuvé la Recommandation 1 énonçant que : *Les Parties poursuivent les efforts pour s'assurer que tous les visiteurs des sites couverts par les Lignes directrices de la RCTA connaissent et utilisent les lignes directrices.* Cela devrait inclure les visites de loisir du personnel des Programmes antarctiques nationaux ainsi que celles organisées dans le cadre d'activités privées ou non commerciales.

Le CPE a examiné la Recommandation 2: *Le CPE pourrait envisager une enquête pour établir le niveau des visites récréatives du personnel des programmes antarctiques nationaux sur les sites ayant des lignes directrices de site en vigueur.* Le CPE a encouragé les Membres à fournir des informations sur les visites de loisir du personnel des programmes antarctiques nationaux des sites couverts par des lignes directrices. Le Royaume-Uni a proposé de coordonner un processus informel pour rechercher et rassembler des informations afin d'établir un rapport au XVIIᵉ CPE. Le Comité a d'autre part souligné les travaux en cours à la RCTA sur les recommandations relatives à l'étude du CPE sur le tourisme, pour l'élaboration de bases de données de visites, et a encouragé les Parties à envisager de mettre en place des moyens permettant d'assurer l'intégration des visites du personnel des programmes antarctiques nationaux à ces systèmes, une fois créés.

Le CPE a noté et approuvé la Recommandation 3 énonçant que : *Les Parties poursuivent les examens sur place des Lignes directrices, selon les besoins spécifiques à chaque site.* Le CPE a encouragé les Parties à intégrer les informations spécifiques aux sites dans les nouvelles lignes directrices ou lors de l'amendement des lignes directrices.

Le CPE a examiné la Recommandation 4 : *Les Parties travaillent à la mise en œuvre d'un programme de surveillance de site adéquat, y compris un ensemble de critères recommandé pour ce programme.* Le CPE a fait remarquer que cette recommandation va dans le sens des recommandations 6 et 7 de l'étude du CPE en ce qui concerne la surveillance.

Le CPE a examiné la Recommandation 5 : *Compte tenu de la conclusion du programme d'examen sur place de cette année selon laquelle il existe des sites particulièrement sensibles aux visites, il conviendrait que le CPE considère l'utilité d'effectuer une surveillance de l'impact des visiteurs à ces endroits spécifiques.* Le CPE a souligné que cette recommandation fait écho aux recommandations 3, 6 et 7 de l'étude du CPE sur le tourisme en ce qui concerne la surveillance.

Le CPE a examiné la Recommandation 6 : *Il conviendrait que tout débat du CPE autour de la question de la surveillance des sites prenne compte de l'inclusion des impacts non spécifiques aux sites (par exemple, les déchets ou autres objets).* Le CPE a mentionné que cette recommandation est liée aux recommandations de l'étude du CPE sur le tourisme en ce qui concerne la surveillance, et a encouragé les Parties à prendre en compte cette question dans leurs discussions futures.

Le CPE a noté et approuvé la Recommandation 7: *Il conviendrait que les Parties continuent à solliciter les contributions de l'IAATO et d'autres acteurs non gouvernementaux, le cas échéant, lors de la révision ou de la création de nouvelles lignes directrices de site.*

Le CPE a noté et approuvé la Recommandation 8 énonçant que, dans la mesure du possible :

- *des photos-cartes illustrées doivent être utilisées pour aider à l'interprétation sur place des dispositions des Lignes directrices du site ;*

- *un format de carte standard doit être élaboré pour une utilisation en comparaison aux lignes directrices de site ;*

- *les lignes directrices de site doivent inclure des indications sur la date de leur adoption et toute révision ultérieure ; et*

- *le CPE pourrait examiner l'avantage de réunir toutes les lignes directrices du site avec les lignes directrices générales de mêmes*

> *formats dans le cadre de la pochette de renseignements pratiques pour les visiteurs de l'Antarctique.*

Le CPE a noté et approuvé la Recommandation 9 : *Il conviendrait que le CPE encourage l'élaboration, par l'IAATO et d'autres acteurs non gouvernementaux, d'une évaluation de formation aux bonnes pratiques et/ ou de programmes d'accréditation pour les guides et chefs d'expédition Antarctique, en relevant les discussions du CPE en 2005 et 2006.* Le CPE a par ailleurs noté que l'engagement de la RCTA dans ces travaux serait souhaitable.

Le CPE a examiné la Recommandation 10 : *Notant que les manifestations visibles de dérangement sont importants à prendre en compte pour éviter de perturber la faune, il conviendrait que les Membres du CPE examinent la production de lignes directrices axées sur les visiteurs qui présentent une description détaillée de ces manifestations.* Le CPE encourage les Membres à fournir, en concertation avec le SCAR, des propositions relatives à cette recommandation.

154. Lors de l'examen des liens entre les recommandations énoncées dans le document WP 15 et les recommandations de l'étude du CPE sur le tourisme, il a été noté que la RCTA a demandé au CPE de traiter les Recommandations 3, 4, 6 et 7 où les Recommandations 3 et 6 ont été désignées comme domaines prioritaires.

155. Les États-Unis ont présenté le document WP 26, intitulé *Proposition d'amendement des lignes directrices de site du Traité sur l'Antarctique pour les visiteurs de l'Île Torgersen*, qui propose d'amender les lignes directrices existantes de manière à traiter la question des déclins significatifs que connaît la population des manchots Adélie de l'Île Torgersen. En réponse à une question de la France, les États-Unis ont déclaré que, les lignes directrices n'ayant pas de caractère obligatoire, il serait plus indiqué de décourager fortement les visites de début de saison, au lieu de les interdire. En réponse à une question de la Norvège concernant l'absence de référence sur la taille des navires, les États-Unis ont fait remarquer l'importance plus significative de la période des visites plutôt celle des effectifs de visiteurs sur ce site. Le Comité a approuvé l'amendement des lignes directrices pour ce site.

156. L'ASOC a remercié les États-Unis et noté qu'il s'agissait d'un excellent exemple d'application pratique du principe de précaution à la gestion de site.

157. Les États-Unis ont présenté le document WP 46, intitulé *Proposition d'amendement des lignes directrices de site du Traité sur l'Antarctique pour les visiteurs de Baily Head, île Déception*, préparé conjointement avec l'Argentine, le Chili, la Norvège, l'Espagne, le Royaume-Uni, l'ASOC et l'IAATO. Il a été noté que le groupe de gestion de l'île Déception a été invité à réviser ces lignes directrices suite au rapport indiquant une forte diminution (plus de 50 %) de la fréquence de reproduction des manchots à jugulaire à Baily Head, depuis le dernier recensement global en 1986/1987. Le Comité a approuvé l'amendement des lignes directrices pour ce site.

158. L'Équateur a présenté le document WP 64, *Carte mise à jour de l'île Barrientos*, qu'il propose d'insérer dans les lignes directrices existantes pour l'île Barrientos. Plusieurs Membres ont remercié l'Équateur pour ses travaux et l'IAATO a ajouté que la carte mise à jour était complète et facile à lire. Après quelques légères modifications des cartes suite à des commentaires émis lors de la discussion, le Comité a approuvé l'amendement des lignes directrices.

Avis du CPE à la RCTA

159. Suite à l'examen de 2 nouvelles lignes directrices pour les visites de site et 14 amendements aux lignes directrices pour les visites de site, le Comité est convenu de transmettre les lignes directrices pour les visites de site suivantes à la RCTA en vue de leur adoption :

- Port Yankee
- Île Half Moon
- Brown Bluff
- Pointe Hannah
- Île Cuverville
- Île Danco
- Port Neko
- Île Pleneau
- Île Petermann
- Pointe Damoy

- Pointe Jougla

- Baily Head, Île de la Déception

- Île Torgersen

- Île Barrientos

- Port Orne (nouveau)

- Îles Orne (nouveau)

---

160. Les États-Unis ont présenté le document IP 20, *Antarctic Site Inventory 1994-2013*, qui a fourni les résultats de l'inventaire des sites en Antarctique entrepris par Oceanites Inc. en février 2013. Les tendances clés identifiées par cet ensemble de données font état d'une croissance rapide des populations de manchots papous qui se déplacent vers le sud, ainsi que d'un déclin considérable des populations de manchots à jugulaire et manchots Adélie dans la péninsule antarctique occidentale.

161. L'IAATO a présenté le document IP 97, *Report on IAATO Operator Use of Antarctic Peninsula Landing Sites and ATCM Visitor Site Guidelines, 2012-13 Season*, signalant que le tourisme de croisière traditionnel représentait plus de 95 % de l'ensemble des débarquements, que 20 des sites les plus visités accueillait 72 % du total des débarquements, tandis que tous les sites les plus visités excepté Portal Point, était couverts par les plans de gestion correspondants. En réponse, le Royaume-Uni a offert de participer à l'élaboration de nouvelles lignes directrices pour Portal Point, si les Membres le jugent nécessaire.

162. L'IAATO a présenté le document IP102, intitulé *Barrientos Island Footpath Erosion*, qui récapitule les résultats d'une recherche interne menée par ses soins sur l'érosion des lits de mousse sur l'île Barrientos. L'Association a indiqué que ses membres continueraient d'interdire le passage sur les sentiers qui traversent la zone fermée B de l'île Barrientos jusqu'à ce que de nouvelles informations soient disponibles, et qu'elle envisagerait de mettre en place des moyens pour obtenir davantage de retour d'informations du personnel de terrain. Elle a également ajouté que le cas de l'île Barrientos démontre qu'il est nécessaire de disposer de plus amples informations pour les sites dans lesquels les pratiques de gestion ont été encouragées, bien que les lignes directrices pour les visites de site soient considérées comme bénéfiques.

163. L'Équateur a remercié l'IAATO pour ses recherches, et fait savoir au Comité que toutes les dispositions requises conformément à la Résolution 5 (2012) ont été prises et qu'il continuerait à le tenir informé sur cette question.

9d) Empreinte humaine et valeurs de la nature à l'état sauvage

164. La Nouvelle-Zélande a présenté le document WP 35, intitulé *Orientation possible à l'adresse des Parties afin de les aider à intégrer les valeurs de la nature sauvage dans les évaluations d'impact sur l'environnement*, ainsi que le document IP 39, intitulé *Intersessional report on the provision of guidance material to assist Parties to take account of wilderness values when undertaking environmental impact assessments*. La Nouvelle-Zélande a proposé que les Parties introduisent ces documents dans les lignes directrices pour l'évaluation de l'impact sur l'environnement en Antarctique, et les utilisent éventuellement dans le cadre d'une mise à jour plus large de ces lignes directrices.

165. Les Membres ont reconnu l'initiative permanente de la Nouvelle-Zélande au cours des discussions du Comité sur les valeurs de la nature à l'état sauvage. La proposition a reçu le soutien de nombreux Membres qui ont également exprimé leur souhait de poursuivre les discussions sur cette question. La France a mis en exergue certains des points complexes relatifs aux valeurs de la nature à l'état sauvage, notamment les questions d'échelles d'appréciation de la nature sauvage, ainsi que les divergences entre valeurs tangibles/ intangibles et entre valeurs esthétiques/l'état sauvage de la nature.

166. Le Japon a encouragé les Membres à fournir des exemples concrets de traitement des valeurs de la nature à l'état sauvage en vue de la protection de zone.

167. À la lumière des débats, la Nouvelle-Zélande a confirmé qu'elle poursuivra les travaux sur les valeurs de la natures à l'état sauvage, qui comprendront notamment l'amélioration des techniques et une collaboration avec les Parties intéressées pour contribuer à la révision des lignes directrices pour l'EIE en temps voulu. La Nouvelle-Zélande a souligné que la publication de l'ASOC dans le Forum du CPE contenait des exemples de traitement des valeurs de la nature à l'état sauvage dans les EIE.

168. L'ASOC a présenté le document IP 60, *Mapping and modelling wilderness values in Antarctica: contribution to CEP's work in developing guidance*

material on wilderness protection using protocol tools, qui reprend les recommandations d'un rapport produit par le Wildland Research Institute. S'appuyant sur l'examen d'une documentation traitant de la cartographie et de la modélisation de la qualité de la nature sauvage de par le monde, à l'aide de systèmes d'informations géographiques (SIG), le document recommande, entre autres, que le CPE adopte le postulat universel selon lequel l'on considère que les conditions de nature sauvage existent à un emplacement éloigné d'installations, sans accès par des véhicules mécaniques, et dans lequel l'être humain n'est pratiquement jamais intervenu. L'ASOC a invité les Parties à utiliser les outils du Protocole sur l'environnement pour prendre des mesures concrètes visant à protéger les valeurs de la nature à l'état sauvage.

169. Les Pays-Bas ont soutenu les recommandations de l'ASOC et suggéré qu'une perspective plus large de la nature à l'état sauvage dans le monde entier serait également nécessaire. En réponse à une question de la Fédération de Russie, l'ASOC a spécifié que son examen documentaire ne comprenait pas la mise au point d'une mesure quantitative de la nature sauvage antarctique.

170. Le COMNAP a présenté le document IP 33, intitulé *Analysis of national Antarctic program increased delivery of science*, faisant état des résultats d'une analyse réalisée par le programme antarctique national du Chili, l'Instituto Antartico Chileno (INACH). Cette analyse a permis d'identifier les procédures et les stratégies pour mettre en place davantage d'activités scientifiques tout en limitant l'empreinte humaine de son programme.

9e) Protection et gestion de l'espace marin

171. Les documents suivants ont été présentés sous ce point de l'ordre du jour :

- BP 17 *Antarctic Ocean Legacy Update 1: Securing Enduring Protection for the Ross Sea Region* (ASOC)

9f) Autres questions de l'Annexe V

172. Le Royaume-Uni a présenté le document WP 10, intitulé *Identification of potential climate change refugia for emperor penguins: a science-based approach,* selon lequel les changements climatiques sont susceptibles d'avoir une incidence négative sur l'aire de répartition des manchots empereurs et sur leur reproduction. Le Royaume-Uni a suggéré que les techniques de

télédétection répertoriées dans le document constitueraient une avancée considérable sur laquelle fonder la surveillance des sites vulnérables, notamment les ZSPA, et a recommandé que le CPE : a) reconnaisse la grande utilité de la télédétection comme technique permettant de recueillir des informations sur la variabilité de la population de manchots empereurs, liée aux changements climatiques localisés ; b) approuve la proposition énoncée dans ce document comme méthode appropriée pour identifier des zones refuges pour les manchots empereurs, à l'abri des changements climatiques ; et c) encourage les Parties développant des programmes de recherche sur les manchots empereurs à travailler de concert avec avec le Royaume-Uni dans le but de développer et appliquer ces techniques de surveillance à travers l'ensemble de la région antarctique.

173. Les Membres ont remercié le Royaume-Uni pour son document, et reconnu les bénéfices des techniques proposées. Plusieurs Membres ont ajouté que bien que la télédétection soit très utile, d'autres techniques complémentaires doivent être prises en considération, notamment des études sur le terrain permettant de valider la télédétection. La France a rappelé certaines limites à l'utilisation seule d'images satellitaires et que le suivi individuel de manchots empereurs à Dumont d'Urville fournit des informations utiles sur les paramètres démographiques permettant de mieux comprendre les variations de la taille des colonies en relation avec les changements climatiques. L'Allemagne et l'Argentine ont rappelé aux Membres les activités du groupe d'action du SCAR sur la télédétection, et ont proposé de collaborer avec ce dernier. L'Australie a signalé que son équipe scientifique étudiait également la télédétection, et a exprimé son souhait de collaborer avec le Royaume-Uni et d'échanger des informations.

174. Tout en remerciant le Royaume-Uni pour son approche de précaution, la Chine a indiqué que différents facteurs influencent la taille des colonies de manchots, que l'insuffisance des données issues de la télédétection peut notamment s'expliquer par une période d'observation limitée, et que certaines données ne peuvent être recensées que par le biais d'une recherche sur le terrain. La Fédération de Russie a confirmé que les variations dans les populations d'oiseaux et d'autres espèces ne sont pas uniquement liées aux changements climatiques, et que d'autres variables ont également un impact. Il a été suggéré qu'il serait intéressant de comparer la situation des colonies de manchots présentes en Antarctique orientale et occidentale, où les impacts du changement climatique sont différents.

175. Le SCAR a déclaré que son groupe d'action sur la télédétection, récemment constitué se réunira en juillet 2013 à Barcelone, à l'occasion du SCAR Biology Symposium. L'ASOC a fait remarquer que l'on connaît mal les répercussions des changements climatiques sur la biologie des manchots empereurs, et a exprimé son soutien à la proposition du Royaume-Uni de mener des études à grande échelle et à long terme.

176. Pour conclure, le Comité a approuvé la surveillance des colonies de manchots empereurs à l'aide de technique de télédétection pour identifier des zones refuges à l'abri des changements climatiques, et a encouragé les Membres à entreprendre des activités similaires dans d'autres régions de l'Antarctique. Le Comité a également mentionné que d'autres techniques doivent être employées en complément de la télédétection, et a accueilli favorablement l'offre du Royaume-Uni de mener des débats informels sur la question lors de les périodes intersessions.

177. En présentant son document WP 21, *Analyse des valeurs de la faune et de la flore des ZSPA et des ZGPA*, la Fédération de Russie a rappelé sa proposition de mettre en place des programmes de surveillance, notamment des espèces sauvages dans les régions où s'applique un plan de gestion, ou pour lesquelels un plan est proposé, en vue de collecter des preuves scientifiques pouvant inspirer des décisions quant à ces plans de gestion.

178. En réponse, plusieurs Membres ont réitéré leurs réserves formulées lors de précédentes réunions concernant la proposition de rendre obligatoire cette surveillance, notamment lors de la XVᵉ réunion du CPE.

179. La Fédération de Russie a remercié les Membres pour leurs observations et suggestions, et a indiqué qu'elle réviserait sa proposition pour en retirer l'aspect contraignant, bien que la Résolution 2 (2011) soit en tous points respectée.

180. Le Comité n'est pas parvenu à un consensus concernant la proposition de la Fédération de Russie sur la surveillance de l'environnement des zones protégées. Tandis que le CPE a exprimé sa gratitude à la Fédération de Russie pour avoir soulevé une problématique importante, plusieurs Membres ont réitéré leurs doutes quant à l'intérêt de la proposition. Par conséquent, le Comité est convenu de poursuivre les débats concernant la surveillance lors de la XVIIᵉ réunion du CPE.

181. Le Comité a favorablement accueilli la proposition de la Fédération de Russie de mener des débats informels intersessions sur cette question. Il a encouragé la participation des Membres intéressés et du SCAR.

182. La Fédération de Russie a présenté le document WP 22, intitulé *Régionalisation biogéographique russe de l'Antarctique comparée à la classification néo-zélandaise*, qui fait état de la définition par des scientifiques russes de classifications des principaux types de paysages à partir de paramètres environnementaux. La Fédération de Russie a souligné que ces travaux pourraient permettre d'élaborer de nouvelles classifications et de compléter celles existantes, telles que l'Analyse des domaines environnementaux adoptée au titre de la Résolution 3 (2008) et les Régions de conservation biogéographiques de l'Antarctique adoptées au titre de la Résolution 6 (2012).

183. Divers Membres ont remercié la Fédération de Russie pour son travail et exprimé vigoureusement leur soutien à la proposition. L'Australie a rappelé le document WP 23 (XXXVᵉ RCTA), qu'elle avait soumis conjointement avec la Nouvelle-Zélande et le SCAR, qui identifiait 15 régions de conservation biogéographiques distinctes et a souligné que l'intégration de données supplémentaires pourrait permettre de réaliser d'autres analyses et de parfaire la classification. La Nouvelle-Zélande a souligné l'importance de sans cesse revoir et parfaire les régions biographiques et les outils scientifiques associés, et a reconnu la contribution de la Fédération de Russie à cet égard.

184. Le SCAR a félicité la Fédération de Russie pour son document. Il a rappelé le document de travail WP 23 Rev. 1 (XXXVᵉ RCTA) présenté l'an dernier par l'Australie, la Nouvelle-Zélande et le SCAR, qui mentionnait que les régions de conservation biogéographiques de l'Antarctique sont basées sur l'analyse originale des domaines environnementaux de toute la région antarctique, préparée par la Nouvelle-Zélande. Pour obtenir ces différentes régions, l'analyse scientifique a inclus l'opinion d'experts et des données sur la répartition des organismes. Le SCAR a accueilli favorablement les perspectives supplémentaires apportées par la Fédération de Russie, qui permettront d'améliorer notre connaissance biogéographique de la région. Les données supplémentaires sur la biodiversité sont également bienvenues et pourraient être intégrées à la base de données sur la biodiversité du SCAR hébergée par l'Australie. En outre, la mise au point d'un système d'observation terrestre et des rivages de l'Antarctique par des scientifiques australiens aidera le CPE dans ses travaux. Ces nouvelles données, en particulier celles issues d'études génétiques, apporteront de plus amples

connaissances sur l'influence de l'histoire sur la biographie. Deux nouveaux programmes de recherche du SCAR, État de l'écosystème antarctique et Seuils antarctiques - Résilience et adaptation des écosystèmes, offrent un moyen pour intégrer les informations biogéographiques fournies par des scientifiques de la Fédération Russe ou d'ailleurs.

185. Le Comité est convenu que les travaux entrepris par la Fédération de Russie complétaient les activités précédentes réalisées par l'Australie, la Nouvelle-Zélande et le SCAR, et que les données fournies présentaient un intérêt.

186. La Belgique a présenté le document WP 39, intitulé *Empreinte humaine dans l'Antarctique et conservation à long terme des habitats microbiens terrestres*, préparé en collaboration avec le SCAR, l'Afrique du Sud et le Royaume-Uni, qui met en exergue les éléments pouvant représenter une menace pour la conservation des écosystèmes microbiens terrestres dans l'Antarctique, ainsi que l'avenir de la recherche scientifique portant sur ces écosystèmes. La Belgique a attiré l'attention sur le fait que les récents progrès des techniques enregistrés dans le domaine de la biologie moléculaire ont révélé la présence de diverses communautés microbiennes et d'espèces endémiques à l'Antarctique. En conséquence, les contributeurs ont recommandé que : a) la contamination microbienne des sites vierges soit prise en compte par les Parties et leur EIE dans le cadre d'activités menées dans des emplacements ayant rarement fait l'objet de visites ; et b) que le système des zones protégées soit utilisé plus activement pour assurer la protection des habitats microbiens en vue d'activités scientifiques futures et pour leur propre valeur intrinsèque, notamment par la désignation de zones encore vierges de toute intrusion humaine.

187. Les Membres ont remercié la Belgique et ses co-auteurs pour leur contribution, appuyée par des données scientifiques approfondies, et ont reconnu l'importance de cette question. Ils ont par ailleurs soulevé plusieurs problématiques, notamment : les difficultés de contrôler le transport d'organismes microbiens ; la définition du terme « vierge » appliqué aux micro-organismes de l'Antarctique ; la possibilité de définir des zones interdites ; et l'absence de méthode de décontamination. Il a été proposé d'inclure des micro-organismes aquatiques, et l'importance de la recherche écologique a été soulignée.

188. Certains Membres ont soulevé l'importance des travaux visant à protéger les habitats microbiens et un soutien général aux recommandations du document WP 39 a été exprimé.

189. Le Royaume-Uni a présenté le document IP 111, intitulé *Gestion des zones spécialement protégées de l'Antarctique: permis, visites et pratiques d'échange d'information,* préparé en collaboration avec l'Espagne, qui livre des informations sur les moyens utilisés par les Parties pour échanger des données en lien avec les visites réalisées dans les ZSPA. Les Parties ont interprété et mis en œuvre la législation sur les aires protégées de différentes manières. Certaines Parties n'ont pas fourni dans les délais annuels requis des informations complètes sur la fréquentation des ZSPA dans le SEEI. Les estimations de taux de fréquentation des ZSPA variaient considérablement, avec, en moyenne, le niveau de visites le plus important dans (i) les ZSPA situées au sein de la péninsule antarctique et de la mer de Ross et (ii) les ZSPA désignées pour la protection des valeurs historiques. Le Royaume-Uni et l'Espagne ont conclu que, sans une divulgation complète et cohérente de la part des Parties, l'utilité des données sur la fréquentation des ZSPA quant aux pratiques de gestion environnementale générales et propres aux ZSPA serait probablement limitée.

190. Plusieurs Membres ont fait part de leur préoccupation concernant l'absence de données sur la fréquentation des ZSPA et ont recommandé de renforcer l'échange d'informations exhaustives conformément aux dispositions de l'Article 10 de l'Annexe I au protocole de Madrid, pour permettre une gestion des activités plus coordonnée et plus efficace au sein des ZSPA. Ils ont également ajouté qu'un examen futur pourrait être entrepris pour revoir les conditions d'échange d'informations et les réviser le cas échéant, pour assurer que les rapports des Parties fournissent les données les plus pertinentes en vue de la gestion des zones protégées. L'ASOC a également fait remarquer que la problématique de l'échange d'informations limité concernait plus largement à la fois la RCTA et le CPE, notamment en ce qui concerne les inspections et la prospection biologique.

191. L'Équateur a présenté le document WP 55, intitulé *Recovery of moss communities on the tracks of Barrientos Island and tourism management proposal,* préparé en collaboration avec l'Espagne, qui décrit les résultats du système de surveillance des visiteurs, et fournit une évaluation de l'état du couvert végétal menant à l'île Barrientos. Le document propose de mettre en place des activités supplémentaires de contrôle à la fois des sentiers principaux et côtiers, et a encouragé les Parties à élaborer des mesures spécifiques de gestion des visiteurs pour la pointe occidentale de l'île.

192. Le Royaume-Uni, la France et l'Argentine ont proposé de maintenir la fermeture des sentiers en question et ont exprimé leur volonté de contribuer

à l'élaboration de lignes directrices de gestion. En réponse à une question de la France, l'Equateur a spécifié que les cas connus d'utilisation des sentiers principaux et côtiers sont probablement dus à une mauvaise interprétation des cartes. L'IAATO a déclaré que ses membres ont décidé de ne pas utiliser ces chemins, et qu'elle était également disposée à contribuer à l'élaboration de lignes directrices. Selon l'ASOC, l'approche de l'Espagne et de l'Équateur constitue un modèle de gestion des zones soumises à des visites fréquentes.

193. Les documents suivants ont été présentés sous ce point de l'ordre du jour :

- IP 35 *Plante herbacée non indigène Poa pratensis à Pointe Cierva, Côte Danco, Péninsule Antarctique état des recherches et stratégies d'éradication* (Argentine, Espagne et Royaume-Uni)

- IP 46 *Rapport du groupe de gestion sur la zone gérée spéciale de l'Antarctique (ZGSA) n° 6 Collines Larsemann* (Australie, Chine, Inde et Fédération de Russie)

- IP 73 *Essai en Antarctique du système d'évaluation rapide de la résilience de l'écosystème circum-arctique du WWF (RACER) Outil de planification de la conservation: premières découvertes* (Royaume-Uni et Norvège)

- BP 10 *Elaboration d'un système de protection d'une zone géothermique: grottes glaciaires volcaniques à Mont Erebus, Île Ross* (Etats-Unis et Nouvelle-Zélande)

Point 10 - Conservation de la faune et de la flore de l'Antarctique

10a) Quarantaine et espèces non indigènes

194. L'Allemagne a présenté le document de travail WP 19, qui rend compte du projet de recherche intitulé « *Impact des activités humaines sur les organismes présents dans les sols de l'Antarctique maritime et introduction d'espèces non indigènes en Antarctique* », notamment sur les mesures de biosécurité visant la prévention du transfert et de l'introduction d'organismes non indigènes dans les sols en Antarctique. L'Allemagne a également fait référence au document d'information IP 55 et aux informations figurant dans le rapport final du projet de recherche qui peut être consulté à l'adresse suivante : *http://www.umweltbundesamt.de/uba-info-medien/4416.html.*

195. Plusieurs Membres ont salué les efforts scientifiques de l'Allemagne et ont souligné les facteurs de risques d'introduction d'organismes non indigènes, notamment l'augmentation des visites et le changement climatique. La Nouvelle-Zélande a attiré l'attention sur la nécessité d'adopter une approche préventive. Le SCAR a rappelé les découvertes de l'étude « Aliens in Antarctica », présenté au cours de la RCTA XXXV en 2012. En effet ce rapport d'étude concluait que si l'on envisageait les résultats dans une perspective « per capita », les scientifiques représenteraient la catégorie de visiteurs transportant le plus de propagules de plantes. Par conséquent toutes les catégories de visiteurs devraient être considérées comme susceptibles d'introduire des espèces non indigènes dans la région.

196. Le Comité a félicité l'Allemagne pour la qualité de sa recherche et a adopté les recommandations y afférentes. Le Comité a ensuite convenu de poursuivre ce travail sous la direction de l'Allemagne, dans le cadre d'un groupe de discussion informel et à composition non limitée. Le Comité a précisé par ailleurs que le SCAR, l'IAATO et l'ASOC étaient tous disposés à contribuer à ce travail.

197. Autres documents soumis sous ce point de l'ordre du jour :

   - IP 28, *Etat des colonies d'espèces non indigènes identifiées dans l'environnement terrestre antarctique (mis à jour en 2013)* (Royaume-Uni)

   - IP 35, *Plante herbacée non indigène Poa pratensis à Pointe Cierva, Côte Danco, Péninsule Antarctique– état des recherches et stratégies d'éradication* (Argentine, Espagne, Royaume-Uni).

   - BP 9 *Nouveau cargo et nouvelles infrastructures opérationnelles australiennes pour la biosécurité en Antarctique* (Australie)

10b) Espèces spécialement protégées

198. Aucun document n'a été soumis sous ce point de l'ordre du jour

10c) Autres questions relevant de l'Annexe II

199. Le COMNAP a présenté le document d'information IP 31, *Utilisation des installations hydroponiques par les programmes nationaux antarctiques*

qui étudie les impacts environnementaux potentiels des installations hydroponiques mis en place dans le cadre des programmes nationaux antarctiques menés par l'Australie, la Nouvelle-Zélande et les Etats-Unis, et examine les mesures de gestion de risques mises en place.

Point 11 - Surveillance de l'environnement et établissement des rapports

200. La Belgique a présenté le document de travail WP 37, *www.biodiversity.aq*: *Le nouveau Réseau d'information sur la biodiversité antarctique,* élaboré en collaboration avec le SCAR ; ce document décrit le portail de la biodiversité antarctique qui a été rénové. Ce portail est inspiré et a été alimenté par le Réseau d'information sur la biodiversité marine du SCAR ainsi que par le Centre d'information sur la biodiversité antarctique. Le SCAR a montré comment le portail permettait d'accéder aux données marines et terrestres concernant la biodiversité en Antarctique.

201. L'Australie a manifesté un accueil enthousiaste au portail de la biodiversité antarctique et a affirmé qu'elle souhaitait collaborer étroitement avec la Belgique afin de renforcer les synergies entre la base de données sur la biodiversité gérée par *Australian Antarctic Data Centre* au nom du SCAR.

202. Plusieurs Membres ont exprimé leur soutien à l'élaboration du portail et ont remercié la Belgique ainsi que le SCAR pour leur contribution qui a permis d'améliorer l'accessibilité des données sur la biodiversité par la communauté scientifique et le grand public.

203. Certains Membres ont partagé leurs préoccupations quant à l'interopérabilité avec le portail des environnements antarctiques, le financement à long terme, le financement par le secteur privé, la cartographie et le niveau d'implication du Comité dans la gestion de ce portail.

204. Répondant à la question posée par l'Allemagne et le Brésil, le SCAR et la Nouvelle-Zélande ont précisé que le portail envisagé serait un réceptacle de données brutes, tandis que le portail des environnements de l'Antarctique géré par la Nouvelle Zélande fournit des synthèses basées sur des publications scientifiques évaluées par des pairs qui sont davantage axées sur les priorités du CPE.

205. L'Argentine a exprimé son inquiétude relative au fait que le portail pourrait dépendre de sources de financement privées mais également sur la portée de

certaines cartes intégrées au portail affichant des zones situées en dehors des limites géographiques couvertes par le Traité sur l'Antarctique. L'Argentine a ensuite fait de nouveau référence à son document de travail WP 58. *Contributions au débat sur l'accès à l'information liée à l'environnement et à sa gestion dans le cadre du système du Traité sur l'Antarctique.*

206. Le Pérou a déclaré partager les préoccupations de l'Argentine en ce qui concerne la portée géographique du portail sur la biodiversité antarctique ; Il a indiqué par ailleurs qu'il ne pouvait soutenir le projet de résolution présenté dans le document de travail WP 37 dans la mesure où l'une des institutions impliquées dans le portail *www.biodiversity.aq*, dénommée *Ocean Biogeographic Information System* (OBIS), avait présenté des cartes du Pérou qui étaient erronées.

207. Le Comité a pris acte de l'initiative du portail *www.biodiversity.aq* et a reconnu son grand intérêt.

208. Le SCAR a présenté le document d'information IP 19, *Première prospective du SCAR sur la science de l'Antarctique et de l'Océan austral* dont le but est de réunir 50 des plus grands scientifiques mondiaux spécialistes de l'Antarctique, des décideurs politiques, des leaders et des visionnaires qui seraient chargés d'identifier les problématiques scientifiques les plus importantes qui devraient faire l'objet de recherches dans et à partir de la région polaire australe dans les vingt prochaines années. La perspective d'un tel travail de ciblage serait d'harmoniser les programmes, les ressources et les projets internationaux.

209. La République de Corée a présenté le document d'information IP 27, *Atelier conjoint Corée/Allemagne sur la surveillance de l'environnement à l'Îles du Roi-George,* préparé en collaboration avec l'Allemagne. Ce document récapitule les conclusions des séances de l'atelier qui s'est tenu à Séoul en avril 2013. L'Île du Roi-George constitue un site propice à l'étude des impacts des activités humaines et du changement climatique, par exemple à travers la collecte et l'analyse de données dans une perspective de long terme à partir d'un programme de surveillance intégré. Le dialogue entre la Corée et l'Allemagne devrait se poursuivre de façon régulière notamment à travers des réunions annuelles auxquelles la participation de tous les scientifiques qui souhaiteraient apporter leur contribution aux activités de surveillance et de recherche à baie Maxwell serait la bienvenue.

210. L'ASOC a présenté le document d'information IP 67, *Les problématiques de gestion liées aux comportements des touristes*, qui se penche sur les questions liées aux comportements des touristes de l'Antarctique au regard des tendances touristiques actuelles. Le document propose une approche stratégique à la gestion et à la réglementation du tourisme, notamment par le biais des zones spécialement protégées et des zones gérées spéciales qui pourraient constituer des instruments de gestion plutôt qu'un raisonnement axé sur une réglementation spécifique ciblant les comportements des touristes avec l'élaboration de lignes directrices spécifiques aux visites de sites.

211. Les autres documents soumis sous ce point de l'ordre du jour sont:

- IP 5, *The Southern Ocean Observing System (SOOS) 2012 Report* (SCAR)

- IP 76, *Rapport portant sur l'accident d'une pelleteuse à la station Mario Zucchelli, mer de Ross, Antarctique* (Italie)

- IP 29, *Surveillance des zones spécialement protégées de l'Antarctique par le biais de la télédétection : évolution de l'utilisation des données multispectrales et hyperspectrales dans la surveillance de flore antarctique* (Royaume-Uni)

- IP 59, *Derniers incidents de navigation dans les eaux antarctiques* (ASOC)

- IP 66, *Déversement des eaux usées et des eaux grises des navires dans les eaux de la zone du Traité sur l'Antarctique* (ASOC)

- IP 107, *Centre de recherche et de surveillance environnementale de l'Antarctique (CIMAA): Avancées en matière de surveillance de la qualité de l'eau et opportunités de coopération* (Chili).

Point 12 - Rapports d'inspection

212. L'Allemagne a présenté le document de travail WP 4, *Inspection par l'Allemagne et l'Afrique du Sud conformément à l'article VII du Traité sur l'Antarctique et l'article 14 du Protocole au Traité sur l'Antarctique relatif à la Protection de l'environnement: janvier 2013* et a également fait référence au document d'information IP 53 qu'elle a préparé conjointement avec l'Afrique du Sud. L'inspection des stations Troll (Norvège), Halley VI (Royaume-Uni), Princesse Elisabeth (Belgique) et Maitri (Inde) du 8 au

29 janvier 2013 n'a fait état d'aucune infraction aux dispositions du Traité sur l'Antarctique, ni du Protocole au Traité sur l'Antarctique relatif à la protection de l'environnement même si les mesures de protection diffèrent d'une station à l'autre. Les recommandations de l'équipe d'inspection en matière d'environnement portaient entre autres sur : le remplacement des incinérateurs obsolètes, l'enlèvement des objets et dispositifs non opérationnels, l'amélioration des mesures de prévention et d'intervention en cas de déversement de carburants, la surveillance et l'élimination des eaux résiduaires traités, la mise en œuvre de mesures de prévention de l'introduction d'espèces non indigènes et la vérification effective de la détention par les visiteurs des permis requis. L'équipe d'inspection a également préconisé pour les prochaines inspections, l'utilisation des rapports d'inspections précédents comme point de référence.

213. L'Afrique du Sud a témoigné de l'accueil chaleureux reçu par ses inspecteurs dans toutes les stations où ils sont intervenus. Les Membres dont les stations ont fait l'objet d'inspections ont remercié l'Allemagne et l'Afrique du Sud pour les rapports qu'ils ont élaboré, ont ensuite confirmé qu'ils envisageaient de mettre en œuvre les recommandations formulées dans ces rapports, et ont enfin souligné que ces inspections constituent une motivation supplémentaire vers le perfectionnement de l'ensemble des dispositifs et permettent de contrôler activement les programmes antarctiques nationaux.

214. La Norvège a remercié l'Allemagne et l'Afrique du Sud pour la précision de leur rapport d'inspection et a souligné l'importance des inspections en Antarctique, autant pour garantir le maintien des principes du Traité sur l'Antarctique que pour contrôler et conserver l'équilibre des activités menées à titre individuelle. La Norvège a noté par ailleurs que l'inspection avait fourni des éléments intéressants pour la poursuite d'activités respectueuses de l'environnement à Troll. Elle a ensuite tenu à préciser que les permis nécessaires aux activités avaient été obtenues et emportés par les scientifiques norvégiens qui menaient des activités à l'intérieur de la ZSPA n° 142 même si une copie du permis n'était pas disponible à la station Troll au moment l'inspection. En ce qui concerne les recommandations d'ordre général, la Norvège appuiera toute approche de partage des installations et des services justifiée par des motivations environnementales.

215. Concernant la station Maitri, l'Inde a indiqué que des contraintes logistiques avaient empêché son personnel de décharger plusieurs équipements. L'Inde a annoncé qu'elle était en train d'élaborer un plan visant l'application des meilleures pratiques en matière de normes environnementales dans

les stations de recherche qu'elle gère en Antarctique. Par conséquent, le fonctionnement de l'incinérateur de Maitri devrait être amélioré grâce à un dispositif de contrôle des émissions dès la saison prochaine. La sécurisation des réservoirs de combustibles devrait être renforcée et le système de traitement des eaux usées également amélioré de façon progressive.

216. Le Royaume a fait référence au document d'information IP 37 de la RCTA XXXVI portant sur la station Halley VI en confirmant que la station était ouverte et entièrement opérationnelle. En effet la station a été récemment distinguée dans le cadre du programme de l'OMI *Global Atmosphere Watch*. Le Royaume-Uni a par ailleurs renouvelé ses remerciements aux parties qui ont bien voulu partager leurs infrastructures afin de minimiser les impacts environnementaux.

217. Le Royaume-Uni a ensuite présenté le document de travail WP 9, *Recommandations générales issues des inspections conjointes menées par le Royaume-Uni, les Pays-Bas et l'Espagne conformément à l'article VII du traité sur l'Antarctique et l'article 14 du Protocole relatif à la protection de l'environnement* et a fait référence au document d'information IP 38, *Report of the Joint Inspections undertaken by the United Kingdom, the Netherlands and Spain under Article VII of the Antarctic Treaty and Article 14 of the Environmental Protocol* préparé en collaboration avec les Pays-Bas et l'Espagne. Les inspections effectuées du 1 au 14 décembre 2012 dans 12 stations permanentes, trois stations inoccupées, trois sites historiques, quatre bateaux de croisière, un yacht et le site d'une épave n'ont fait état d'aucune infraction notoire aux dispositions du Traité sur l'Antarctique ni du Protocole au Traité sur l'Antarctique relatif à la protection de l'environnement. L'équipe d'inspection a émis des recommandations concernant la protection de l'environnement. Elle préconise notamment l'élaboration d'une EIE en amont des nouveaux projets et activités et la gestion conjointe par les stations de l'ensemble des infrastructures et services communs dans la mesures du possible. Ces infrastructures et services comprennent notamment les dispositifs d'entreposage des combustibles, les systèmes de production d'énergie et d'eau, l'hébergement, la gestion des déchets. Leur mise en commun permettrait de prévenir les impacts cumulatifs de leurs activités.

218. L'Espagne et les Pays-Bas ont remercié le Royaume-Uni d'avoir organisé l'inspection et ont témoigné leur gratitude au personnel des stations inspectées pour leur hospitalité et leur coopération. L'Espagne a insisté sur la recommandation concernant la vérification fréquente des dispositifs d'entreposage de combustibles en prévention des fuites et de la corrosion.

219. Le Brésil, le Chili, la Chine, la Pologne, la République de Corée, l'Argentine et la Fédération de Russie ont informé le Comité qu'ils étaient tous engagés dans un processus de réflexion et de mise en œuvre des recommandations spécifiques pertinentes émises sur la gestion de leurs stations.

220. La Fédération de Russie a loué les avantages du partage des infrastructures et des ressources préconisé par les recommandations issues des inspections mais a cependant émis quelques réserves quant à la mise en œuvre concrète de cette initiative étant données les contraintes d'ordre pratique et les différences en matière de législation nationale pour l'application des dispositions du Protocole relatif à la protection de l'environnement.

221. L'IAATO a réagi à une des recommandations portant sur la détermination d'un effectif seuil correspondant à la capacité d'accueil maximale pour les sites les plus visités, en faisant remarquer que des indicateurs tels que la portée des activités ainsi que le comportement des visiteurs lui paraissaient plus pertinents pour mesurer l'impact potentiel sur l'environnement.

222. La Malaisie a déclaré avoir bénéficié de l'appui de la coopération internationale en Antarctique. Elle a souligné que même si le pays n'a pas mis en place une station en Antarctique, il a produit des diplômés de haut niveau titulaires de Doctorats et de Masters spécialisés sur l'Antarctique avec l'appui des autres parties au Traité.

223. La Fédération de Russie a présenté le document d'information IP 45 *Rapport de la Russie – Inspection conjointe en Antarctique avec les Etats-Unis, 29 novembre– 06 décembre 2012*. Ce document a été préparé conjointement avec les Etats-Unis. Il porte sur les inspections menées dans les stations de Maitri (Inde), Zhongshan (Chine), Bharati (Inde), Syowa (Japon), Princesse Elisabeth (Belgique) et Troll (Norvège), entre le 29 novembre et le 6 décembre 2012. Toutes les stations étaient gérées de manière satisfaisante et respectaient au moment de l'inspection les dispositions du Traité sur l'Antarctique et du Protocole relatif à la protection de l'environnement. Des recommandations dans le domaine de l'environnement ont été suggérées. Il s'agit notamment de s'assurer de la bonne compréhension des dispositions de l'Annexe 1 du Protocole concernant l'EIE, par le personnel des stations. Il a été également recommandé que les programmes nationaux antarctiques envisagent la mise en place d'un système de surveillance des impacts potentiels des activités des stations sur l'environnement dans le cadre de leurs programmes scientifiques.

224. Les Etats-Unis ont remercié la Russie pour sa collaboration de même que l'ensemble du personnel impliqué dans l'inspection.

225. Toutes les parties qui ont été inspectées ont loué l'exhaustivité des inspections conjointes menées par les Etats-Unis et la Russie. L'Inde a expliqué qu'elle s'est engagée dans un processus d'élaboration d'un plan de mise en œuvre des recommandations et qu'elle ne manquerait pas de tenir le Comité informé de l'évolution de son plan. Le Japon a confirmé qu'il était en train de remédier aux problèmes de gestion des déchets mentionnés sur le rapport d'inspection. La Norvège a pris bonne note de la recommandation visant à intégrer la surveillance des impacts des activités des stations aux programmes scientifiques.

226. L'ASOC a relevé que les aspects négatifs mentionnés dans le rapport d'inspection rappellent les remarques déjà évoquées par le passé et s'est inquiété des disparités entre parties quant à l'application des dispositions du Protocole relatif à la protection de l'environnement. En effet certaines parties appliquent rigoureusement les dispositions tandis que d'autres les appliquent avec moins de rigueur. L'ASOC a observé que la pratique des inspections régulières contribuerait à améliorer les normes de mise en œuvre du Protocole.

227. La Chine a rappelé au Comité le fait que l'équipe d'inspection est arrivé le jour du réapprovisionnement de leur station et que tout le personnel était alors mobilisé par cette tâche. Elle a également fait remarquer que certains problèmes soulevés par le rapport ont été traités entretemps.

228. L'Uruguay a présenté le document de travail WP 51 rev. 1 *Disponibilité à titre complémentaire par le biais du Secrétariat du Traité sur l'Antarctique, des listes d'observateurs des parties consultatives*, élaboré conjointement avec l'Argentine. Dans ce document, les deux parties recommandent que les parties consultatives informent le Secrétariat, en plus de la notification par voie diplomatique, de toute nomination d'observateurs pour la réalisation d'inspections. Ils recommandent en outre que le STA intègre cette information dans sa base de données et la mette à disposition des parties lors des échanges d'informations pré-saison.

229. L'Italie a attiré l'attention du comité sur les documents d'information IP 77 *Réponse de l'Italie aux Etats-Unis/ Inspection par la Russie de la station Mario Zucchelli en 2012* (Italie) et IP 16 *Etat du fluide de forage présent*

dans le puits EPICA, station Concordia : réponse à l'inspection Etats-Unis /Russie de 2012 (France et Italie). Ces documents apportaient des réponses à certaines questions soulevées lors de l'inspection conjointe Etats-Unis/ Russie de 2012 portant essentiellement sur la transposition des dispositions du Traité dans la législation nationale ainsi que sur l'état du fluide de forage présent dans le puits EPICA à la station Concordia. L'Italie a souligné que ces situations illustrent l'efficacité des inspections en tant qu'outil de renforcement de la prise de conscience des problématiques de politique intérieure.

Point 13 - Questions générales

230. Le SCAR a présenté le document d'information IP 83, *Carte bathymétrique internationale de l'Océan austral (IBCSO) : première publication*, et a vivement encouragé les parties à continuer à alimenter la base de données du IBCSO. La carte ainsi que les données sont téléchargeables et des informations complémentaires sont disponibles sur le site *www.ibcso.org*.

231. Lors de la présentation de son document d'information IP 104 *La Colombie en Antarctique*, la Colombie a relaté le processus de création de nouvelles organisations destinées à promouvoir ses activités en Antarctique. Elle a notamment signalé qu'elle serait bientôt en mesure de ratifier le Protocole au Traité sur l'Antarctique relatif à la protection de l'environnement et de rejoindre les autres parties qui mènent des activités de recherches.

232. La Turquie a exprimé son intérêt croissant pour les activités menées dans l'arène de l'Antarctique. Elle a d'ailleurs communiqué son intention d'y installer une station. Elle a déclaré vouloir coopérer activement avec les autres Membres dans ce sens.

233. Le Portugal a évoqué l'intérêt de mener des discussions dans le cadre de la CPE XVII sur l'importance de l'éducation et de la sensibilisation. La Belgique a réagi à sa déclaration en rappelant la tenue d'un forum scientifique « Accueillons les pôles à Bruxelles ! » du 25 au 26 mai 2013 au Palais des Académies. Cet événement est organisé par l'association des jeunes chercheurs en sciences polaires *Association of Polar Early Career Scientists* (APECS).

234. Le Brésil a reconnu l'importance de l'éducation et de la sensibilisation dans le cadre du CPE. Il a en effet estimé que l'initiative d'APECS Belgique au

cours du week-end du 25 et 26 mai 2013 est un exemple à suivre. Dans le cadre de ces événements, sont prévues des débats scientifiques et éducatifs animés par des scientifiques renommés de la Belgique mais aussi du Portugal et du Brésil. Il s'agit à la fois, d'un espace de promotion de la recherche scientifique auprès des jeunes et de sensibilisation aux activités éducatives auprès du grand public. Le Brésil qui accueillera la prochaine RCTA/CPE à Brasilia, a noté qu'il envisageait de poursuivre sur cette lancée et de contribuer ainsi à asseoir une nouvelle tradition au fil des années. Plusieurs Membres ont suggéré que l'éducation et la sensibilisation soient intégrées à l'ordre du jour de la CPE XVII.

235. Autres documents soumis sous ce point de l'ordre du jour :

- IP 7, *État des lieux de la gestion de l'environnement du Japon en Antarctique, en référence aux pratiques d'autres programmes antarctiques nationaux* (Japon)

Point 14 - Élection du Bureau

236. Le Comité a élu le Dr. Polly Penhale, des Etats-Unis d'Amérique, Vice-présidente du CPE et l'a félicitée pour son élection à ce poste.

237. Le Comité a chaleureusement remercié Mme Veronica Vallejos du Chili d'avoir exercé la fonction de Vice-présidente pendant son mandat.

Point 15 - Préparatifs de la prochaine réunion

238. Le Comité a adopté l'ordre du jour prévisionnel de la CPE XVII (Appendice 2).

Point 16 - Adoption du rapport

239. Le Comité a adopté son rapport.

Point 17 - Clôture de la réunion

240. Le Président a clos la réunion le vendredi 24 mai 2013.

Annexe 1

Ordre du jour du CPE XVᵉ et Récapitulatifs des documents

1. OUVERTURE DE LA RÉUNION	
2. ADOPTION DE L'ORDRE DU JOUR	
SP 1 rev. 2	*RCTA XXXV I ET CPE XV I ORDRE DU JOUR ET PROGRAMME*
SP 12	*CPE XVI RÉSUMÉS DES DOCUMENTS*
3. DISCUSSION STRATÉGIQUE SUR LES FUTURS TRAVAUX DU CPE	
WP 7 France	*PLAN QUINQUENNAL DU CPE ADOPTÉ LORS DU CPE XV À HOBART.* Ce document présente le Plan quinquennal du CPE tel qu'il a été adopté lors du CPE XV afin qu'il soit examiné et mis à jour lors du CPE XVI.
WP 28 Australie, Belgique, Nouvelle Zélande, Norvège et SCAR	*PORTAIL DES ENVIRONNEMENTS DE L'ANTARCTIQUE: RAPPORT D'ACTIVITÉS.* Lors du CPE XV, la Nouvelle Zélande, le SCAR et l'Australie avaient présenté le concept du Portail des environnements de l'Antarctique. Ce document relate l'évolution du portail, aborde les problèmes soulevés lors des réunions informelles tenues durant les périodes intersessions et expose les prochaines étapes du projet.
WP 58 Argentine	*CONTRIBUTIONS AUX DISCUSSIONS RELATIVES À L'ACCÈS ET À LA GESTION DES INFORMATIONS CONCERNANT L'ENVIRONNEMENT DANS LE CADRE DU SYSTÈME DU TRAITÉ SUR L'ANTARCTIQUE.* L'Argentine soutient que toute information communiquée en rapport avec le Comité pour la protection de l'environnement ou le Traité sur l'Antarctique doit dans la forme et le fond, préserver l'esprit de consensus dans lequel les échanges sont réalisés, en particulier si l'objectif fondamental de cette information est de contribuer aux processus d'aide à la prise de décisions.
IP 61 ASOC	*IMPACTS HUMAINS EN ARCTIQUE ET EN ANTARCTIQUE: DÉCOUVERTES IMPORTANTES POUR LA RCTA ET LE CPE (HUMAN IMPACTS IN THE ARCTIC AND ANTARCTIC : KEY FINDINGS RELEVANT TO THE ATCM AND CEP).* Ce document traite des deux projets lancés lors de la Conférence scientifique d'Oslo sur l'année polaire internationale en 2010 et qui portaient sur les impacts humains et les scénarios futurs pouvant être envisagés pour l'environnement de l'Antarctique. L'ASOC explique que la plupart des scénarios envisagés tendent à converger vers la conclusion que les pratiques de gestion et le système de gouvernance actuel ne suffisent pas pour respecter les obligations du Protocole relatif à la protection de l'environnement de l'Antarctique.

4. Fonctionnement du CPE	

5. Cooperation avec d'autres Organisations	
WP 49 Belgique, Allemagne & Pays-Bas	Le rôle du système du Traité sur l'Antarctique dans l'élaboration d'un réseau général d'aires marines protégées. Ce document aborde la question de la responsabilité des Parties en matière de protection de l'environnement et de préservation des ressources marines vivantes dans le cadre des accords internationaux qui régissent le système du Traité sur l'Antarctique, ainsi que les rapports entre ces deux notions. Le document de travail souligne les travaux menés jusqu'ici pour l'établissement d'un système représentatif des aires marines protégées dans le cadre de la Convention du CCAMLR, et invite le CPE à reconnaître ces efforts et à encourager leur aboutissement rapide et couronné de succès.
IP 3 COMNAP	Rapport annuel 2012 du Conseil des directeurs des programmes antarctiques nationaux (COMNAP). Ce document présente les temps forts et les réalisations notamment les produits et outils élaborés en 2012.
IP 4 SCAR	Rapport annuel 2012/13 du Comité scientifique pour la recherche en Antarctique (SCAR). Ce document expose les nouveaux programmes de recherche scientifique approuvés par la Réunion des délégués du SCAR qui s'est tenue en 2012 et les prochaines réunions phares du SCAR qui devraient se tenir au cours de l'année prochaine.
IP 6 CCAMLR	Rapport de l'Observateur du SC-CAMLR à la seizieme réunion du Comité pour la protection de l'environnement. Ce rapport met l'accent sur cinq problématiques d'intérêt commun au CPE et au SC-CAMLR : le changement climatique et l'environnement marin antarctique ; la biodiversité et les espèces non-indigènes dans l'environnement marin antarctique ; les espèces antarctiques nécessitant une protection spéciale, gestion de l'espace marin et zones protégées ; écosystème et surveillance environnementale.
IP 15 Belgique	Atelier technique de la CCAMLR sur les aires marines protegées (AMP). Ce rapport porte sur l'atelier organisé en septembre 2012 afin de démarrer le processus de planification des AMP des domaines 3 (Mer de Weddell), 4 (Bouvet-Maud) et 9 (Amundsen-Bellingshausen) pour lesquels des travaux d'élaboration de AMP n'avaient pas encore été menés.
IP 52 SCAR	Acidification des oceans: Projets du SCAR (Ocean acidification : SCAR Future Plans). Ce document apporte des précisions sur le prochain plan de travail du Groupe d'action international du SCAR sur l'acidification des océans dont le rapport final sera publié lors de la Conférence scientifique ouverte du SCAR en août 2014.

IP 105 Chili	RAPPORT DE L'OBSERVATEUR DU *CPE* À LA REUNION DES DÉLÉGUÉS DU *SCAR* *XXXII*. En 2012, le SCAR avait invité le Comité pour la protection de l'environnement à assister en tant qu'observateur, à la réunion qui allait se tenir aux États-Unis au cours de cette même année. Ce rapport présente au CPE les points saillants de cette réunion.
BP 20 SCAR	COMITÉ SCIENTIFIQUE POUR LA RECHERCHE ANTARCTIQUE *(SCAR)* : SÉLECTION D'INFORMATIONS SCIENTIFIQUES CLÉS *2012/13 (THE SCIENTIFIC COMMITTEE ON ANTARCTIC RESEARCH (SCAR) SELECTED SCIENCE HIGHLIGHTS 2012/13.* Ce document de contexte met en avant des documents scientifiques récents d'une grande importance, publiés depuis la dernière réunion du Traité. Il devrait être consulté en association avec le document d'information IP 4.
BP 21 SCAR	CHANGEMENT CLIMATIQUE EN ANTARCTIQUE ET ENVIRONNEMENT: MISE À JOUR *(ANTARCTIC CLIMATE CHANGE AND THE ENVIRONMENT: AN UPDATE).* Ce document est la version complète de *Antarctic climate change and the environment: an update*, récemment publié dans le bulletin scientifique Polar Record. Il devrait être consulté en association avec le document de travail WP 38 qui récapitule les principaux événements.

6. REPARATION OU REMEDIATION DES DEGATS ENVIRONNEMENTAUX	
WP 27 Nouvelle-Zélande	RÉPARATION OU REMÉDIATION DES DÉGÂTS ENVIRONNEMENTAUX: RAPPORT DU GROUPE DE CONTACT INTERSESSIONS DU *CPE.* Ce document relate les discussions du GCI qui a examiné les problématiques environnementales liées aux opérations concrètes de réparation ou de remédiation des dégâts environnementaux dans un contexte antarctique. Le rapport a pour but d'assister la RCTA dans l'adoption de décisions réfléchies en 2015, dans le cadre de la reprise des négociations relatives à la redevabilité.
WP 32 Australie et Royaume-Uni	UN MANUEL DE NETTOYAGE DE L'ANTARCTIQUE : RAPPORT DES DISCUSSIONS INFORMELLES INTERSESSIONS. Ce rapport relate les discussions informelles menées lors des périodes intersessions autour de la proposition qui avait été faite au CPE XV sur un manuel de nettoyage pour l'Antarctique. L'Australie et le Royaume-Uni avaient recommandé que le CPE adopte l'ébauche du manuel, encourage les membres ainsi que les observateurs à élaborer des lignes directrices pratiques et des ressources techniques d'appui qui seraient intégrées au manuel. Il avait été également recommandé que le CPE transmette le projet de résolution joint au manuel ainsi que le manuel lui-même à la RCTA pour approbation.

WP 42 France & Italie	*Nécessité de la prise en compte des coûts de démantèlement des stations lors des évaluations environnementales globales relatives à leur construction (The need to take into account the dismantling costs of stations in Comprehensive Environmental Evaluations (CEE) relating to their construction).* Ce document de travail propose une évaluation des coûts hypothétiques ainsi que de la durée nécessaire au démantèlement de la station Concordia. Le document suggère que les résultats obtenus pourraient être appliqués aux stations côtières. Il propose par ailleurs qu'une estimation des coûts de démantèlement soit systématiquement réalisée lors de l'élaboration d'une évaluation environnementale globale en vue de la construction d'une nouvelle station.
IP 36 France	*Nettoyage du site de construction de la piste d'atterrissage non opérationnelle, Piste du Lion, Terre Adélie, Antarctique (Clean-up of the construction site of unused airstrip "Piste du Lion", Terre Adélie, Antarctique).* Ce document traite de la procédure mise en place pour l'enlèvement des matériels non utilisés à la piste d'atterrissage située à l'Ile du Lion. Il décrit le processus de planification, les activités de nettoyage et de surveillance et présente les expériences tirées de ces activités.
IP 68 ASOC	*Réutilisation d'un site après sa réhabilitation. Exemple du site de cap Evans, Ile de Ross (Reuse of a site after remediation. A case study from Cape Evans, Ross Island.* À partir d'une étude de cas réalisée sur un petit site, cap Evans, ce document d'information examine les conditions de réutilisation d'un site réhabilité par un opérateur différent de celui qui a effectué la réhabilitation. Le document expose en outre quelques suggestions concernant l'évaluation des impacts cumulatifs et de l'efficacité de la réhabilitation. Il émet également des suggestions portant sur la gestion des sites réhabilités.
IP 70 Brésil	*Réparation des dégâts causés à l'environnement : démontage de la station Comandante Ferraz, Baie de l'Amirauté, Antarctique (Environmental Damage Repair: Disassembling of Ferraz Station, Admiralty Bay, Antarctica).* À travers ce document d'information, le Brésil présente la structure du plan de gestion environnemental qui a orienté le démantèlement de la station Comandante Ferraz, qui avait été détruite par un incendie en février 2012.

7. Implications environnementales du changement climatique : approche stratégique

WP 38 SCAR	*Rapport « Changement climatique en Antarctique et environnement » (ACCE): une mise à jour cle.* Ce document constitue une mise à jour cruciale du rapport initial ACCE du SCAR. Il récapitule les évolutions récentes en matière de connaissance sur les changements climatiques historiques de l'Antarctique et de l'océan Austral. Il fournit également des hypothèses de changements climatiques et examine les impacts qui pourraient en résulter, sur le biote marin et terrestre.

SP 7 Secrétariat	ACTIONS MENÉES PAR LE **CPE** ET LA **RCTA** CONCERNANT LES RECOMMANDATIONS DE LA **RETA** SUR LE CHANGEMENT CLIMATIQUE (ACTIONS TAKEN BY THE **CEP** AND THE **ATCM** ON THE **ATME** RECOMMENDATIONS ON CLIMATE CHANGE). Ce document présente une mise à jour des actions menées par la RCTA et le CPE en ce qui concerne les 30 recommandations sur le changement climatique retenues lors de la RETA de 2009 sur le changement climatique.
IP 32 COMNAP	ANALYSE COÛT/ÉNERGIE DES OPÉRATIONS DE TRANSPORT DES PROGRAMMES ANTARCTIQUES NATIONAUX (COST/ENERGY ANALYSIS OF NATIONAL ANTARCTIC PROGRAM TRANSPORTATION). Ce document présente les résultats de l'analyse des coûts d'énergie et de transport qui avait été entreprise pour le compte du Centre Helmholtz pour la recherche polaire et marine de l'Institut Alfred Wegener. Cette analyse est axée sur le transport des personnes et les opérations de cargo par voie maritime et terrestre.
IP 34 COMNAP	MEILLEURES PRATIQUES EN GESTION DES RESSOURCES ENERGÉTIQUES – ORIENTATIONS ET RECOMMANDATIONS (BEST PRACTICE FOR ENERGY MANAGEMENT – GUIDANCE AND RECOMMENDATIONS). Conformément à la recommandation 4 du RETA, ce document propose une mise à jour des informations de l'année dernière et comprend notamment les nouveaux résultats de l'enquête menée auprès des membres du CONMAP ainsi qu'un rapport sur l'évolution de la mise en œuvre à titre volontaire des lignes directrices et des recommandations élaborées par le CONMAP en 2007 à partir des réponses aux enquêtes.
IP 62 ASOC	UNE FICHE D'INFORMATION SUR LE CHANGEMENT CLIMATIQUE EN ANTARCTIQUE (AN ANTARCTIC CLIMATE CHANGE REPORT CARD). Ce document résume les résultats d'une recherche récente portant sur les changements écosystémiques et environnementaux, qui a permis de découvrir que les changements touchent des domaines différents, allant du pH de l'eau de mer à la stabilité des calottes glaciaires de l'Antarctique occidental.
IP 65 ASOC	CARBONE NOIR ET AUTRES POLLUANTS CLIMATIQUES DE COURTE DURÉE DE VIE : IMPACTS EN ANTARCTIQUE (BLACK CARBON AND OTHER SHORT-LIVED CLIMATE POLLUTANTS: IMPACTS ON ANTARCTICA). Ce document de l'ASOC consiste en une analyse de la quantité de carbone noir et d'autres émissions de polluants de courte durée de vie affectant le climat, en particulier les émissions de source locale. Ces derniers devraient constituer une priorité pour les recherches en cours et devraient être inclus dans le plan de travail stratégique.

IP 69 ASOC	*L'AVENIR DE L'INLANDSIS DE L'ANTARCTIQUE OCCIDENTAL : MISE À JOUR (UPDATE: THE FUTURE OF THE WEST ANTARCTIC ICE SHEET).* Ce document fournit des mises à jour importantes qui viennent compléter le document d'information IP 07 présenté en 2010 dans le cadre du RETA sur le changement climatique, *L'avenir de l'inlandsis de l'Antarctique occidental : observation et prédiction des changements, seuils critiques et considérations politiques (The Future of the West Antarctic Ice Sheet: Observed and Predicted Changes, Tipping Points, and Policy Considerations).*
IP 101 IAATO	*GROUPE DE TRAVAIL DE L'IAATO SUR LE CHANGEMENT CLIMATIQUE : RAPPORT D'ACTIVITÉS.* Ce document porte sur les travaux du Groupe de travail de l'IAATO sur le changement climatique, notamment les efforts consentis en faveur de la sensibilisation sur le changement climatique en Antarctique et ses facteurs anthropiques émanant de toute la planète. Le document informe en outre sur les modalités de gestion des émissions de carbone par les opérateurs membres de l'IAATO.
BP 21	*CHANGEMENT CLIMATIQUE EN ANTARCTIQUE ET ENVIRONNEMENT : UNE MISE À JOUR.* Ce document est en effet la version complète de *Antarctic climate change and the environment: an update* étude récemment publiée dans le bulletin *Polar Record*. Il est recommandé de consulter cet article en complément du document WP 38.

8. ÉVALUATION DE L'IMPACT ENVIRONNEMENTAL

a) Projets d'évaluations environnementales globales

b) Autres questions relatives aux EIE

WP 24 Fédération de Russie	*APPROCHES SCIENTIFIQUE DE L'ÉTUDE DES STRATES D'EAU DES LACS SOUS-GLACIAIRES EN ANTARCTIQUE.* Ce document porte sur les technologies actuellement utilisées dans les activités de forage du lac Vostok et sur les actvitiés planifiées. La Fédération de Russie y explique que les travaux réalisés ont permis de confirmer la validité des mesures proposées et suggère que le même principe soit utilisé lors des prochaines études sur les strates d'eau du lac.
IP 49 Fédération de Russie	*RÉSULTATS DES ÉTUDES PORTANT SUR LE LAC SOUS-GLACIAIRE VOSTOK ET LES ACTIVITÉS DE FORAGE D'UN PUITS PROFOND À LA STATION VOSTOK DURANT LA SAISON 2012-2013(RESULTS OF STUDIES OF SUBGLACIAL LAKE VOSTOK AND DRILLING OPERATIONS IN DEEP ICE BOREHOLE OF VOSTOK STATION IN THE SEASON 2012-2013).* Ce document propose des informations supplémentaires sur les procédés techniques ainsi que les résultats préliminaires issus des activités scientifiques menées au lac Vostok au cours de l'été austral dernier.

SP 5 Secrétariat	*LISTE ANNUELLE DES ÉVALUATIONS PRÉLIMINAIRES D'IMPACT SUR L'ENVIRONNEMENT (EPIE) ET DES ÉVALUATIONS GLOBALES D'IMPACT SUR L'ENVIRONNEMENT (EGIE) MENÉES ENTRE LE 1ER AVRIL 2012 ET LE 31 MARS 2013.* Ce document traite des évaluations d'impacts sur l'environnement préparées lors de la période couverte par le dernier rapport du Secrétariat.
IP 21 Chine	*ÉVALUATION PRÉLIMINAIRE D'IMPACT SUR L'ENVIRONNEMENT POUR LA CONSTRUCTION D'UN CAMPEMENT D'ÉTÉ À L'INTÉRIEUR DES TERRES, TERRE PRINCESSE ELISABETH, ANTARCTIQUE (INITIAL ENVIRONMENTAL EVALUATION FOR THE CONSTRUCTION OF INLAND SUMMER CAMP, PRINCESS ELIZABETH LAND, ANTARCTICA).* Dans cette EPIE, la Chine souligne que les principaux objectifs visés par la création du campement sont : fournir une assistance logistique de relais dans le cadre de la recherche à la station Kunlun et dans les montagnes Grove, fournir une protection et un secours d'urgence dans le cadre des recherches continentales menées en Antarctique orientale et apporter une assistance lors de l'observation locale de l'évolution glaciologique, météorologique, géophysique et de l'observation par télédétection aérienne de l'inlandsis en Antarctique orientale. La Chine informe par ailleurs que les impacts du campement sur l'environnement de l'Antarctique seraient limités et de nature transitoire et que l'initiative du projet est tout à fait justifiée.
IP 24 République de Corée	*AVANCÉES DE LA STATION JANG BOGO AU COURS DE LA PREMIÈRE CAMPAGNE DE CONTRUCTION 2012/13 (PROGRESS OF THE JANG BOGO STATION DURING THE FIRST CONSTRUCTION SEASON, 2012/13.* Ce document relate le processus de construction de la station Jang Bogo qui avait démarré en décembre 2012 et qui devrait se poursuivre au cours des deux prochaines saisons d'été. Le transport de matériel, les activités de construction, la gestion des déchets, la surveillance de l'environnement ainsi que les accidents ou incidents survenus y sont abordés. Les actions planifiées pour la saison prochaine (2013/2014) y sont également mentionnées.
IP 25 République de Corée	*MESURES D'ATTÉNUATION DES IMPACTS SUR L'ENVIRONNEMENT GÉNÉRÉS PAR LA CONSTRUCTION DE JANG BOGO AU COURS DE LA CAMPAGNE 2012/2013 (MITIGATION MEASURES OF ENVIRONMENTAL IMPACTS CAUSED BY JANG BOGO CONSTRUCTION DURING 2012/2013 SEASON).* Ce document porte sur la mise en application des mesures d'atténuation présentées dans l'EGIE présentée en 2011 sur proposition des Parties. Ces mesures visent à réduire les impacts environnementaux découlant des activités de construction de la station Jang Bogo.
IP 42 Fédération de Russie	*À LA DÉCOUVERTE DE BACTÉRIES INCONNUES DANS LE LAC VOSTOK (TO DISCOVERY OF UNKNOWN BACTERIA IN LAKE VOSTOK).* Ce document décrit les procédés scientifiques et techniques qui ont été mis en place et qui ont permis en fin février 2013, de découvrir dans le lac sous-glaciaire de Vostok, des bactéries jusqu'ici inconnues.

IP 48 Fédération de Russie	*Permis pour les ativités de l'expédition antarctique russe pour la période 2013-17 (Permit for the Activity of the Russian Antarctic Expedition in 2013-17).* Ce document d'information aborde les obligations légales et les conditions relatives à la délivrance de permis par la Fédération de Russie et plus précisément les évaluations des impacts sur l'environnement des activités déclarées. Le document insiste en particulier sur l'EPIE préparée pour les activités prévues dans le cadre de l'expédition de cinq ans qui se tiendra entre le 1er janvier 2013 et le 31 décembre 2017.
IP 58 Brésil	*Mandats de l'évaluation préliminaire de l'impact sur l'environnement (EPIE) : reconstruction et exploitation de la station Ferraz (Baie de l'Amirauté, Antarctique) (Terms of Reference of the Initial Environmental Evaluation (IEE): Project of the New Ferraz Station (Admiralty Bay, Antarctica).* Ce document décrit le processus de reconstruction de la station Commandant Ferraz. Les étapes réalisées, notamment la sélection du concept du projet de construction ainsi que les termes de référence de l'élaboration de l'EPIE sont explicités dans le document.
IP 75 Inde	*Évaluation préliminaire d'impact sur l'environnement pour l'installation de la station au sol pour les satellites d'observation de la Terre à la station de recherche indienne de Bharati aux collines Larsemann, Antarctique oriental (Initial Environmental Evaluation for Establishment of the Ground Station for Earth Observation Satellites at the Indian Research Station Bharati at Larsemann Hills, East Antarctica).* Ce document d'information présente l'EPIE relative aux activités proposées pour l'installation d'une station au sol pour les satellites d'observation de la Terre. L'Inde a conclu que le site a des impacts négatifs limités et que l'EPIE devrait suffire à assurer la gestion de ces impacts.
IP 80 Italie	*Premières mesures vers la création d'une piste d'atterrissage de gravier à proximité de la station Mario zucchelli : réflexions préliminaires et avantages possibles pour la région de la Baie Terra Nova (First steps towards the realization of a gravel runway near Mario Zucchelli Station: initial considerations and possible benefits for the Terra Nova Bay area).* Dans ce document, l'Italie rend compte des premiers résultats des enquêtes et études concernant la faisabilité technique, économique et environnementale d'une piste de gravier à proximité de la station Mario Zucchelli.
BP 2 Nouvelle-Zélande	*Évaluation de la vulnérabilité des sols antarctiques au piétinement (Assessing the vulnerability of Antarctic soils to trampling).* Ce document fournit des informations sur les objectifs de gestion spécifiques à cette zone qui avait été proposée pour une désignation comme ZGSA 2 en 2004.

9. Gestion et protection des zones	
a) Plans de gestion	
i.	*Projets de plans de gestion ayant été révisés par le Groupe subsidiaire sur les plans de gestion*
WP 56 Norvège	*Groupe subsidiaire sur les plans de gestion – Rapport des travaux intersessions 2012/13.* Lors des périodes intersessions, le Groupe subsidiaire sur les plans de gestion a révisé huit projets de plans de gestion. Le GSPG a recommandé au Comité d'approuver trois plans de gestion révisés correspondant aux zones suivantes : la ZSPA 132, la ZSPA 151 et une nouvelle ZSPA nommée *Cap Washington et Baie Silverfish, Baie de Terra Nova, Mer de Ross*. Le GSPG a également signalé au Comité que d'autres travaux intersessions seront menés au sujet de cinq plans de gestion soumis à son examen, il s'agit des ZSPA 128, ZSPA 144, ZSPA 145, ZSPA 146 et une nouvelle ZSPA : Sites géothermiques de haute altitude de la région de la mer de Ross.
ii.	*Projets de plans de gestion n'ayant pas été révisés par le Groupe subsidiaire sur les plans de gestion*
WP 2 États-Unis	*Plan de gestion révisé pour la zone spécialement protégée de l'Antarctique n°. 137 Ile Northwest White, McMurdo Sound.* Étant donné que les révisions étaient d'ordre mineur et avaient pour objectif principal de prendre en considération les recommandations du Guide révisé pour la préparation des plans de gestion des zones spécialement protégées de l'Antarctique conformément à la résolution 2 (2011), les États-Unis recommandent au CPE d'adopter le plan de gestion révisé de la ZSPA 137.
WP 3 États-Unis	*Plan de gestion révisé pour la zone spécialement protégée de l'Antarctique n° 123 Vallées Barwick et Balham, Terre Southern Victoria.* Etant donné que les révisions étaient d'ordre mineur et avaient pour objectif principal de prendre en considération les recommandations du Guide révisé pour la préparation des plans de gestion des zones spécialement protégées de l'Antarctique conformément à la résolution 2 (2011), les États-Unis recommandent au CPE d'adopter le plan de gestion révisé de la ZSPA 123.
WP 5 États-Unis	*Plan de gestion révisé pour la zone spécialement protégée de l'Antarctique n° 138 Linnaeus Terrace, Chaine Asgard, Terre Victoria.* Étant donné que les révisions étaient d'ordre mineur et avaient pour objectif principal de prendre en considération les recommandations du Guide révisé pour la préparation des plans de gestion des zones spécialement protégées de l'Antarctique conformément à la résolution 2 (2011), les États-Unis recommandent au CPE d'adopter le plan de gestion révisé de la ZSPA 138.

WP 6 Japon	*PLAN DE GESTION RÉVISÉ POUR LA ZONE SPÉCIALEMENT PROTÉGÉE DE L'ANTARCTIQUE N° 141 VALLÉE YUKIDORI, LANGHOVDE, BAIE DE LÜTZOW-HOLM.* Étant donné que ce plan de gestion a été amendé, le Japon recommande au CPE d'inviter le Groupe subsidiaire sur les plans de gestion à examiner de manière plus approfondie le plan de gestion et de soumettre sous avis lors du CPE XVII.
WP 11 Royaume-Uni	*PLAN DE GESTION RÉVISÉ POUR LA ZONE SPÉCIALEMENT PROTÉGÉE DE L'ANTARCTIQUE N° 108, ILE GREEN, ILES BERTHELOT, PENINSULE ANTARCTIQUE.* Étant donné qu'il n'y a pas eu de changements significatifs sur la description de la zone ni sur les mesures de gestion, le Royaume-Uni suggère que le CPE approuve le plan de gestion révisé pour la ZSPA 108.
WP 12 Royaume-Uni	*PLAN DE GESTION RÉVISÉ POUR LA ZONE SPÉCIALEMENT PROTÉGÉE DE L'ANTARCTIQUE N° 117, ILE AVIAN, BAIE MARGUERITE, PENINSULE ANTARCTIQUE.* Étant donné que les changements requis sont d'ordre mineur, le Royaume-Uni recommande que le CPE approuve le plan de gestion révisé pour la ZSPA 117.
WP 13 Royaume-Uni	*PLAN DE GESTION RÉVISÉ POUR LA ZONE SPÉCIALEMENT PROTÉGÉE DE L'ANTARCTIQUE N° 147, VALLÉE ABLATION, MONT GANYMEDE, ILE ALEXANDRE.* Étant donné que les changements requis sont d'ordre mineur, le Royaume-Uni recommande que le CPE approuve le plan de gestion révisé pour la ZSPA 147.
WP 14 Royaume-Uni	*PLAN DE GESTION RÉVISÉ POUR LA ZONE SPÉCIALEMENT PROTÉGÉE DE L'ANTARCTIQUE N° 170, NUNATAKS MARION, ILES CHARCOT, PENINSULE ANTARCTIQUE.* Étant donné que les changements requis sont d'ordre mineur, le Royaume-Uni recommande que le CPE approuve le plan de gestion révisé pour la ZSPA 170.
WP 29 Nouvelle-Zélande	*PLAN DE GESTION RÉVISÉ POUR LA ZONE SPÉCIALEMENT PROTÉGÉE DE L'ANTARCTIQUE N° 154: BAIE BOTANY, CAP GEOLOGIE, TERRE VICTORIA.* La Nouvelle-Zélande précise que tous les amendements apportés au plan de gestion de la ZSPA 154 sont d'ordre mineur et visent à intégrer la nouvelle formulation normalisée et recommande ainsi au CPE d'approuver le plan de gestion révisé.
WP 30 Nouvelle-Zélande	*PLAN DE GESTION RÉVISÉ POUR LA ZONE SPÉCIALEMENT PROTÉGÉE DE L'ANTARCTIQUE N° 156: BAIE LEWIS, MONT EREBUS, ILE ROSS.* La Nouvelle-Zélande précise que tous les amendements apportés au plan de gestion de la ZSPA 156 sont d'ordre mineur et visent à intégrer la nouvelle formulation normalisée et recommande ainsi au CPE d'approuver le plan de gestion révisé.

WP 36 Australie	*PLAN DE GESTION RÉVISÉ POUR LES ZONES SPÉCIALEMENT PROTEGÉES DE L'ANTARCTIQUE (ZSPA) 135, 143 ET 160.* L'Australie signale que les changements apportés aux plans de gestion pour les ZSPA 135, Péninsule North-East Bailey, ZSPA 143, Plaine Marine et ZSPA 160, Iles Frazier sont d'ordre mineur et recommande au CPE de procéder à l'approbation des plans de gestion révisés pour ces ZSPA.
WP 54 rev. 1 Brésil, Équateur, Pérou & Pologne	*PLAN DE GESTION RÉVISÉ POUR LA ZGSA N° 1: ILE DU ROI-GEORGE, ILES SHETLAND DU SUD.* Le Groupe de gestion de la Baie de l'Amirauté a réalisé sa première révision quinquennale du plan de gestion de la ZGSA 1 et recommande au CPE d'inviter le Groupe subsidiaire sur les plans de gestion à procéder à son examen durant les périodes intersessions et à communiquer son avis lors du CPE XVI.
WP 59 Argentine	*PLAN DE GESTION RÉVISÉ POUR LA ZSPA 134 (POINTE CIERVA ET ILES AU LARGE DES COTES, COTE DANCO, PÉNINSULE ANTARCTIQUE).* L'Argentine a effectué la révision du plan de gestion pour la ZSPA 134 et invite le CPE à évaluer la nécessité de transmettre le document au GSPG pour examen lors des périodes intersessions. Si toutefois le CPE estime que cet examen n'est pas nécessaire, l'Argentine invite le Comité à approuver le plan de gestion révisé.
WP 60 Italie	*PLAN DE GESTION RÉVISÉ POUR LA ZONE SPÉCIALEMENT PROTÉGÉE DE L'ANTARCTIQUE N° 161 TERRA NOVA BAY, ROSS SEA.* L'Italie fait observer que les changements apportés aux dispositions du plan de gestion sont d'ordre mineur. Les frontières, cartes et descriptions de la zone sont restées inchangées. L'Italie recommande que le CPE approuve le plan de gestion révisé pour la ZSPA 161.

iii.   Nouveaux projets de plans de gestion pour des zones protegées/gérées

WP 8 Chine	*PROPOSITION DE PLAN DE GESTION POUR UNE NOUVELLE ZONE SPÉCIALEMENT GÉRÉE DE L'ANTARCTIQUE DANS LA ZONE DU DÔME A DE LA STATION ANTARCTIQUE KUNLUN.* Ce document présente le premier projet de plan de gestion pour la station Kunlun, Dôme A (Chine). La Chine suggère que le projet de plan de gestion soit examiné par le GSPG lors des périodes intersessions.

WP 63 Australie, Chine, Inde & Fédération de Russie	**PROJET DE PLAN DE GESTION POUR LA ZONE SPÉCIALEMENT PROTÉGÉE DE L'ANTARCTIQUE (ZSPA) STORNES, COLLINES LARSEMANN, TERRE PRINCESS ELISABETH.** Ce document de travail propose la désignation d'une nouvelle ZSPA. L'objectif de la désignation est de protéger les caractéristiques géologiques uniques et spécifiques à l'Antarctique dont cette zone est dotée, en particulier la présence de rares minéraux abrités par des roches présentant des particularités exceptionnelles. À travers ce document, les Membres concernés recommandent au CPE de transmettre le projet de plan de gestion, selon son jugement, à la RCTA XXXVI pour adoption ou au GSPG pour examen lors des périodes intersessions.

iv. Autres questions relatives aux plans de gestion pour les zones protégées/gérées

SP 6 Secrétariat	**ÉTAT DES LIEUX DES PLANS DE GESTION DES ZONES SPÉCIALEMENT PROTÉGÉES ET DES ZONES GÉRÉES SPÉCIALES DE L'ANTARCTIQUE (STATUS OF ANTARCTIC SPECIALLY PROTECTED AREA AND ANTARCTIC SPECIALLY MANAGED AREA MANAGEMENT PLANS).** Ce document constitue un état des lieux des plans de gestion des ZSPA et des ZGSA conformément aux nouvelles spécifications indiquées à l'annexe V du Protocole relatif à la protection de l'environnement.
IP 26 rev. 1 République de Corée	**RAPPORT DE GESTION DE LA POINTE NAREBSKI (ZSPA N° 171) POUR LA PÉRIODE 2012/2013 (MANAGEMENT REPORT OF NARĘBSKI POINT (ASPA NO. 171) DURING THE 2012/2013 PERIOD).** Ce document récapitule les activités réalisées conformément aux dispositions du plan de gestion de la ZSPA 171. Il décrit notamment les études scientifiques menées, les activités de gestion, les leçons apprises et les recommandations.
IP 74 Argentine, Chili, Norvège, Espagne, R.U. & États-Unis	**RAPPORT DU GROUPE DE GESTION DE LA ZONE GÉRÉE SPÉCIALE (ZGSA) DE L'ILE DE LA DECEPTION.** Ce document résume les activités réalisées dans la ZGSA 4 ainsi que les travaux intersessions du Groupe de gestion afin de remplir les objectifs et satisfaire aux principes du plan de gestion.

b) Sites et monument historiques

WP 18 rev. 1 Allemagne	**PROPOSITION DE RAJOUT DU SITE COMMÉMORANT L'EMPLACEMENT DE L'ANCIENNE STATION DE RECHERCHE ANTARCTIQUE DE L'ALLEMAGNE GEORG FORSTER, À LA LISTE DES SITES ET MONUMENTS HISTORIQUES.** L'Allemagne a suggéré l'ajout à la liste des Sites et monuments historiques approuvés par la RCTA, le site historique de la station Georg Forster marquée par une plaque commémorative installée à l'Oasis Schirmacher à Terre Dronning Maud. La plaque commémore la première base de recherche permanente utilisée par l'Allemagne en Antarctique.

WP 23 Fédération de Russie	*PROPOSITION D'AJOUT DU BÂTIMENT DU COMPLEXE DE FORAGE PROFESSEUR KUDRYASHOV DE LA STATION RUSSE VOSTOK EN ANTARCTIQUE À LA LISTE DES SITES ET MONUMENTS HISTORIQUES.* Ce document suggère l'ajout à la liste des Sites et monuments historiques le bâtiment du complexe de forage Professeur Kudryashov à la station Vostok (Russie). Cette proposition traduit en effet le souhait de consacrer les prouesses des foreurs et glaciologues russes en matière de forages de puits profonds dans la glace et de reconstitution des changements paléoclimatiques à partir des données observées sur les carottes de glace, notamment à travers des études microbiologiques, de même que la méthode propre sur le plan écologique utilisée pour atteindre le lac sous-glaciaire Vostok.
WP 62 Royaume-Uni, Nouvelle-Zélande & États-Unis	*NOUVEAU SITES ET MONUMENTS HISTORIQUES : CAMPS DU MONT EREBUS UTILISÉS PAR UN CONTINGENT DE L'EXPÉDITION TERRA NOVA EN DÉCEMBRE 1912.* Ce document de travail porte sur la proposition d'ajout de deux sites à la liste des Sites et monuments historiques. Ces sites sont situés sur des espaces de campement à Mont Erebus et avaient été utilisés entre le 8 et le 13 décembre 1912 par une équipe de scientifiques qui s'étaient rendu en Antarctique dans le cadre de l'expédition du Capitaine Scott, Terra Nova (1910-1912). Ces sites ont été identifiés en décembre 2012. Ces endroits revêtent une importance toute particulière pour les historiens de l'Antarctique. Par ailleurs, l'accès non contrôlé au site pourrait occasionner des perturbations sur les autres reliques, ce qui est une réelle préoccupation. Le Royaume-Uni, la Nouvelle-Zélande et les États-Unis partagent le même point de vue concernant la nécessité d'une protection pour ces sites conformément aux dispositions de l'annexe V du Protocole.
BP 1 Nouvelle-Zélande	*MISE À JOUR 2013 DE ANTARCTIC HERITAGE TRUST CONSERVATION.* Ce document est une mise à jour du document présenté lors du CPE XV/ RCTA XXXV concernant le projet de restauration entamé dans les ZSPA 155, 157 et 158 à l'Ile Ross et la ZSPA 159 à Cap Adare.

c) Lignes directrices pour les sites	
WP 15 R.U., Argentine, Australie & États-Unis	*QUESTION POLITIQUES DÉCOULANT DE L'EXAMEN SUR PLACE DES LIGNES DIRECTRICES POUR LES SITES OUVERTS AUX VISITES DANS LA PÉNINSULE ANTARCTIQUE.* Ce document porte sur l'examen sur site des conditions d'application des lignes directrices, mené conjointement en janvier 2013 par le Royaume-Uni, l'Argentine, l'Australie, les États-Unis et l'IAATO. Le document présente les problématiques au regard des réflexions récentes présentées par le CPE et des évolutions relatives aux conditions de visite et émet en outre des recommandations qui devraient être examinées par le Comité.

WP 16 R.U., Argentine, Australie & États-Unis	*LIGNES DIRECTRICES DE SITES POUR I) PORT ORNE ET II) ILES ORNE.* Suite aux observations, relatives à une visite de terrain, communiquées dans le document de travail WP 15, de nouvelles lignes directrices ont été préparées pour i) Port Orne et ii) Iles Orne. Les auteurs recommandent que le CPE soumette les lignes directrices concernant ces deux sites à la RCTA pour adoption.
WP 20 R.U., Argentine, Australie & États-Unis	*EXAMEN SUR PLACE DES LIGNES DIRECTRICES POUR LES SITES OUVERTS AUX VISITES DANS LA PÉNINSULE ANTARCTIQUE : RÉSUMÉ DU PROGRAMME ET PROPOSITION D'AMENDEMENT DE ONZE LIGNES DIRECTRICES.* Dans la même perspective que le document WP 15, ce document fournit un aperçu des travaux réalisés conjointement par le Royaume-Uni, l'Argentine, l'Australie, les États-Unis et l'IAATO et suggère que les lignes directrices concernant 11 sites soient amendées. L'objectif est de les actualiser et de maintenir leur efficacité en tant qu'outil de gestion des visites.
WP 26 États-Unis	*PROPOSITION D'AMENDEMENT DES LIGNES DIRECTRICES DE SITE DU TRAITÉ SUR L'ANTARCTIQUE POUR LES VISITEURS DE L'ILE TORGERSEN.* Ce document propose à titre préventif, compte tenu de l'évolution de la population de manchots de l'île, un amendement des lignes directrices visant à restreindre les visites en tout début de saison de reproduction car les manchots sont alors très vulnérables face au prédateur qu'c'st le labbe antarctique ainsi qu'aux perturbations d'origine anthropiques.
WP 46 États-Unis, Argentine, Chili, Norvège, Espagne, Royaume-Uni, ASOC & IAATO.	*PROPOSITION D'AMENDEMENT DES LIGNES DIRECTRICES DE SITE DU TRAITÉ SUR L'ANTARCTIQUE POUR LES VISITEURS DE BAILEY HEAD, ILE DE LA DÉCEPTION.* Ce document présente l'examen des lignes directrices de l'Ile de la Déception par le Groupe de gestion en charge du site. Ces travaux sont intervenus suite à un rapport soulignant une baisse notable du taux de reproduction des manchots à jugulaire à Baily Head. Bien que cette chute soit certainement liée à divers facteurs relevant des effets complexes du changement climatique, le Groupe a profité de cette revue pour réduire les redondances entre les lignes directrices spécifiques aux visites du site et les lignes directrices générales visant toutes les visites de sites en Antarctique.
WP 64 Équateur	*CARTE ACTUALISÉE DE L'ILE BARRIENTOS.* Ce document présente une carte actualisée de l'Ile Barrientos pour examen par le Comité et les Parties conformément aux dispositions de la résolution 5 (2012) et afin de faciliter les activités de recherche et de tourisme menées sur le site.
IP 20 États-Unis	*INVENTAIRE DES SITES ANTARCTIQUES: 1994-2013.* Ce document d'information propose une mise à jour des résultats du projet d'inventaire des sites avec des données disponibles jusqu'à l'échéance février 2013 ; Cet inventaire a permis de collecter des données biologiques et descriptives sur la Péninsule antarctique depuis 1994.

IP 97 IAATO	*RAPPORT SUR L'UTILISATION DES SITES D'ATTERRISSAGE DE LA PÉNINSULE ANTARCTIQUE ET DES LIGNES DIRECTRICES DE VISITES DE LA RCTA PAR L'IAATO POUR LA SAISON 2012-13 (REPORT ON IAATO OPERATOR USE OF ANTARCTIC PENINSULA LANDING SITES AND ATCM VISITOR SITE GUIDELINES, 2012-13 SEASON).* Ce document présente les données collectées par l'équipe de recherche interne de l'IAATO sur les sites d'atterrissage et l'utilisation des lignes directrices lors de la saison 2012-2013.
IP 102 IAATO	*ÉROSION PAR LE PIÉTINEMENT À L'ILE BARRIENTOS (BARRIENTOS ISLAND FOOTPATH EROSION).* Ce document porte sur la recherche menée par l'IAATO sur l'érosion de la flore à l'Ile Barrientos due au piétinement. Ce phénomène avait été évoqué par l'Équateur et l'Espagne lors du CPE XV.

d) Empreintes humaines et valeurs de la vie à l'état sauvage	
WP 35 Nouvelle-Zélande	*RESSOURCES SUSCEPTIBLES D'ORIENTER LES PARTIES DANS LA PRISE EN COMPTE DES VALEURS DE LA NATURE À L'ÉTAT SAUVAGE LORS DE L'ELABORATION DES EVALUATIONS D'IMPACT SUR L'ENVIRONNEMENT (POSSIBLE GUIDANCE MATERIAL TO ASSIST PARTIES TO TAKE ACCOUNT OF WILDERNESS VALUES WHEN UNDERTAKING ENVIRONMENTAL IMPACT ASSESSMENTS).* Ce document présente un rapport élaboré à l'issue des discussions intersessions sur la gestion des valeurs sauvages en Antarctique. Il suggère l'amélioration des lignes directrices pour l'élaboration des EIE afin de fournir un cadre mieux structuré pour l'intégration des valeurs sauvages lors de la préparation des évaluations d'impacts sur l'environnement des activités proposées.
IP 39 Nouvelle-Zélande	*RAPPORT INTERSESSIONS SUR LA MISE À DISPOSITION DE RESSOURCES SUSCEPTIBLES D'ORIENTER LES PARTIES DANS LA PRISE EN COMPTE DES VALEURS DE LA NATURE SAUVAGE LORS DE L'ÉLABORATION DES ÉVALUATIONS D'IMPACT SUR L'ENVIRONNEMENT (INTERSESSIONAL REPORT ON THE PROVISION OF GUIDANCE MATERIAL TO ASSIST PARTIES TO TAKE ACCOUNT OF WILDERNESS VALUES WHEN UNDERTAKING ENVIRONMENTAL IMPACT ASSESSMENTS).* Ce rapport qui complète le document de travail WP 35, suggère des ressources susceptibles d'enrichir la réflexion des Parties en matière de prise en compte des valeurs sauvages lors de l'élaboration des évaluation d'impacts sur l'environnement des activités proposées.
IP 33 COMNAP	*ANALYSE DE L'AUGMENTATION DE LA PRODUCTION SCIENTIFIQUE DES PROGRAMMES ANTARCTIQUES NATIONAUX (ANALYSIS OF NATIONAL ANTARCTIC PROGRAM INCREASED DELIVERY OF SCIENCE).* Ce document présente les résultats d'une analyse réalisée récemment par le programme national antarctique du Chili, l'Institut antarctique du Chili (INACH) qui s'est penché sur la manière de réduire l'impact sur l'environnement tout en réalisant plus d'activités scientifique. Cette analyse a permis au Chili de mettre en place des processus et des stratégies permettant de réaliser plus d'activités scientifiques tout en réduisant l'empreinte de ses programmes en Antarctique.

IP 60 ASOC	CARTOGRAPHIE ET MODÉLISATION DES VALEURS SAUVAGES DE L'ANTARCTIQUE : CONTRIBUTION AUX TRAVAUX DU **CPE** POUR L'ÉLABORATION DE RESSOURCES DE RÉFÉRENCE SUR LA PROTECTION DES VALEURS SAUVAGES À PARTIR DES DISPOSITIONS DU PROTOCOLE (MAPPING AND MODELLING WILDERNESS VALUES IN ANTARCTICA: CONTRIBUTION TO **CEP'S** WORK IN DEVELOPING GUIDANCE MATERIAL ON WILDERNESS PROTECTION USING PROTOCOL TOOLS). Ce document récapitule les recommandations du rapport *Mapping and modelling wilderness values in Antarctica* (Cartographier et modéliser les valeurs sauvages en Antarctique) réalisé par le *Wildland Research Institute* en guise de contribution aux travaux du CPE en matière d'élaboration de ressources pour la protection de la nature sauvage à travers l'utilisation des dispositifs prévus par le Protocole relatif à la protection de l'environnement.

e) Gestion et protection de l'espace marin

BP 17 ASOC	PREMIÈRE MISE À JOUR DU PATRIMOINE DE L'OCÉAN ANTARCTIQUE– ASSURER UNE PROTECTION RÉSILIENTE À LA ZONE DE LA MER DE ROSS (ANTARCTIC OCEAN LEGACY UPDATE 1 - SECURING ENDURING PROTECTION FOR THE ROSS SEA REGION). Ce document est un condensé du rapport de mise à jour du patrimoine de l'océan antarctique. Il s'interroge par ailleurs sur les motivations de la protection de cette région. Il suggère également que la réserve marine de la mer de Ross soit désignée comme un des « piliers » du système des aires marines protégées et des réserves marines de l'océan Austral.

f) Autres questions relatives à l'annexe V

WP 10 Royaume-Uni	IDENTIFICATION DE REFUGES POTENTIELS POUR LES MANCHOTS EMPEREURS DANS UN CONTEXTE DE CHANGEMENT CLIMATIQUE : UNE APPROCHE SCIENTIFIQUE. Au cours du siècle prochain, le changement climatique affectera sans doute l'effectif, la répartition ainsi que la reproduction des manchots empereurs dans la région de la Péninsule antarctique et dans l'Antarctique en général. Le Royaume-Uni a donc recommandé que le CPE adopte la surveillance des colonies de manchots empereurs par des techniques de télédétection afin d'identifier des refuges potentiels face au changement climatique et encourage les autres Parties à entreprendre des travaux similaires dans d'autres régions de l'Antarctique.
WP 21 Fédération de Russie	ANALYSE DES VALEURS SAUVAGES DES ZSPA ET DES ZGSA. Considérant la résolution 2 (2011) portant sur le Guide révisé pour la préparation des plans de gestion, la Fédération de Russie recommande l'adoption d'une mesure s'adressant à la nécessité de mener des programmes de surveillance concernant la révision des plans de gestion des ZSPA et des ZGSA dans lesquelles la protection des valeurs de la nature vivante de l'Antarctique représente le principal motif de désignation.

WP 22 Fédération de Russie	*Régionalisation bioggéographique russe de l'Antarctique comparée à la classification néo-zélandaise.* Dans ce document de travail en référence à la résolution 6 (2012) sur les Régions biogéographiques de conservation de l'Antarctique, la Fédération de Russie propose que le découpage des régions biogéographiques soit amélioré et intègre davantage les notions liées à la science du paysage de l'Antarctique.
WP 39 Belgique, Afrique du Sud, Royaume-Uni & SCAR	*Empreinte humaine dans l'Antarctique et conservationn à long terme des habitats microbiens terrestres.* Les évolutions récentes en matière de biologie moléculaire ont permis de mettre en évidence la présence de diverses communautés microbiologiques et d'espèces endémiques en Antarctique. L'objectif de ce document est d'attirer l'attention sur les éventuelles menaces autant sur la conservation des écosystèmes microbiens terrestres de l'Antarctique que sur les études scientifiques qui devront être menées à l'avenir sur ces écosystèmes.
WP 55 Espagne	*Rétablissement des communautés de mousses sur les sentiers et proposition de gestion touristique de l'Île Barrientos.* Ce document traite des résultats issus du programme de surveillance des visites de l'Ile et de l'évaluation de l'état de la couverture végétale puis aboutit à une proposition concernant la gestion des visites.
IP 35 Argentine, Espagne & Royaume-Uni	*La plante herbacée non indigène Poa pratensis à Pointe Cierva, Côte Danco, Peninsule antarctique– recherches en cours et strategies d'eradication envisagees (The non-native grass Poa pratensis at Cierva Point, Danco Coast, Antarctic Peninsula – on-going investigations and future eradication plans).* Ce document décrit les recherches menées par l'Argentine, l'Espagne et le Royaume-Uni au cours de la saison 2012/13 à Pointe Cierva dans le but d'éradiquer l'herbe non indigène *Poa pratensis*.
IP 46 Australie, Chine, Inde & Fédération de Russie	*Rapport du Groupe de gestion de la zone gérée spéciale de l'Antarctique n° 6 Collines Larsemann.* Ce document rend compte brièvement des activités du Groupe pour la période 2012-13. Il précise notamment que le Groupe souhaite finaliser la révision du plan de gestion lors de sa prochaine réunion en juillet 2013 afin de soumettre le plan de gestion révisé pour examen lors du CPE XVII.
IP 73 Royaume-Uni & Norvège	*Essai en Antarctique du système d'évaluation rapide de la résilience de l'écosysteme circum-antarctique du WWF (RACER) : premières découvertes.* Ce document propose une mise à jour succincte de l'évolution de l'expérimentation du RACER, un outil initialement destiné à l'Arctique, dans le cadre de l'évaluation de la résilience de l'écosystème et de l'importance des zones de conservation. Il étudie par ailleurs les éventuelles applications supplémentaires du RACER en Antarctique.

IP 111 Royaume-Uni & Espagne	*Gestion des zones spécialement protégées de l'Antarctique: permis, visites et pratiques en matière d'échange d'informations (Management of Antarctic Specially Protected Areas: permitting, visitation and information exchange practices).* Ce document constate les résultats de l'étude des modalités d'échange d'informations entres Parties en ce qui concerne la visite des ASPA. Il recommande l'amélioration des dispositions et la formalisation des rapports d'analyse des données relatives aux visites afin de promouvoir une gestion plus efficace et coordonnée des activités menées au sein des ASPA.
BP 10 États-Unis & Nouvelle-Zélande	*Mise à jour concernant l'élaboration d'un système de protection d'une zone géothermique: grottes glaciares volcaniques à Mont Erebus, Ile de Ross (Update on Developing Protection for a Geothermal Area: Volcanic Ice Caves at Mount Erebus, Ross Island).* Ce document propose une mise à jour du processus de mise en place d'un système de protection des grottes glaciaires géothermiques au sommet du Mont Erebus. Il apporte en outre, des précisions sur les programmes intersessions de 2013-14.

10. Conservation de la faune et de la flore antarctique

a) Quarantaine et espèces non-indigènes

WP 19 Allemagne	*Rapport sur le projet de recherche « Impact des activités humaines sur les organismes présents dans les sols de l'Antarctique maritime et introduction d'espèces non indigènes en Antarctique ».* L'Allemagne présente les résultats de son projet de recherche puis invite les Parties ainsi que le CPE à examiner ces résultats et les recommandations relatives aux mesures de biosécurité en prévention du transfert et de l'introduction d'organismes du sol, et à émettre leur avis sur le sujet.
IP 55 Allemagne	*Rapport final sur le projet de recherche « Impact des activités humaines sur les organismes présents dans les sols de l'Antarctique maritime et introduction d'espèces non indigènes en Antarctique » (Final Report on the Research Project "The Impact of Human Activities on Soil Organisms of the Maritime Antarctic and the Introduction of Non-Native Species in Antarctica").* Ce document est en effet le rapport final du projet mentionné dans le document WP 19.
IP 28 Royaume-Uni	*Situation des colonies des espèces non indigènes connues dans l'environnement terrestre antarctique (mise a jour 2013) (Colonisation status of known non-native species in the Antarctic terrestrial environment (updated 2013)).* Ce document est une mise à jour qui englobe les informations presentées lors des trois dernières années. Le Royaume-Uni précise que l'année dernière la compréhension des conditions de colonisation et des propriétés biologiques de certaines espèces non indigènes décrites par le passé, s'est considérablement améliorée et des indices penchant en faveur de la présence d'une espèce non-indigène supplémentaire à l'intérieur de l'ASPA 128 ont été identifiés.

IP 35 Argentine, Espagne & Royaume-Uni	*LA PLANTE HERBACÉE NON INDIGÈNE POA PRATENSIS À POINTE CIERVA, CÔTE DANCO, PÉNINSULE ANTARCTIQUE– RECHERCHES EN COURS ET STRATÉGIES D'ÉRADICATION ENVISAGÉES.* Ce document décrit les recherches menées par l'Argentine, l'Espagne et le Royaume-Uni au cours de la saison 2012/13 à Pointe Cierva dans le but d'éradiquer l'herbe non indigène *Poa pratensis.*
BP 9 Australie	*NOUVEAU CARGO ET NOUVELLES INFRASTRUCTURES OPÉRATIONNELLES AUSTRALIENNES POUR LA BIOSÉCURITÉ EN ANTARCTIQUE.* Ce document porte sur les nouvelles infrastructures, cargo et dispositif pour la biosécurité, mises en place à Hobart par *Australian Antarctic Division* afin d'appuyer ses opérations en Antarctique.

b) Espèces spécialement protégées

c) Autres questions relatives à l'annexe II

WP 10 Royaume-Uni	*IDENTIFICATION DE REFUGES POTENTIELS POUR LES MANCHOTS EMPEREURS DANS UN CONTEXTE DE CHANGEMENT CLIMATIQUE: UNE APPROCHE SCIENTIFIQUE.* Au cours du siècle prochain, le changement climatique affectera sans doute l'effectif, la répartition ainsi que la reproduction des manchots empereurs dans la région de la Péninsule antarctique et dans l'Antarctique en général. Le Royaume-Uni a donc recommandé que le CPE adopte la surveillance des colonies de manchots empereurs par des techniques de télédétection afin d'identifier des refuges potentiels face au changement climatique et encourage les autres Parties à entreprendre des travaux similaires dans d'autres régions de l'Antarctique.
IP 31 COMNAP	*UTILISATION DES INSTALLATIONS HYDROPONIQUES PAR LES PROGRAMMES ANTARCTIQUES NATIONAUX (USE OF HYDROPONICS BY NATIONAL ANTARCTIC PROGRAMS).* Les programmes antarctiques nationaux de l'Australie, de la Nouvelle Zélande et des États-Unis utilisent des installations hydroponiques dans le cadre de leurs opérations en Antarctique. Chaque programme a passé en revue les impacts environnementaux potentiels de ces dispositifs et a mis en place des mesures de gestion des risques.

11. SURVEILLANCE ET RAPPORTS SUR L'ENVIRONNEMENT

WP 37 Belgique & SCAR	*WWW.BIODIVERSITY.AQ: LE NOUVEAU RESEAU D'INFORMATION SUR LA BIODIVERSITE ANTARCTIQUE.* Ce document porte sur la nouvelle version du portail international de la biodiversité antarctique qui a été inspiré par le Réseau d'information sur la biodiversité marine du SCAR et e système d'information sur la biodiversité antarctique. Ce portail revisité permet d'accéder aux informations terrestres et marines relatives à la diversité biologique en Antarctique.

IP 5 SCAR	*Le rapport sur le Southern Ocean Observing System (SOOS) 2012.* Ce rapport met en avant les réalisations du SOOS en 2012 et présente les activités planifiées pour 2013.
IP 19 SCAR	*Première prospective du SCAR sur la science de l'Antarctique et de l'océan Austral (1st SCAR Antarctic and Southern Ocean Science Horizon Scan.)* Le plan stratégique du SCAR pour la période 2011-2016 vise l'institution d'une activité de l'esquisse d'une prospective qui pourrait être organisée tous les 4 ou 5 ans afin de promouvoir la vision du SCAR en matière de leadership et de coopération internationale scientifique en Antarctique et dans l'océan Austral et d'appuyer l'institution dans sa quête d'excellence dans le domaine des sciences et du conseil scientifique aux décideurs et planificateurs politiques. Le Scan devrait réunir 50 scientifiques, décideurs politiques, dirigeants et visionnaires parmi les plus éminents. Cette synergie aurait pour but d'identifier les problématiques scientifiques qui seront ou devraient être gérées par la recherche dans les régions polaires australes lors des vingt prochaines années.
IP 27 République de Corée & Allemagne	*Atelier conjoint Corée/Allemagne sur la surveillance environnementale à l'Ile du roi-george (Korean/German Workshop about Environmental Monitoring on King George Island).* Ce document porte sur l'atelier conjointement organisé en avril 2012 par l'Allemagne et la Corée. Il explique en effet que les échanges d'informations concernant les activités de recherche et de surveillance passées et actuelles dans la région de la Baie Maxwell ont été concluants et que les participants sont parvenus à un accord grâce au dialogue fructueux entre la Corée et l'Allemagne qui devrait se poursuivre de façon régulière notamment par le biais de réunions annuelles.
IP 29 Royaume-Uni	*Surveillance des zones spécialement protégées de l'Antarctique par télédétection: évolution de l'utilisation de données multispectrales et hyperspectrales pour la surveillance de la flore antarctique (Progress on use of multispectral and hyperspectral data for monitoring Antarctic vegetation).* Ce document fournit une mise à jour concernant l'élaboration et l'utilisation de nouvelles techniques de télédétection pour la surveillance de la flore des zones spécialement protégées de l'Antarctique et de l'ensemble de l'environnement antarctique.
IP 59 ASOC	*Mise à jour concernant les accidents de navires survenus dans les eaux antarctiques (Update to Vessel Incidents in Antarctic Waters).* Ce document fournit des informations et analyses complémentaires sur les accidents de navires survenus en eaux antarctiques. Il fournit notamment une carte localisant les incidents de navires et des études de cas portant sur des incidents récents dans le cadre de l'élaboration du Code polaire en pointant du doigt un certain nombre de lacunes observées dans le projet de Code.

IP 66 ASOC	*DÉVERSEMENT DES EAUX USÉES ET DES EAUX GRISES DANS LES EAUX DE LA ZONE DU TRAITÉ SUR L'ANTARCTIQUE (DISCHARGE OF SEWAGE AND GREY WATER FROM VESSELS IN ANTARCTIC TREATY WATERS).* Ce document fournit des informations sur l'élimination des eaux usées et des eaux grises des navires. Il exprime également un certain nombre de préoccupations au sujet du système actuel de gestion des eaux usées et eaux grises qui ne permettraient pas de protéger suffisamment les écosystèmes et la nature sauvage de l'Antarctique. Enfin le document propose une présentation sommaire de la réglementation actuelle.
IP 67 ASOC	*LES PROBLÉMATIQUES DE GESTION LIÉES AUX COMPORTEMENTS DES TOURISTES (MANAGEMENT IMPLICATIONS OF TOURIST BEHAVIOUR).* Ce document examine certains aspects comportementaux des touristes en Antarctique au regard des tendances touristiques actuelles et expose les implications en matière de réglementation touristique et de gestion.
IP 76 Italie	*RAPPORT PORTANT SUR L'ACCIDENT D'UNE PELLETEUSE À LA STATION MARIO ZUCCHELLI, MER DE ROSS, ANTARCTIQUE (REPORT ON THE ACCIDENT OCCURRED TO AN EXCAVATOR VEHICLE AT MARIO ZUCCHELLI STATION, ROSS SEA, ANTARCTICA).* Ce document relate un accident survenu en face de la station Mario Zucchelli en décembre 2012. En effet une pelleteuse y était tombée dans la mer.
IP 107 Chili	*CENTRE DE RECHERCHE ET DE SURVEILLANCE ENVIRONNEMENTALE DE L'ANTARCTIQUE, CIMAA : AVANCÉES EN MATIÈRE DE SURVEILLANCE DE LA QUALITÉ DE L'EAU ET OPPORTUNITÉS DE COOPERATION (ANTARCTIC CENTER FOR RESEARCH AND ENVIRONMENTAL MONITORING, CIMAA: ADVANCES IN WATER QUALITY MONITORING AND OPPORTUNITIES FOR COOPERATION).* Ce document présente les résultats obtenus par le Centre de recherche et de surveillance environnementale en Antarctique, CIMAA à la base Bernardo O'Higgins (Chili) au cours de la saison 2012-2013. De plus, le document communique au sujet des activités de collaboration internationale menées dans le cadre de la vérification du fonctionnement des dispositifs de traitement des eaux usées.

12. RAPPORTS D'INSPECTION	
WP 4 Allemagne et Afrique du Sud	*INSPECTION EFFECTUÉE PAR L'AFRIQUE DU SUD ET L'ALLEMAGNE EN APPLICATION DE L'ARTICLE VII DU TRAITÉ SUR L'ANTARCTIQUE ET L'ARTICLE 14 DU PROTOCOLE AU TRAITÉ SUR L'ANTARCTIQUE RELATIF À LA PROTECTION DE L'ENVIRONNEMENT : JANVIER 2013.* Dans ce document, l'Allemagne et l'Afrique du Sud communiquent sur les inspections réalisées dans quatre stations à Terre Dronning Maud du 9 au 29 janvier 2013 conformément aux dispositions en vigueur du Traité sur l'Antarctique et du Protocole de Madrid.
IP 53 Allemagne et Afrique du Sud	*INSPECTION EFFECTUÉE PAR L'AFRIQUE DU SUD ET L'ALLEMAGNE EN APPLICATION DE L'ARTICLE VII DU TRAITÉ SUR L'ANTARCTIQUE ET L'ARTICLE 14 DU PROTOCOLE AU TRAITÉ SUR L'ANTARCTIQUE RELATIF À LA PROTECTION DE L'ENVIRONNEMENT : JANVIER 2013.* Ce document présente le rapport complet de l'inspection menée en 2013 avec à l'appui les observations et les conclusions de l'équipe conjointe allemande et sud-africaine.

WP 9 Royaume-Uni, Pays-Bas & Espagne	*Recommandations générales issues des inspections conjointes menées par le Royaume-Uni, les Pays-Bas et l'Espagne conformément à l'article VII du traité sur l'Antarctique et l'Article 14 du Protocole relatif à la protection de l'environnemment.* Ce document porte sur les inspections conjointement réalisées par le Royaume-Uni, les Pays-Bas et l'Espagne dans la région de la Péninsule antarctique en décembre 2012. Les observateurs ont identifié une série de recommandations émanant de leurs inspections qui pourraient concerner d'autres sites et acteurs au-delà des bases, stations, sites et navires inspectés.
IP 38 Royaume-Uni, Pays-Bas & Espagne	*Rapport sur les inspections conjointes du Royaume-Uni, des Pays-Bas et de l'Espagne conformément à l'article VII du traité sur l'Antarctique et l'Article 14 du Protocole relatif à la protection de l'environnemment (Report of the Joint Inspections undertaken by the United Kingdom, the Netherlands and Spain under Article VII of the Antarctic Treaty and Article 14 of the Environmental Protocol).* Le rapport complet de l'inspection conjointe décrite dans le document de travail WP 9.
WP 51 rev. 1 Uruguay & Argentine	*Disponibilité à titre complémentaire par le biais du Secrétariat du Traité sur l'Antarctique, des listes d'observateurs des Parties consultatives.* Ce document propose que le Secrétariat du Traité sur l'Antarctique soit un medium à travers lequel les Parties puissent échanger sur les nominations d'observateurs conformément à l'article 7 du Traité sur l'Antarctique et l'article 14 du Protocole relatif à la protection de l'environnement. Ces informations pourraient par exemple être mises en ligne en accès restreint dans la section réservée aux informations de présaison des EIE.
IP 16 France & Italie	*État du fluide de forage présent dans le puits EPICA, station Concordia: réponse aux États-Unis / inspection russe en 2012 (Status of the fluid in the EPICA borehole at Concordia Station: an answer to the US / Russian Inspection in 2012).* Lors du CPE XV, les États-Unis et la Fédération de Russie ont communiqué les résultats de leur inspection conjointe de la station Concordia réalisée en 2012. Des réserves avaient été exprimées au sujet de la fuite potentielle du fluide de forage utilisé dans le puits EPICA et des informations inexactes avaient été véhiculées au sujet des propriétés de ce fluide. L'objectif de ce document d'information est d'apporter des réponses à ces interrogations.
IP 45 Fédération de Russie & États-Unis	*Rapport de la Russie – États-Unis Inspection antarctique conjointe, 29 novembre – 6 décembre 2012 (Report of Russia – US joint Antarctic Inspection, November 29 – December 6, 2012).* Ce document porte sur la seconde phase de l'inspection conjointe de sept stations en Antarctique. Il communique par ailleurs sur les principales conclusions de cette seconde phase.

IP 77 Italie	*RÉPONSE DE L'ITALIE À L'INSPECTION DES ÉTATS-UNIS / RUSSIE À LA STATION MARIO ZUCCHELLI EN 2012 (ITALY ANSWER TO THE US / RUSSIAN INSPECTION AT MARIO ZUCCHELLI STATION IN 2012).* Ce document présente des informations plus précises sur la capacité de l'Italie à mettre en œuvre les normes légales concernant le Protocole relatif à la protection de l'environnement en réponse aux préoccupations exprimées dans le rapport d'inspection de 2012.

13. *QUESTIONS D'ORDRE GÉNÉRAL*

IP 7 Japon	*ÉTAT DES LIEUX DE LA GESTION DE L'ENVIRONNEMENT PAR LE JAPON EN ANTARCTIQUE, EN RÉFÉRENCE AUX PRATIQUES D'AUTRES PROGRAMMES ANTARCTIQUES NATIONAUX (STATE OF JAPANESE ENVIRONMENTAL MANAGEMENT IN ANTARCTICA, WITH REFERENCE TO THE PRACTICES OF OTHER NATIONAL ANTARCTIC PROGRAMMES).* Ce document explique que le Ministère de l'environnement du Japon avait décidé de mener une enquête sur la situation de la conservation de l'environnement dans les stations antarctiques de chaque pays. Le but de cette enquête serait de servir de référence pour l'identification de points d'améliorations en matière de conservation.
IP 83 SCAR	*CARTE BATHYMÉTRIQUE INTERNATIONALE DE L'OCÉAN AUSTRAL (IBCSO) : PREMIÈRE PUBLICATION (THE INTERNATIONAL BATHYMETRIC CHART OF THE SOUTHERN OCEAN (IBCSO): FIRST RELEASE).* Ce document traite du projet initié en 2006 et en particulier de la base de données et de la carte publiée par l'institut allemand Alfred-Wegener.
IP 104 Colombie	*IP 104. LA COLOMBIE EN ANTARCTIQUE.* Ce document porte sur la décision de la Colombie de jouer un rôle plus important en Antarctique à travers une coopération plus dynamique aux activités scientifiques liées à l'Antarctique, aux échanges d'information et à la coopération internationale. La Colombie a annoncé qu'elle envisage de réaliser une expédition en Antarctique durant la saison 2014 ou 2015 et qu'elle a entamé la procédure de ratification du Protocole relatif à la protection de l'environnement.

14. *ÉLECTION DU BUREAU*

15. *PRÉPARATIFS DE LA PROCHAINE RÉUNION*

16. *ADOPTION DU RAPPORT*

17. *CLÔTURE DE LA RÉUNION*

Appendice 1

Plan de travail quinquennal du CPE

Question/ Pression environmentale Actions	Priorité pour le CPE	*Période intersessions*	XVIIe CPE 2014	*Période intersessions*	XVIIIe CPE 2015	*Période intersessions*	XIXe CPE 2016	*Période intersessions*	XXe CPE 2017
Introduction d'espèces non-indigènes **Actions:** 1. Continuer l'élaboration des lignes directrices pratiques et des ressources destinées à tous les opérateurs antarctiques 2. Continuer l'élaboration des recommandations sur les changements climatiques émanant de la RETA 3. Examiner les indices spatiaux explicites issus des évaluations des risques selon les activités afin de mitiger les risques posés par les espèces non indigènes terrestres. 4. Développer une stratégie de surveillance pour les zones à haut risque d'établissement d'espèces non-indigènes 5. Accorder une attention supplémentaire aux risques posés par les transferts intra-Antarctique de propagules	1	Discussions informelles pendant les périodes intersessions (Allemagne) Les Membres intéressés, les experts, et les programmes antarctiques nationaux mettent en œuvre des mesures d'intervention et d'éradication	Discuter de mesures de surveillance supplémentaires à inclure dans le manuel sur les espèces non indigènes, y compris une stratégie de surveillance des zones à haut risque d'établissement Discuter de mesures d'intervention supplémentaires à inclure dans le manuel sur les espèces non indigènes	Préparation de la revue du manuel -envisager la création d'un groupe de discussion informel	Revue du manuel sur les espèces non indigènes				
Tourisme et activités non gouvernementales **Actions:** 1. Donner selon que de besoin des avis à la RCTA 2. Promouvoir la mise en œuvre des recommandations de la RETA sur le tourisme maritime	1	Coopération des Parties en vue de l'élaboration de ressources prenant en considération les recommandations 3 et 6 de l'étude sur le tourisme	Apporter une réponse provisoire à la RCTA concernant les recommandations 3 et 6 de l'étude sur le tourisme. Envisager le format des lignes directrices de visite de sites prenant en compte la recommandation 8 du document WP15 (2013)						
Pression planétaire : Changements climatiques **Actions:** 1. Examiner les implications des changements climatiques pour la gestion de l'environnement antarctique 2. Promouvoir la mise en œuvre des recommandations de la RETA sur les changements climatiques	1	Promotion par le GCI de la mise en œuvre des recommandations de la RETA	Rapport provisoire du GCI. Point permanent de l'ordre du jour. Le SCAR fournit une mise à jour	Poursuite de la promotion par le GCI de la mise en œuvre des recommandations de la RETA	Rapport du GCI Point permanent de l'ordre du jour. Le SCAR fournit une mise à jour	Poursuite de la promotion par le GCI de la mise en œuvre des recommandations de la RETA	Point permanent de l'ordre du jour. Le SCAR fournit une mise à jour	Poursuite de la promotion par le GCI de la mise en œuvre des recommandations de la RETA	Point permanent de l'ordre du jour. Le SCAR fournit une mise à jour

183

Question/ Pression environnementale Actions	Priorité pour le CPE	Période intersessions	XVIIe CPE 2014	Période intersessions	XVIIIe CPE 2015	Période intersessions	XIXe CPE 2016	Période intersessions	XXe CPE 2017
Instruction des plans de gestion nouveaux et révisés des zones protégées et gérées	1	Poursuite par le GSPG de ses travaux en fonction du plan de travail retenu	Examen du rapport du GSPG	Poursuite par le GSPG de ses travaux en fonction du plan de travail retenu ; Élaboration de lignes directrices pour la préparation des ZGSA	Examen du rapport du GSPG	Poursuite par le GSPG de ses travaux en fonction du plan de travail retenu	Examen du rapport du GSPG		
Actions: 1. Peaufiner la procédure d'examen des plans de gestion nouveaux et révisés 2. Mise à jour des lignes directrices existantes 3. Promouvoir la mise en œuvre des recommandations de la RETA sur les changements climatiques 4. Élaborer des lignes directrices pour la préparation de ZGSA 5. Envisager la nécessité d'améliorer le processus de désignation de nouvelles ZSPA et ZGSA									
Gestion et protection marines territoriales	1								
Actions: 1. Coopérer avec la CCAMLR sur la biorégionalisation de l'océan Austral et aux autres intérêts communs et principes convenus 2. Identifier et appliquer les processus de protection de l'espace marin 3. Promouvoir la mise en œuvre des recommandations de la RETA sur les changements climatiques									
Fonctionnement du CPE et planification stratégique	1		Point permanent Examiner et réviser le plan de travail selon que de besoin		Préparatifs du 25e anniversaire du Protocole. Point permanent Examiner et réviser le plan de travail selon que de besoin		25e anniversaire du Protocole. Examiner et réviser le plan de travail selon que de besoin		
Actions: 1. Tenir à jour le plan quinquennal en fonction de l'évolution de la situation et des exigences de la RCTA 2. Recenser les possibilités d'améliorer l'efficacité du CPE 3. Examiner les objectifs à long terme pour l'Antarctique (50-100 ans)									

Question/ Pression environnementale Actions	Priorité pour le CPE	Période intersessions	XVIIe CPE 2014	Période intersessions	XVIIIe CPE 2015	Période intersessions	XIXe CPE 2016	Période intersessions	XXe CPE 2017
Réparation ou réhabilitation des dégâts environnementaux	1		Examiner la révision du manuel de nettoyage		Le Secrétariat est invité à élaborer et à tenir à jour un inventaire				
Actions: 1. Développer des avis concernant la Décision 4 (2010) en réponse à la demande de la RCTA. 2. Dresser un inventaire à l'échelle antarctique des sites ayant fait l'objet d'activités dans le passé 3. Examiner les lignes directrices pour la réparation et la réhabilitation 4. Préparer des lignes directrices pratiques ainsi que des ressources à intégrer au manuel des directives de nettoyage			examiner une requête supplémentaire par la RCTA		examiner une requête supplémentaire par la RCTA pour un avis définitif				
Empreinte humaine et gestion de la nature à l'état sauvage	2	Poursuite des discussions informelles notamment sur les aspects liés à la microbiologie							
Actions: 1. Convenir d'une compréhension commune des termes «empreinte» et «sauvage» 2. Développer des méthodes pour une meilleure protection de la nature sauvage dans les annexes I et V									
Rapports sur la surveillance continue et l'état de l'environnement	2		Rapport au CPE, le cas échéant						
Actions: 1. Recenser les principaux indicateurs et outils environnementaux 2. Mettre en place une procédure d'établissement de rapports à la RCTA 3. Le SCAR partage l'information avec le COMNAP (Conseil des directeurs des programmes antarctiques nationaux) et le CPE.									
Connaissances de la diversité biologique	2				Discussion concernant la mise à jour du SCAR sur le bruit sous-marin				
Actions: 1. Maintenir la sensibilisation aux menaces qui pèsent sur la biodiversité 2. Promouvoir les recommandations de la RETA sur les changements climatiques									

185

Question/ Pression environnementale Actions	Priorité pour le CPE	Période intersessions	XVIIe CPE 2014	Période intersessions	XVIIIe CPE 2015	Période intersessions	XIXe CPE 2016	Période intersessions	XXe CPE 2017
Lignes directrices spécifiques aux sites en particulier ceux visités par les touristes	2	Coordination par le Royaume-Uni d'un processus informel de recherche et de recoupement d'informations sur l'utilisation des lignes directrices de sites par les opérateurs nationaux	Point permanent de l'ordre du jour, rapport des Parties sur leur examen des lignes directrices pour les visites de sites Rapport au CPE sur les résultats de la surveillance des îles Barrientos - îles Aitcho.		Point permanent de l'ordre du jour, rapport des Parties sur leur examen des lignes directrices pour les visites de sites		Point permanent de l'ordre du jour, rapport des Parties sur leur examen des lignes directrices pour les visites de sites		Point permanent de l'ordre du jour, rapport des Parties sur leur examen des lignes directrices pour les visites de sites
Actions: 1. Revoir les directrices spécifiques aux sites tel que requis 2. Donner selon que de besoin des avis à la RCTA 3. Revoir le format des lignes directrices de sites									
Aperçu du système des zones protégées	2		Examen des incidences possibles d'une analyse actualisée des lacunes sur la base de l'ADE et l'ACBR						
Actions: 1. Appliquer l'analyse des domaines environnementaux (ADE) et des régions biogéographiques de conservation de l'Antarctique (ACBR) afin d'améliorer le système des zones protégées 2. Promouvoir la mise en œuvre des recommandations de la RETA sur les changements climatiques 3. Tenir à jour et développer la base de données des zones protégées									
Communication et éducation	2								
Actions: 1. Revoir les exemples actuels et identifier des opportunités de vulgarisation et d'éducation 2. Encourager les Membres à échanger des informations concernant leur expérience dans ce domaine 3. Mettre en place une stratégie et des lignes directrices pour l'échange d'informations entre Membres à propos de la sensibilisation dans une perspective de long terme									

Question/ Pression environnementale / Actions	Priorité pour le CPE	Période intersessions	XVIIe CPE 2014	Période intersessions	XVIIIe CPE 2015	Période intersessions	XIXe CPE 2016	Période intersessions	XXe CPE 2017
Tenue à jour de la liste des Sites et monuments historiques (SMH)	3	Actualisation des listes de SMH par le Secrétariat	Point permanent	Actualisation des listes de SMH par le Secrétariat	Point permanent	Actualisation des listes de SMH par le Secrétariat	Point permanent	Actualisation des listes de SMH par le Secrétariat	Point permanent
Actions: 1. Tenir à jour la liste et examiner les éventuelles propositions nouvelles 2. Examiner les questions stratégiques si nécessaire, notamment les questions portant sur la désignation de bâtiments comme SMH par opposition aux dispositions relatives au nettoyage des sites prévues par le Protocole									
Échange d'informations	3		Rapport du Secrétariat		Rapport du Secrétariat		Rapport du Secrétariat		Rapport du Secrétariat
Actions: 1. Se référer au Secrétariat 2. Suivre et favoriser une utilisation aisée des EEI									
Mise en œuvre et amélioration des dispositions de l'annexe I relatives à l'EIE	3	Créer un GCI chargé d'examiner les projets de EGIE selon que de besoin	Examen du rapport du GCI sur les projets d'EGIE selon que de besoin	Entamer la révision des lignes directrices de l'EIE notamment les parties concernant l'empreinte humaine, la nature à l'état sauvage, le démantèlement des stations, etc / Créer un GCI chargé d'examiner les projets de EGIE selon que de besoin	Créer un GCI chargé d'examiner les projets de EGIE selon que de besoin	Créer un GCI chargé d'examiner les projets de EGIE selon que de besoin	Examen du rapport du GCI sur les projets d'EGIE selon que de besoin	Créer un GCI chargé d'examiner les projets de EGIE selon que de besoin	Examen du rapport du GCI sur les projets d'EGIE selon que de besoin
Actions: 1. Affiner la procédure d'examen des EGIE et donner à la RCTA des avis en conséquence 2. Élaborer des lignes directrices pour l'évaluation des impacts cumulatifs 3. Réexaminer périodiquement les lignes directrices d'EIE 4. Envisager l'application d'une évaluation stratégique de l'environnement en Antarctique 5. Promouvoir les recommandations de la RETA sur les changements climatiques									
Espèces spécialement protégées	3		Examiner la proposition selon que de besoin						
Actions: 1. Examiner les propositions relatives aux espèces spécialement protégées.									

187

Question/ Pression environnementale Actions	Priorité pour le CPE	Période intersessions	XVIIe CPE 2014	Période intersessions	XVIIIe CPE 2015	Période intersessions	XIXe CPE 2016	Période intersessions	XXe CPE 2017
Actions à prendre en cas d'urgence et planification de plans d'urgence	3	Discussion		Discussion					
Actions:									
1. Promouvoir la mise en œuvre des recommandations de la RETA sur le tourisme maritime									
Mise à jour du Protocole et examen des annexes	3								
Actions:									
1. Envisager la nécessité de réviser les annexes du Protocole et le cas échéant définir les objectifs visés par la révision									
Inspections (Article 14 du Protocole)	3		Point permanent		Point permanent		Point permanent		Point permanent
Actions:									
1. Examiner les rapports d'inspection selon que de besoin									
Déchets	3	Examen par le COMNAP des informations émanant de l'atelier sur la gestion des déchets de 2006							
Actions:									
1. Élaborer des lignes directrices pour l'élimination la plus efficace possible des déchets, y compris les déchets humains									
Gestion de l'énergie	4								
Actions:									
1. Développer les meilleures pratiques de lignes directrices pour la gestion de l'énergie dans les stations et les bases.									

Appendice 2

Ordre du jour provisoire de la XVIIe Réunion du CPE

1. Ouverture de la réunion
2. Adoption de l'ordre du jour
3. Débat stratégique sur les travaux futurs du CPE
4. Fonctionnement du CPE
5. Coopération avec d'autres organisations
6. Réparation ou réhabilitation des dégâts environnementaux
7. Conséquences des changements climatiques sur l'environnement : Approche stratégique
8. Évaluation d'impact sur l'environnement (EIE)

    a. Projets d'évaluations globales d'impact sur l'environnement

    b. Autres questions relatives aux évaluations d'impact sur l'environnement

9. Plans de gestion et de protection des zones

    a. Plans de gestion

    b. Sites et monuments historiques

    c. Directives de site

    d. Empreinte humaine et valeurs de la nature à l'état sauvage

    e. Gestion et protection marines territoriales

    f. Autres questions relevant de l'annexe V

10. Conservation de la faune et de la flore de l'Antarctique

    a. Quarantaine et espèces non indigènes

    b. Espèces spécialement protégées

    c. Autres questions relevant de l'annexe II

11. Surveillance de l'environnement et rapports
12. Rapports d'inspection
13. Questions diverses
14. Élection du Bureau
15. Préparatifs de la prochaine réunion
16. Adoption du rapport
17. Clôture de la réunion

3. Appendices

XXXVIème RCTA Communiqué de presse

La Belgique a accueilli du 20 au 29 mai la XXXVIème Réunion Consultative du Traité Antarctique (RCTA) et la XVIème réunion du Comité pour la Protection de l'Environnement (CPE). Ces réunions étaient organisées conjointement par les Services Publics Fédéraux Affaires étrangères, Environnement et Politique Scientifique. Les Parties ont accueilli la République Tchèque en tant que 29ème Partie Consultative.

Depuis 1959, le Traité sur l'Antarctique est la pièce maîtresse de la coopération internationale visant à préserver le caractère unique de l'Antarctique en tant que réserve naturelle consacrée à la paix et à la science à travers l'échange d'information, la consultation et la formulation de Mesures, Décisions et Résolutions.

Plus de 450 délégués représentant les 50 Parties, dont des représentants officiels, des scientifiques de renom, des experts et des observateurs internationaux ont assisté à cette réunion annuelle avec un objectif commun: Promouvoir une coopération internationale efficace sur les défis et les menaces émergentes touchant l'Antarctique.

La science est restée au centre des discussions. Les parties ont souligné le rôle stratégique de la science dans l'élaboration des politiques sur l'étude des effets du changement climatique et des autres menaces pour l'environnement.

La coopération internationale est au cœur du Traité et a de nouveau été le mot clé dans les déclarations officielles et les discussions entre les délégués.

Une des principales réalisations de la RCTA de cette année a été l'adoption d'un plan de travail stratégique qui identifie les priorités à poursuivre dans 3 domaines clés : Renforcer la coopération pour garantir un Système du Traité sur l'Antarctique robuste et efficace, renforcer la protection de l'environnement en Antarctique, et une gestion et réglementation efficaces des activités humaines dans l'Antarctique.

Afin de faire face aux dommages environnementaux potentiels, le CPE a identifié une série de questions stratégiques cruciales et entériné un manuel pour le nettoyage de sites. Suite au rapport du Comité scientifique sur la Recherche Antarctique (SCAR) sur le changement climatique et ses répercussions sur l'environnement, le CPE a décidé d'élaborer un plan de travail priorisé de réponse aux changements climatiques. La RCTA a adopté, sur conseil du CPE, 17 plans de gestion d'aires protégées en Antarctique et 16 lignes de conduite pour les visiteurs de sites.

Les Parties ont appuyé la poursuite de la coopération internationale en matière de science et de la logistique en Antarctique. La réunion a tenu une session extraordinaire d'une journée complète sur la recherche et le sauvetage dans l'Antarctique et les Parties ont décidé de continuer à collaborer activement, de partager les meilleures pratiques, de coopérer avec l'Organisation maritime internationale (OMI) et l'Organisation de l'aviation civile internationale (OACI), et à encourager les cinq Centres de Coordination du Sauvetage dans la région Antarctique à mener des exercices conjoints, entre eux et avec les autres entités concernées.

Le tourisme reste un point d'attention. En réponse, les Parties ont adopté une Décision sur l'échange d'information, et décidé de se concentrer en particulier sur le tourisme terrestre et d'aventure lors de la prochaine réunion.

Les participants ont exprimé leur gratitude pour l'hospitalité fournie par la Belgique, l'une des douze Parties fondatrices du Traité sur l'Antarctique, et a félicité le gouvernement belge pour une excellente organisation et le déroulement harmonieux des réunions. Le Brésil accueillera la prochaine RCTA à Brasilia, vraisemblablement du 12 au 21 mai 2014.

Bruxelles, 29 mai 2013

Ordre du jour prévisionnel pour la XXXVIIe RCTA

1. Ouverture de la réunion

2. Élection des membres du Bureau et création de groupes de travail

3. Adoption de l'ordre du jour et répartition des points qui y sont inscrits

4. Fonctionnement du système du Traité sur l'Antarctique : Rapports des Parties, observateurs et experts

5. Fonctionnement du système du Traité sur l'Antarctique : Questions de caractère général

6. Fonctionnement du système du Traité sur l'Antarctique : Questions relatives au Secrétariat

7. Élaboration d'un plan de travail stratégique pluriannuel

8. Rapport du Comité pour la protection de l'environnement

9. Responsabilité : Application de la décision 4 (2010)

10. Sécurité et opérations dans l'Antarctique

11. Tourisme et activités non gouvernementales dans la zone du Traité sur l'Antarctique

12. Inspections effectuées en vertu du Traité sur l'Antarctique et du Protocole relatif à la protection de l'environnement

13. Questions scientifiques, coopération et facilitation scientifiques

14. Conséquences des changements climatiques pour la Zone du Traité sur l'Antarctique

15. Questions éducatives

16. Échange d'informations

17. Prospection biologique en Antarctique

18. Préparatifs de la XXXVIIIe réunion

19. Divers

20. Adoption du rapport final

21. Clôture de la réunion

DEUXIÈME PARTIE

Mesures, décisions et résolutions

1. Mesures

Zone spécialement protégée de l'Antarctique n° 108
(Île Green, Îles Berthelot, Péninsule antarctique):
Plan de gestion révisé

Les représentants,

Rappelant les Articles 3, 5 et 6 de l'Annexe V du Protocole au Traité sur l'Antarctique relatif à la protection de l'environnement, qui prévoient la désignation de Zones spécialement protégées de l'Antarctique (« ZSPA ») et l'approbation de plans de gestion de ces zones ;

Rappelant

- La Recommandation IV-9 (1966), qui désignait l'Île Green dans les Îles Berthelot, Péninsule antarctique, comme Zone spécialement protégée (« ZSP ») n°9 ;

- La Recommandation XVI-6 (1991), qui comportait en annexe le Plan de gestion de la Zone ;

- La Décision 1 (2002), qui rebaptisait et renumérotait la ZSP n°9 comme ZSPA n°108 ;

- La Mesure 1 (2002), par laquelle était adopté le Plan de gestion révisé de la ZSPA n°108

Rappelant que la Recommandation IV-9 (1966) a été désignée comme n'étant plus en vigueur par la Décision 1 (2011) ;

Rappelant que la Recommandation XVI-6 (1991) n'est pas entrée en vigueur ;

Notant que le Comité pour la protection de l'environnement a approuvé un plan de gestion révisé de la ZSPA n°108 ;

Désireux de remplacer le Plan de gestion actuel de la ZSPA n°108 par le Plan de gestion révisé ;

Recommandent à leurs Gouvernements d'approuver la Mesure ci-après conformément au paragraphe 1 de l'Article 6 de l'Annexe V du Protocole au Traité sur l'Antarctique relatif à la protection de l'environnement,

Que :

1. Le Plan de gestion révisé de la Zone spécialement protégée de l'Antarctique n°108 (Île Green dans les Îles Berthelot, Péninsule antarctique), qui figure en annexe à la présente Mesure soit approuvé ; et que

2. Le Plan de gestion de la ZSPA n°108 qui figure en annexe à la Mesure 1 (2002) cesse d'être en vigueur.

Zone spécialement protégée de l'Antarctique n° 117
(Île Avian, Baie Marguerite, Péninsule antarctique): Plan de gestion révisé

Les Représentants,

Rappelant les Articles 3, 5 et 6 de l'Annexe V du Protocole au Traité sur l'Antarctique relatif à la protection de l'environnement, qui prévoient la désignation de Zones spécialement protégées de l'Antarctique (« ZSPA ») et l'approbation de plans de gestion de ces Zones ;

Rappelant

- La Recommandation XV-6 (1989), qui désignait le Site d'intérêt scientifique particulier (« SISP ») n°30 et comportait en annexe le Plan de gestion du Site ;

- La Recommandation XVI-4 (1991), qui désignait le SISP n°30 comme Zone spécialement protégée (« ZSP ») n°21 et comportait en annexe un plan de gestion révisé de la Zone ;

- La Décision 1 (2002), qui rebaptisait et renumérotait la ZSP n°21 comme ZSPA n°117 ;

- La Mesure 1 (2002), qui adoptait un plan de gestion révisé de la Zone ;

Rappelant que les Recommandations XV-6 (1989) et XVI -4 (1991) ne sont pas entrées en vigueur et ont été désignées comme caduques par la Décision 1 (2011) ;

Notant que le Comité pour la protection de l'environnement a approuvé un plan de gestion révisé de la ZSPA n°117 ;

Désireux de remplacer le Plan de gestion actuel de la ZSPA n°117 par le Plan de gestion révisé ;

Recommandent à leurs Gouvernements d'approuver la Mesure ci-après conformément au paragraphe 1 de l'Article 6 de l'Annexe V du Protocole au Traité sur l'Antarctique relatif à la protection de l'environnement,

Que :

1. Le Plan de gestion révisé de la Zone spécialement protégée de l'Antarctique n°117 (Île Avian, Baie Marguerite, Péninsule antarctique), qui figure en annexe à la présente Mesure soit approuvé ; et que

2. Le Plan de gestion de la ZSPA n°117 qui figure en annexe à la Mesure 1 (2002) cesse d'être en vigueur.

Zone spécialement protégée de l'Antarctique n° 123
(Vallées Barwick et Balham, Terre Southern Victoria) : Plan de gestion révisé

Les Représentants,

Rappelant les Articles 3, 5 et 6 de l'Annexe V du Protocole au Traité sur l'Antarctique relatif à la protection de l'environnement, qui prévoient la désignation de Zones spécialement protégées de l'Antarctique (« ZSPA ») et l'approbation de plans de gestion de ces Zones ;

Rappelant

Recommandation VIII-4 (1975), qui désignait la Vallée Barwick, en Terre Victoria, comme Site d'intérêt scientifique particulier (« SISP ») n°3 et comportait en annexe le Plan de gestion du Site ;

- Les Recommandations X-6 (1979), XII-5 (1983) et XIII-7 (1985), la Résolution 7 (1995) et la Mesure 2 (2000) qui prorogeaient la date d'expiration du SISP n°3 ;

- La Décision 1 (2002), qui rebaptisait et renumérotait le SISP n°3 comme ZSPA n°123 ;

- Les Mesures 1 (2002) et 6 (2008) qui adoptaient les plans de gestion révisés de la ZSPA n°123 ;

Rappelant que les Recommandations VIII-4 (1975), X-6 (1979), XII-5 (1983) et XIII-7 (1985) ainsi que la Résolution 7 (1995) ont été abrogées par la Décision 1 (2001) ;

Rappelant que la Mesure 2 (2000) n'est pas entrée en vigueur et a été retirée par la Mesure 5 (2009) ;

Notant que le Comité pour la protection de l'environnement a approuvé un plan de gestion révisé de la ZSPA n°123 ;

Désireux de remplacer le Plan de gestion actuel de la ZSPA n°123 par le Plan de gestion révisé ;

Recommandent à leurs Gouvernements d'approuver la Mesure ci-après conformément au paragraphe 1 de l'Article 6 de l'Annexe V du Protocole au Traité sur l'Antarctique relatif à la protection de l'environnement.

Que :

1. Le Plan de gestion révisé de la Zone spécialement protégée de l'Antarctique n°123 (Vallées Barwick et Balham, Terre Southern Victoria), qui figure en annexe à la présente Mesure soit approuvé ; et que

2. Le Plan de gestion de la ZSPA n°123 qui figure en annexe à la Mesure 6 (2008) cesse d'être en vigueur.

Zone spécialement protégée de l'Antarctique n° 132
(Péninsule Potter, Île du Roi George (Isla 25 de Mayo), Îles Shetland du sud) : Plan de gestion révisé

Les Représentants,

Rappelant les Articles 3, 5 et 6 de l'Annexe V du Protocole au Traité sur l'Antarctique relatif à la protection de l'environnement, qui prévoient la désignation de Zones spécialement protégées de l'Antarctique (« ZSPA ») et l'approbation de plans de gestion de ces zones ;

Rappelant

- La Recommandation XIII-8 (1985), qui désignait la Péninsule Potter, dans l'Île du Roi George (Isla 25 de Mayo), Îles Shetland du sud, comme site présentant un intérêt scientifique particulier (« SISP ») n°13 et à laquelle était annexé un plan de gestion du Site ;

- la Mesure 3 (1997), à laquelle était annexé un plan de gestion révisé du SISP n°13 ;

- la Décision 1 (2002), qui rebaptisait et renumérotait le SISP n°13 comme ZSPA n°132 ;

- la Mesure 2 (2005), qui adoptait un plan de gestion révisé de la ZSPA n°132 ;

Rappelant que la Mesure 3 (1997) n'est pas encore entrée en vigueur ;

Notant que le Comité pour la protection de l'environnement a approuvé un plan de gestion révisé de la ZSPA n°132 ;

Désireux de remplacer le Plan de gestion de la ZSPA n°132 actuel par le Plan de gestion révisé ;

Recommandent à leurs Gouvernements d'approuver la Mesure ci-après conformément au paragraphe 1 de l'Article 6 de l'Annexe V du Protocole au Traité sur l'Antarctique relatif à la protection de l'environnement :

Que :

1. Le Plan de gestion révisé de la Zone spécialement protégée de l'Antarctique n°132 (Péninsule Potter, Île du Roi-George (Isla 25 de Mayo), Îles Shetland du sud), qui figure en annexe à la présente Mesure soit approuvé ; et que

2. Le Plan de gestion de la ZSPA n°132 qui figure en annexe à la Mesure 2 (2005) cesse d'être en vigueur.

Zone spécialement protégée de l'Antarctique n° 134
(Pointe Cierva et îles situées au large, Côte Danco, Péninsule antarctique) : Plan de gestion révisé

Les Représentants,

Rappelant les Articles 3, 5 et 6 de l'Annexe V du Protocole au Traité sur l'Antarctique relatif à la protection de l'environnement, qui prévoient la désignation de Zones spécialement protégées de l'Antarctique (« ZSPA ») et l'approbation de plans de gestion de ces zones ;

Rappelant

- La Recommandation XIII-8 (1985), qui désignait la Pointe Cierva et les îles situées au large, sur la côte Danco, Péninsule antarctique, comme Site présentant un intérêt scientifique particulier (« SISP ») n°15 et à laquelle était annexé un plan de gestion du Site ;

- La Résolution 7 (1995), qui prorogeait la date d'expiration du SISP n°15 ;

- La Mesure 3 (1997), à laquelle était annexé un plan de gestion révisé du SISP n°15;

- La Décision 1 (2002), qui rebaptisait et renumérotait le SISP n°15 comme ZSPA n°134;

- La Mesure 1 (2006), qui adoptait un plan de gestion révisé de la ZSPA n°134 ;

Rappelant que la Résolution 7 (1995) a été désignée comme n'étant plus en vigueur par la Décision 1 (2011) ;

Rappelant que la Mesure 3 (1997) n'est pas encore entrée en vigueur ;

Notant que le Comité pour la protection de l'environnement a approuvé un plan de gestion révisé de la ZSPA n°134 ;

Désireux de remplacer le Plan de gestion de la ZSPA n°134 actuel par le Plan de gestion révisé ;

Recommandent à leurs Gouvernements d'approuver la Mesure ci-après conformément au paragraphe 1 de l'Article 6 de l'Annexe V du Protocole au Traité sur l'Antarctique relatif à la protection de l'environnement :

Que :

1. Le Plan de gestion révisé de la Zone spécialement protégée de l'Antarctique n°134 (Pointe Cierva et îles situées au large, côte Danco, Péninsule antarctique), qui figure en annexe à la présente Mesure soit approuvé ; et que

2. Le Plan de gestion de la ZSPA n°134 qui figure en annexe à la Mesure 1 (2006) cesse d'être en vigueur.

Zone spécialement protégée de l'Antarctique n° 135
(Péninsule North-east Bailey, Côte Budd, Terre de Wilkes) : Plan de gestion révisé

Les Représentants,

Rappelant les Articles 3, 5 et 6 de l'Annexe V du Protocole au Traité sur l'Antarctique relatif à la protection de l'environnement, qui prévoient la désignation de Zones spécialement protégées de l'Antarctique (« ZSPA ») et l'approbation de plans de gestion de ces zones ;

Rappelant

- La Recommandation XIII-8 (1985), qui désignait la Péninsule North-east Bailey, sur la côte Budd, Terre de Wilkes, comme Site d'intérêt scientifique particulier (« SISP ») n°16 et qui comportait en annexe le Plan de gestion du Site ;

- La Résolution 7 (1995) et la Mesure 2 (2000), qui prorogeait la date d'expiration du Site SISP n°16 ;

- La Décision 1 (2002), qui rebaptisait et renumérotait le SISP n°16 comme ZSPA n°135 ;

- Les Mesures 2 (2003) et 8 (2008), qui adoptaient les plans de gestion révisés de la ZSPA n°135 ;

Rappelant que la Résolution 7 (1995) a été désignée comme n'étant plus en vigueur par la Décision 1 (2011) ;

Rappelant que la Mesure 2 (2000) n'est pas entrée en vigueur et a été retirée par la Mesure 5 (2009) ;

Notant que le Comité pour la protection de l'environnement a approuvé le Plan de gestion révisé de la ZSPA n°135 ;

Désireux de remplacer le Plan de gestion actuel de la ZSPA n°135 par le Plan de gestion révisé ;

Recommandent à leurs Gouvernements d'approuver la Mesure ci-après conformément au paragraphe 1 de l'Article 6 de l'Annexe V du Protocole au Traité sur l'Antarctique relatif à la protection de l'environnement.

Que :

1. Le Plan de gestion révisé de la Zone spécialement protégée de l'Antarctique n°135 (Péninsule North-east Bailey, côte Budd, Terre de Wilkes), qui figure en annexe à la présente Mesure soit approuvé ; et que

2. Le Plan de gestion de la ZSPA n°135 qui figure en annexe à la Mesure 8 (2008) cesse d'être en vigueur.

Zone spécialement protégée de l'Antarctique n° 137
(Île Northwest White, détroit de McMurdo) : Plan de gestion révisé

Les Représentants,

Rappelant les Articles 3, 5 et 6 de l'Annexe V du Protocole au Traité sur l'Antarctique relatif à la protection de l'environnement qui prévoient la désignation de Zones spécialement protégées de l'Antarctique (« ZSPA ») et l'approbation de plans de gestion de ces zones ;

Rappelant

- La Recommandation XIII-8 (1985), qui désignait l'Île Northwest White dans le détroit de McMurdo, comme Site d'intérêt scientifique particulier (« SISP ») n°18 et qui comportait en annexe un plan de gestion du Site ;

- La Recommandation XVI-7 (1991) et la Mesure 3 (2001), qui prorogeaient la date d'expiration du SISP n°18 ;

- La Décision 1 (2002), qui rebaptisait et renumérotait le SISP n°18 comme ZSPA n°137 ;

- La Mesure 1 (2002), qui adoptait un plan de gestion révisé de la ZSPA n°137 ;

Rappelant que la Mesure 3 (2001) et la Recommandation XVI-7 (1991) ne sont pas entrées en vigueur, et que la Recommandation XVI-7 (1991) a été désignée comme n'étant plus en vigueur par la Décision 1 (2011) ;

Notant que le Comité pour la protection de l'environnement a approuvé un plan de gestion révisé de la ZSPA n° 137 ;

Souhaitant remplacer le Plan de gestion existant de la ZSPA n°137 par le Plan de gestion révisé ;

Recommandent à leurs Gouvernements d'approuver la Mesure suivante, conformément au paragraphe 1 de l'Article 6 de l'Annexe V du Protocole au Traité sur l'Antarctique relatif à la protection de l'environnement :

Que :

1. Le Plan de gestion révisé de la Zone spécialement protégée de l'Antarctique n°137 (Île Northwest White, détroit de McMurdo), en annexe à la présente Mesure, soit approuvé ;

2. Le Plan de gestion de la ZSPA n°137 en annexe à la Mesure 1 (2002) cesse d'être en vigueur.

Zone spécialement protégée de l'Antarctique n° 138
(Linnaeus Terrace, chaîne Asgard, Terre Victoria) : Plan de gestion révisé

Les Représentants,

Rappelant les Articles 3, 5 et 6 de l'Annexe V du Protocole au Traité sur l'Antarctique relatif à la protection de l'environnement qui prévoient la désignation de Zones spécialement protégées de l'Antarctique (« ZSPA ») et l'approbation de plans de gestion de ces Zones ;

Rappelant

- La Recommandation XIII-8 (1985) qui désignait la Linnaeus Terrace dans la chaîne Asgard, Terre Victoria, comme Site d'intérêt scientifique particulier (« SISP ») n°19 et qui comportait en annexe un plan de gestion du Site ;

- La Résolution 7 (1995), qui prorogeait la date d'expiration du SISP ;

- La Mesure 1 (1996), qui comportait en annexe un plan de gestion révisé du SISP n°19 ;

- La Décision 1 (2002), qui rebaptisait et renumérotait le SISP n°19 en Zone spécialement protégée de l'Antarctique n°138 ;

- La Mesure 10 (2008), qui adoptait un plan de gestion révisé de la ZSPA n°138 ;

Rappelant que la Résolution 7 (1995) a été désignée comme n'étant plus en vigueur par la Décision 1 (2011) ;

Rappelant que la Mesure 1 (1996) n'est pas entrée en vigueur et a été retirée par la Mesure 10 (2008) ;

Notant que le Comité pour la protection de l'environnement a approuvé un plan de gestion révisé de la ZSPA n°138 ;

Souhaitant remplacer le Plan de gestion existant de la ZSPA n°138 par le Plan de gestion révisé ;

Recommandent à leurs Gouvernements d'approuver la Mesure suivante, conformément au paragraphe 1 de l'Article 6 de l'Annexe V du Protocole au Traité sur l'Antarctique relatif à la protection de l'environnement :

Que :

1. Le Plan de gestion révisé pour la Zone spécialement protégée de l'Antarctique n°138 (Linneaus Terrace, chaîne Asgard, Terre Victoria), en annexe à la présente Mesure, soit approuvé ;

2. Le Plan de gestion de la ZSPA n°138 en de annexe à la Mesure 10 (2008) cesse d'être en vigueur.

Zone spécialement protégée de l'Antarctique n° 143
(Plaine Marine, Péninsule Mule, Collines Vestfold, Terre Princesse Elizabeth) : Plan de gestion révisé

Les Représentants,

Rappelant les Articles 3, 5 et 6 de l'Annexe V du Protocole au Traité sur l'Antarctique relatif à la protection de l'environnement, qui prévoient la désignation de Zones spécialement protégées de l'Antarctique (« ZSPA ») et l'approbation de plans de gestion de ces Zones ;

Rappelant

- La Recommandation XIV-5 (1987), qui désignait la Plaine Marine sur la Péninsule Mule, Collines Vestfold, Terre Princesse Elizabeth, comme Site présentant un intérêt scientifique particulier (« SISP ») n°25 et qui comportait en annexe un plan de gestion du Site ;

- la Résolution 3 (1996), qui prorogeait la date d'expiration du SISP ;

- la Mesure 2 (2000), qui prorogeait la date d'expiration du Plan de gestion du SISP ;

- la Décision 1 (2002), qui rebaptisait et renumérotait le SISP n°25 comme ZSPA n°143 ;

- la Mesure 2 (2003), qui adoptait un plan de gestion révisé de la ZSPA n°143 ;

Rappelant la que la Résolution 3 (1996) a été désignée comme n'étant plus en vigueur par la Décision 1 (2011) ;

Rappelant que la Mesure 2 (2000) n'est pas entrée en vigueur et a été retirée par la Mesure 5 (2009) ;

Notant que le Comité pour la protection de l'environnement a approuvé un plan de gestion révisé de la ZSPA n°143 ;

Désireux de remplacer le Plan de gestion de la ZSPA n°143 actuel par le Plan de gestion révisé ;

Recommandent à leurs Gouvernements d'approuver la Mesure ci-après conformément au paragraphe 1 de l'Article 6 de l'Annexe V du Protocole au Traité sur l'Antarctique relatif à la protection de l'environnement :

Que :

1. Le Plan de gestion révisé de la Zone spécialement protégée de l'Antarctique n°143 (Plaine Marine, Péninsule Mule, Collines Vestfold, Terre Princesse Elizabeth), qui figure en annexe à la présente Mesure soit approuvé ; et que

2. Le Plan de gestion de la ZSPA n°143 qui figure en annexe à la Mesure 2 (2003) cesse d'être en vigueur.

Zone spécialement protégée de l'Antarctique n° 147
(Vallée Ablation, Monts Ganymède, Île Alexandre) : Plan de gestion révisé

Les Représentants,

Rappelant les Articles 3, 5 et 6 de l'Annexe V du Protocole au Traité sur l'Antarctique relatif à la protection de l'environnement, qui prévoient la désignation de Zones spécialement protégées de l'Antarctique (« ZSPA ») et l'approbation des plans de gestion de ces Zones ;

Rappelant

- La Recommandation XV-6 (1989), qui désignait la Vallée Ablation dans les Monts Ganymède, Île Alexandre, comme Site d'intérêt scientifique particulier (« SISP ») n°29 et qui comportait en annexe le Plan de gestion du Site ;

- La Résolution 3 (1996), qui prorogeait la date d'expiration du SISP n°29 ;

- La Mesure 2 (2000), qui prorogeait la date d'expiration du Plan de gestion du SISP n°29 ;

- La Décision 1 (2002), qui rebaptisait et renommait le SISP n°29 en ZSPA n°147 ;

- La Mesure 1 (2002), qui adoptait un plan de gestion révisé de la ZSPA n°147 ;

Rappelant que la Recommandation XV-6 (1989) et la Résolution 3 (1996) ont été désignées comme n'étant plus en vigueur par la Décision 1 (2011) ;

Rappelant que la Mesure 2 (2000) n'est pas entrée en vigueur et a été retirée par la Mesure 5 (2009) ;

Notant que le Comité pour la protection de l'environnement a adopté un plan de gestion révisé de la ZSPA n°147 ;

Désireux de remplacer le Plan de gestion actuel de la ZSPA n°147 par le Plan de gestion révisé ;

Recommandent à leurs Gouvernements d'approuver la Mesure ci-après conformément au paragraphe 1 de l'Article 6 de l'Annexe V du Protocole au Traité sur l'Antarctique relatif à la protection de l'environnement.

Que :

1. Le Plan de gestion révisé pour la Zone spécialement protégée de l'Antarctique n°147 (Vallée Ablation, Monts Ganymède, Île Alexandre), qui figure en annexe à la présente Mesure soit approuvé ; et que

2. Le Plan de gestion de la ZSPA n°147 qui figure en annexe à la Mesure 1 (2002) cesse d'être en vigueur.

Zone spécialement protégée de l'Antarctique n° 151
(Lions Rump, Île du Roi George, Îles Shetland du sud) : Plan de gestion révisé

Les représentants,

Rappelant les Articles 3, 5 et 6 de l'Annexe V du Protocole au Traité sur l'Antarctique relatif à la protection de l'environnement, qui prévoient la désignation de Zones spécialement protégées de l'Antarctique (« ZSPA ») et l'approbation de plans de gestion de ces zones ;

Rappelant

- La Recommandation XVI-2 (1991), qui désignait Lions Rump, dans l'Île du Roi George, Îles Shetland du sud, comme Site présentant un intérêt scientifique particulier (« SISP ») n°34 et qui comportait en annexe un plan de gestion du Site ;

- La Mesure 1 (2000), qui comportait en annexe un plan de gestion révisé du SISP n°34 ;

- La Décision 1 (2002), qui rebaptisait et renumérotait le SISP n°23 en ZSPA n°151 ;

Rappelant que la Recommandation XVI-2 (1991) et la Mesure 1 (2000) ne sont pas encore entrées en vigueur ;

Notant que le Comité pour la protection de l'environnement a approuvé un plan de gestion révisé de la ZSPA n°151 ;

Désireux de remplacer le Plan de gestion de la ZSPA n°151 actuel par le Plan de gestion révisé ;

Recommandent à leurs Gouvernements d'approuver la Mesure ci-après conformément au paragraphe 1 de l'Article 6 de l'Annexe V du Protocole au Traité sur l'Antarctique relatif à la protection de l'environnement :

Que :

1. Le Plan de gestion révisé pour la Zone spécialement protégée de l'Antarctique n°151 (Lions Rump, Île du Roi George, Îles Shetland du sud), qui figure en annexe à la présente Mesure soit approuvé ; et que

2. Le Plan de gestion de la ZSPA n°151 qui figure en annexe à la Mesure 1 (2000), qui n'est pas encore entrée en vigueur, soit retiré.

Zone spécialement protégée de l'Antarctique n° 154
(Baie Botany, Cap Géologie, Terre Victoria): Plan de gestion révisé

Les représentants,

Rappelant les Articles 3, 5 et 6 de l'Annexe V du Protocole au Traité sur l'Antarctique relatif à la protection de l'environnement, qui prévoient la désignation de Zones spécialement protégées de l'Antarctique (« ZSPA ») et l'approbation de plans de gestion de ces Zones ;

Rappelant

- La Mesure 3 (1997), qui désignait la Baie Botany sur le Cap Géologie, Terre Victoria, comme Site d'intérêt scientifique particulier (« SISP ») n°37 et qui adoptait le Plan de gestion du Site ;

- La Décision 1 (2002), qui rebaptisait et renumérotait le SISP n°37 en ZSPA n°154 ;

- Les Mesures 2 (2003) et 11 (2008), qui adoptaient un plan de gestion révisé de la ZSPA n°154 ;

Rappelant que la Mesure 3 (1997) n'est pas entrée en vigueur ;

Notant que le Comité pour la protection de l'environnement a approuvé un plan de gestion révisé de la ZSPA n°154 ;

Désireux de remplacer le Plan de gestion actuel de la ZSPA n°154 par le Plan de gestion révisé ;

Recommandent à leurs Gouvernements d'approuver la Mesure ci-après conformément au paragraphe 1 de l'Article 6 de l'Annexe V du Protocole au Traité sur l'Antarctique relatif à la protection de l'environnement.

Que :

1. Le Plan de gestion révisé de la Zone spécialement protégée de l'Antarctique n°154 (Baie Botany, Cap Géologie, Terre Victoria), qui figure en annexe à la présente Mesure soit approuvé ; et que

2. Le Plan de gestion de la ZSPA n°154 qui figure en annexe à la Mesure 11 (2008) cesse d'être en vigueur.

Zone spécialement protégée de l'Antarctique n° 156
(Baie Lewis, Mont Erebus, Île Ross) : Plan de gestion révisé

Les représentants,

Rappelant les Articles 3, 5 et 6 de l'Annexe V du Protocole au Traité sur l'Antarctique relatif à la protection de l'environnement, qui prévoient la désignation de Zones spécialement protégées de l'Antarctique (« ZSPA ») et l'approbation de plans de gestion de ces zones ;

Rappelant

- La Mesure 2 (1997), qui désignait la Baie Lewis près du Mont Erebus, Île Ross, comme Zone spécialement protégée (« ZSP ») n°26 et qui adoptait le Plan de gestion de la Zone ;

- La Décision 1 (2002), qui rebaptisait et renumérotait la ZSP n°26 en ZSPA n°156 ;

- La Mesure 2 (2003), qui adoptait un plan de gestion de la ZSPA n°156 ;

Rappelant que le XIème (2008) Comité pour la protection de l'environnement (« CPE ») avait examiné et reconduit sans modifications le Plan de gestion de la ZSPA n°156, qui figure en annexe à la Mesure 2 (2003) ;

Rappelant que la Mesure 2 (1997) n'est pas entrée en vigueur et a été retirée par la Mesure 8 (2010) ;

Notant que le CPE a approuvé le Plan de gestion révisé de la ZSPA n°156 ;

Désireux de remplacer le Plan de gestion actuel de la ZSPA n°156 par le Plan de gestion révisé ;

Recommandent à leurs Gouvernements d'approuver la Mesure ci-après conformément au paragraphe 1 de l'Article 6 de l'Annexe V du Protocole au Traité sur l'Antarctique relatif à la protection de l'environnement.

Que :

1. Le Plan de gestion révisé de la Zone spécialement protégée de l'Antarctique n°156 (Baie Lewis, Mont Erebus, Île Ross), qui figure en annexe à la présente Mesure soit approuvé ; et que

2. Le Plan de gestion de la ZSPA n°156 qui figure en annexe à la Mesure 2 (2003) cesse d'être en vigueur.

Zone spécialement protégée de l'Antarctique n° 160
(Îles Frazier, Îles Windmill, Terre de Wilkes, Antarctique de l'Est) : Plan de gestion révisé

Les représentants,

Rappelant les Articles 3, 5 et 6 de l'Annexe V du Protocole au Traité sur l'Antarctique relatif à la protection de l'environnement, qui prévoient la désignation de Zones spécialement protégées de l'Antarctique (« ZSPA ») et l'approbation de plans de gestion de ces zones ;

Rappelant

- La Mesure 2 (2003), qui désignait les Îles Frazier dans les Îles Windmill, Terre de Wilkes, Antarctique de l'Est, comme ZSPA n°160 et qui adoptait un plan de gestion de la Zone ;

- La Mesure 13 (2008), qui adoptait un plan de gestion révisé de la ZSPA n°160 ;

Rappelant que le Comité pour la protection de l'environnement a approuvé un plan de gestion révisé de la ZSPA n°160 ;

Désireux de remplacer le Plan de gestion de la ZSPA n°160 actuel par le Plan de gestion révisé ;

Recommandent à leurs Gouvernements d'approuver la Mesure ci-après conformément au paragraphe 1 de l'Article 6 de l'Annexe V du Protocole au Traité sur l'Antarctique relatif à la protection de l'environnement :

Que :

1. Le Plan de gestion révisé de la Zone spécialement protégée de l'Antarctique n°160 (Îles Frazier, Îles Windmill, Terre Wilkes, Antarctique de l'Est), qui figure en annexe à la présente Mesure soit approuvé ; et que

2. Le Plan de gestion de la ZSPA n°160 qui figure en annexe à la Mesure 13 (2008) cesse d'être en vigueur.

Zone spécialement protégée de l'Antarctique n° 161
(Baie de Terra Nova, Mer de Ross) : Plan de gestion révisé

Les représentants,

Rappelant les Articles 3, 5 et 6 de l'Annexe V du Protocole au Traité sur l'Antarctique relatif à la protection de l'environnement, qui prévoient la désignation de zones spécialement protégées de l'Antarctique (« ZSPA ») et l'approbation de plans de gestion de ces zones ;

Rappelant

- La Mesure 2 (2003), qui désignait la Baie de Terra Nova comme ZSPA n°161 et qui adoptait un plan de gestion de la Zone ;

- La Mesure 14 (2008), qui adoptait un plan de gestion révisé de la ZSPA n°161 ;

Notant que le Comité pour la Protection de l'environnement a approuvé un plan de gestion révisé de la ZSPA n°161 ;

Désireux de remplacer le Plan de gestion de la ZSPA n°161 actuel par le Plan de gestion révisé ;

Recommandent à leurs Gouvernements d'approuver la Mesure ci-après conformément au paragraphe 1 de l'Article 6 de l'Annexe V du Protocole au Traité sur l'Antarctique relatif à la protection de l'environnement :

Que :

1. Le Plan de gestion révisé de la Zone spécialement protégée de l'Antarctique n°161 (Baie de Terra Nova, Mer de Ross), qui figure en annexe à la présente Mesure soit approuvé ; et que

2. Le Plan de gestion de la ZSPA n° 161 qui figure en annexe à la Mesure 14 (2008) cesse d'être en vigueur.

Zone spécialement protégée de l'Antarctique n° 170
(Nunataks Marion, Île Charcot, Péninsule antarctique) : Plan de gestion révisé

Les représentants,

Rappelant les Articles 3, 5 et 6 de l'Annexe V du Protocole au Traité sur l'Antarctique relatif à la protection de l'environnement, qui prévoient la désignation de Zones spécialement protégées de l'Antarctique (« ZSPA ») et l'approbation de plans de gestion de ces Zones ;

Rappelant la Mesure 4 (2008) qui désignait les Nunataks Marion sur l'Île Charcot, Péninsule antarctique, ZSPA n°170 et qui adoptait le Plan de gestion de la Zone ;

Notant que le Comité pour la protection de l'environnement a approuvé le Plan de gestion révisé de la ZSPA n°170 ;

Désireux de remplacer le Plan de gestion actuel de la ZSPA n°170 par le Plan de gestion révisé ;

Recommandent à leurs Gouvernements d'approuver la Mesure ci-après conformément au paragraphe 1 de l'Article 6 de l'Annexe V du Protocole au Traité sur l'Antarctique relatif à la protection de l'environnement.

Que :

1. Le Plan de gestion révisé pour la Zone spécialement protégée de l'Antarctique n°170 (Nunataks Marion, Île Charcot, Péninsule antarctique), qui figure en annexe à la présente Mesure soit approuvé ; et que

2. Le Plan de gestion de la ZSPA n°170 qui figure en annexe à la Mesure 4 (2008) cesse d'être en vigueur.

Zone spécialement protégée de l'Antarctique n° 173
(Cap Washington et Baie Silverfish, Baie de Terra Nova, Mer de Ross) : Plan de gestion

Les représentants,

Rappelant les Articles 3, 5 et 6 de l'Annexe V du Protocole au Traité sur l'Antarctique relatif à la protection de l'environnement, qui prévoient la désignation de Zones spécialement protégées de l'Antarctique (« ZSPA ») et l'approbation de plans de gestion de ces Zones ;

Notant que le Comité pour la protection de l'environnement a approuvé une proposition visant à créer une nouvelle ZSPA pour le Cap Washington et la Baie Silverfish en Baie de Terra Nova, Mer de Ross, et a approuvé le Plan de gestion qui figure en annexe à la présente Mesure ;

Notant également l'approbation de la Commission pour la conservation de la faune et de la flore marines de l'Antarctique, lors de sa trente-et-unième réunion, du projet de plan de gestion d'une nouvelle ZSPA sur Cap Washington et dans la Baie Silverfish en Baie de Terra Nova, Mer de Ross.

Reconnaissant que cette zone comprend des valeurs environnementales, scientifiques, historiques, esthétiques ou liées à son état naturel exceptionnel, ou des travaux de recherche scientifique en cours ou en projet, et devrait bénéficier d'une protection spéciale ;

Désireux de désigner le Cap Washington et la Baie Silverfish en Baie de Terra Nova, Mer de Ross, comme ZSPA et d'approuver le Plan de gestion de cette Zone ;

Recommandent à leurs Gouvernements d'approuver la Mesure ci-après conformément au paragraphe 1 de l'Article 6 de l'Annexe V du Protocole au Traité sur l'Antarctique relatif à la protection de l'environnement :

Que :

1. Le Cap Washington et la Baie Silverfish en Baie de Terra Nova, Mer de Ross, soient désignés Zone spécialement protégée de l'Antarctique n°173 ; et que

2. Le Plan de gestion qui figure en annexe à la présente Mesure soit approuvé.

Sites et monuments historiques de l'Antarctique :

emplacement de la première station de recherche antarctique allemande occupée à titre permanent « Georg Forster », oasis Schirmacher, Terre de la Reine Maud

Les Représentants,

Rappelant l'Article 8 de l'Annexe V du Protocole au Traité sur l'Antarctique relatif à la protection de l'environnement visant à tenir à jour une Liste des Sites et monuments historiques et à ce que ces sites ne soient ni détériorés, ni enlevés, ni détruits ;

Rappelant la Mesure 3 (2003), qui a révisé et mis à jour la « Liste des sites et monuments historiques » ;

Souhaitant ajouter un nouveau site historique à la « Liste des sites et monuments historiques » ;

Recommandent à leurs Gouvernements d'approuver la Mesure suivante, conformément au paragraphe 2 de l'Article 8 de l'Annexe V du Protocole au Traité sur l'Antarctique relatif à la protection de l'environnement :

Que le Site historique suivant soit ajouté à la « Liste des sites et monuments historiques » qui figure en annexe à la Mesure 3 (2003) :

« N° 87 : Emplacement de la première station de recherche antarctique allemande occupée à titre permanent « Georg Forster » dans l'oasis Schirmacher, Terre de la Reine-Maud

Le site d'origine est situé à côté de l'oasis Schirmacher et est marqué d'une plaque commémorative en bronze portant l'inscription suivante en langue allemande :

> Antarktisstation
> Georg Forster
> 70° 46' 39'' S
> 11° 51' 03'' E
> von 1976 bis 1996

La plaque est bien préservée et fixée sur un mur en pierre à l'extrémité sud du site. Cette station de recherche antarctique a été ouverte le 21 avril 1976 et a fermé en 1993. La totalité du site a été entièrement nettoyée une fois le démantèlement de la station achevé le 12 février 1996. Le site se trouve à environ 1,5 km à l'est de la station de recherche antarctique russe Novolazarevskaya. »

Emplacement : 70°46'39''S, 11°51'03''E ; élévation : 141 mètres au-dessus du niveau de la mer

Partie ayant formulé la proposition initiale : Allemagne

Partie chargée de la gestion : Allemagne

Sites et monuments historiques de l'Antarctique : bâtiment du complexe de forage du Professeur Kudryashov, station Vostok

Les représentants,

Rappelant l'Article 8 de l'Annexe V du Protocole au Traité sur l'Antarctique relatif à la protection de l'environnement visant à tenir à jour une Liste des sites et monuments historiques, et à ce que ces sites ne soient ni détériorés, ni enlevés, ni détruits ;

Rappelant la Mesure 3 (2003), qui a révisé et mis à jour la « Liste des sites et monuments historiques » ;

Souhaitant ajouter un nouveau monument historique à la « Liste des sites et monuments historiques » ;

Recommandent à leurs Gouvernements d'approuver la Mesure suivante, conformément au paragraphe 2 de l'Article 8 de l'Annexe V du Protocole au Traité sur l'Antarctique relatif à la protection de l'environnement :

Que le Monument historique suivant soit ajouté à la « Liste des sites et monuments historiques » en annexe à la Mesure 3 (2003) :

« N° 88 : Bâtiment du complexe de forage du Professeur Kudryashov

Le bâtiment du complexe de forage a été construit au cours de la campagne d'été 1983-84. Sous la direction du Professeur Boris Kudryashov, des échantillons de glace ancien ont ainsi été obtenus sur le plateau du continent antarctique »

Emplacement : 78°28'S, 106°48'E, 3488 m au-dessus du niveau de la mer.

Partie ayant formulé la proposition initiale : Fédération de Russie

Partie chargée de la gestion : Fédération de Russie

Sites et monuments historiques de l'Antarctique :
« Camp du sommet » supérieur, Mont Erebus

Les représentants,

Rappelant l'Article 8 de l'Annexe V du Protocole au Traité sur l'Antarctique relatif à la protection de l'environnement visant à tenir à jour une liste des sites et monuments historiques, et à ce que ces sites ne soient ni détériorés, ni enlevés, ni détruits ;

Rappelant la Mesure 3 (2003), qui a révisé et mis à jour la « Liste des sites et monuments historiques » ;

Souhaitant ajouter un nouveau Site historique à la « Liste des sites et monuments historiques » ;

Recommandent à leurs Gouvernements d'approuver la Mesure suivante, conformément au paragraphe 2 de l'Article 8 de l'Annexe V du Protocole au Traité sur l'Antarctique relatif à la protection de l'environnement :

Que le site historique suivant soit ajouté à la « Liste des sites et monuments historiques » en annexe à la Mesure 3 (2003) :

> « N° 89 : Expédition Terra Nova de 1910-12, « Camp du sommet » supérieur utilisé pendant l'étude du mont Erebus en décembre 1912
>
> Le site du campement comprend une partie d'un cercle de pierres, qui servaient probablement à maintenir les toiles de tentes par leur poids. Le site du campement était utilisé par une équipe scientifique faisant partie de l'Expédition Terra Nova dirigée par le capitaine Scott, qui a réalisé un travail de cartographie et a récolté des échantillons géologiques en décembre 1912 sur le mont Erebus. »

Emplacement : 77° 30,348'S ; 167° 10,223'E (environ 3 410 m au-dessus du niveau de la mer)

Parties ayant formulé la proposition initiale : Royaume-Uni, Nouvelle Zélande et États-Unis d'Amérique

Parties chargées de la gestion : Royaume-Uni, Nouvelle Zélande et États-Unis d'Amérique

Sites et monuments historiques de l'Antarctique :
« Camp E » inférieur, mont Erebus

Les représentants,

Rappelant les dispositions de l'Article 8 de l'Annexe V du Protocole au Traité sur l'Antarctique relatif à la protection de l'environnement visant à tenir à jour une liste des sites et monuments historiques, et à ce que ces sites ne soient ni détériorés, ni enlevés, ni détruits ;

Rappelant la Mesure 3 (2003), qui a révisé et mis à jour la « Liste des sites et monuments historiques » ;

Souhaitant ajouter un nouveau site historique à la « Liste des sites et monuments historiques » ;

Recommandent à leurs Gouvernements d'approuver la Mesure suivante, conformément au paragraphe 2 de l'Article 8 de l'Annexe V du Protocole au Traité sur l'Antarctique relatif à la protection de l'environnement :

Que le Site historique suivant soit ajouté à la « Liste des sites et monuments historiques » en annexe à la Mesure 3 (2003) :

« N° 90 : Expédition Terra Nova de 1910-12, « Camp E » inférieur utilisé pendant l'étude du mont Erebus en décembre 1912

Le site du campement consiste en une zone de gravier légèrement surélevée et comprend des rochers alignés, qui pourraient avoir servi à maintenir les toiles de tentes par leur poids. Le site du campement était utilisé par une équipe scientifique faisant partie de l'Expédition Terra Nova dirigée par le capitaine Scott, qui a réalisé un travail de cartographie et a récolté des échantillons géologiques en décembre 1912 sur le mont Erebus. »

Emplacement : 77°30,348'S ; 167°9,246'E (environ 3,410 m au-dessus du niveau de la mer)

Parties ayant formulé la proposition initiale : Royaume-Uni, Nouvelle Zélande et États-Unis d'Amérique

Parties chargées de la gestion : Royaume-Uni, Nouvelle Zélande et États-Unis d'Amérique

2. Décisions

Reconnaissance du statut de Partie consultative de la République tchèque

Les Représentants,

Rappelant la Décision 4 (2005) ;

Rappelant que la République tchèque a adhéré au Traité sur l'Antarctique le 1er janvier 1993 conformément à l'Article XIII ;

Rappelant que la République tchèque a déposé ses instruments d'adhésion au Protocole au Traité sur l'Antarctique relatif à la protection de l'environnement (« le Protocole ») le 25 août 2004, et que le Protocole est entré en vigueur pour le pays le 24 septembre 2004 ;

Notant que la République tchèque remplit ainsi les conditions précisées au paragraphe 4 de l'Article 22 du Protocole ;

Notant que la République tchèque a informé le Gouvernement dépositaire le 18 avril 2013 du fait qu'elle estime avoir rempli les conditions prévues à l'Article IX (2) du Traité sur l'Antarctique en menant des activités substantielles de recherche scientifique en Antarctique ;

Notant que la République tchèque a communiqué au Gouvernement dépositaire le 10 mai 2013, son intention d'approuver les Recommandations et Mesures adoptées par les Réunions consultatives du Traité sur l'Antarctique (« RCTA ») en application du Traité, et déjà approuvées par toutes les Parties consultatives dont les représentants sont habilités à participer à ces réunions, et d'examiner à des fins d'approbation d'autres Recommandations et Mesures.

Décident :

1. Que la République tchèque a rempli les conditions prévues par le paragraphe 2 de l'Article IX du Traité sur l'Antarctique ;

2. Que la République tchèque sera habilitée à partir du 1er avril 2014, et qu'elle le restera aussi longtemps qu'elle continuera, conformément au paragraphe 2 de l'Article IX du Traité sur l'Antarctique, de démontrer l'intérêt qu'elle porte à l'Antarctique en y menant des activités substantielles de recherche scientifique, à nommer des représentants pour participer aux Réunions consultatives du Traité sur l'Antarctique conformément au paragraphe 1 de l'Article IX du Traité sur l'Antarctique ;

3. D'inviter la République tchèque à fournir des informations à la XXXVIIème RCTA sur les progrès qu'elle aura réalisés pour l'approbation des Recommandations et Mesures adoptées par les RCTA précédentes ; et

4. D'accueillir chaleureusement la République tchèque comme Partie consultative lors des prochaines RCTA.

Reconduction du Secrétaire exécutif dans ses fonctions

Les Représentants,

Rappelant les dispositions de l'Article 3 de la Mesure 1 (2003) relatives à la nomination d'un Secrétaire exécutif à la tête du Secrétariat du Traité sur l'Antarctique ;

Rappelant la Décision 5 (2009) par laquelle le Dr Manfred Reinke a été nommé Secrétaire exécutif du Secrétariat du Traité sur l'Antarctique pour un mandat de quatre ans à partir du 1er septembre 2009 ;

Rappelant la règle 6.1 du Statut du personnel du Secrétariat du Traité sur l'Antarctique ;

Décident :

1. de reconduire le Dr Manfred Reinke en qualité de Secrétaire exécutif du Secrétariat du Traité sur l'Antarctique pour un mandat supplémentaire de quatre ans, conformément aux conditions et modalités énoncées dans la lettre du Président de la XXXVIe Réunion consultative du Traité sur l'Antarctique en annexe à la présente Décision ;

2. que sa reconduction commence à compter du 1er septembre 2013.

Dr Manfred Reinke
Secrétaire exécutif
Secrétariat du Traité sur l'Antarctique

Cher Dr Reinke,

Reconduction au poste de Secrétaire exécutif

En ma qualité de Président de la XXXVIème Réunion consultative du Traité sur l'Atlantique (RCTA) et conformément à la Décision 2 (2013) de la XXXVIème RCTA, j'ai le plaisir de proposer la reconduction dans vos fonctions de Secrétaire exécutif du Traité sur l'Antarctique (le Secrétariat).

Vous trouverez ci-après les conditions et modalités de votre reconduction. Si vous acceptez cette offre, veuillez signer l'exemplaire joint à la présente lettre et me le renvoyer.

Conditions et modalités de la nomination

1. En acceptant d'être reconduit dans vos fonctions, vous vous engagez à vous acquitter loyalement de vos devoirs et à agir pour les intérêts exclusifs de la RCTA. Votre acceptation comprend une déclaration écrite indiquant que vous avez bien pris connaissance des conditions figurant dans le Statut du personnel ci-joint, ainsi que de toutes modifications pouvant y être apportées le cas échéant, et que vous les acceptez.

2. Le Secrétaire exécutif est chargé de nommer, encadrer et superviser les autres membres du personnel et de veiller à ce que le Secrétariat s'acquitte des fonctions qui lui sont dévolues à l'article 2 de la Mesure 1 (2003).

3. Conformément à la Décision 2 (2013), votre nouveau mandat prendra effet à compter du 1er septembre 2013.

4. Votre mandat sera d'une durée de quatre ans.

5. Le nouveau mandat qui vous est proposé relève de la catégorie des cadres supérieurs. Votre traitement sera de classe 1B, échelon 5, comme indiqué à l'appendice A du Statut du personnel en annexe de la Décision 3 (2003), telle qu'amendée.

6. Le traitement susmentionné comprend le salaire de base (classe 1A, échelon 5, appendice A) plus un montant additionnel de 25 % pour les frais indirects (caisse de retraite et primes d'assurance, primes d'installation et de rapatriement, indemnités pour frais d'études, etc.) et représente le montant total du traitement auquel vous avez droit conformément aux dispositions de l'article 5.1 du Statut du personnel. Vous aurez droit, en outre, à des indemnités de déplacement et de déménagement conformément aux dispositions de l'article 9 du Statut du personnel.

7. La RCTA peut résilier ce nouveau contrat sur préavis écrit d'au moins trois mois conformément à l'article 10.3 du Statut du personnel. Vous pouvez démissionner à tout moment sur préavis écrit d'au moins trois mois ou d'une durée plus courte si la RCTA en convient.

Veuillez agréer, cher Monsieur, mes sincères salutations.

{signé}

M. l'Ambassadeur Marc Otte

Président de la XXXVIème Réunion consultative du Traité sur l'Antarctique

Par la présente, j'accepte la nomination décrite dans la présente lettre sous réserve des conditions spécifiées et je déclare avoir pris connaissance des conditions prévues au Statut du personnel ci-joint ainsi que de toutes modifications pouvant y être apportées le cas échéant, et je les accepte.

———

29 mai 2013

{signé}
Dr Manfred Reinke

M. Héctor Timerman
Ministre des affaires étrangères et du culte
République argentine
Buenos Aires

Monsieur le Ministre,

J'ai l'honneur de m'adresser à vous en ma qualité de Président de la XXXVIème Réunion consultative du Traité sur l'Antarctique (RCTA), en vertu de l'article 21 de l'Accord de siège du Secrétariat du Traité sur l'Antarctique, en annexe de la Mesure 1 (2003), de la lettre de la République argentine au Président de la XXVIème RCTA en date du 16 juin 2003, et de la notification de la République argentine au Gouvernement dépositaire en date du 19 mai 2004.

Conformément aux dispositions de l'article 21, je notifie par la présente au Gouvernement de la République argentine la reconduction par la XXXVIème RCTA de Dr Manfred Reinke au poste de Secrétaire exécutif pour un nouveau mandat de quatre ans qui prendra effet le 1er septembre 2013.

Recevez, Monsieur le Ministre, l'assurance de ma haute considération.

{signé}
M. l'Ambassadeur Marc Otte
Président de la XXXVIème Réunion consultative du Traité sur l'Antarctique

Renouvellement de contrat du Commissaire aux comptes du Secrétariat

Les Représentants,

Rappelant le règlement financier du Secrétariat du Traité sur l'Antarctique (« le Secrétariat ») figurant en annexe à la Décision 4 (2003) et, en particulier, l'Article 11 (vérification externe) ;

Conscients que le Secrétariat effectue la plupart de ses opérations financières en Argentine et que les normes détaillées qui régissent la tenue des livres et la comptabilité sont propres à chaque pays ;

Notant la proposition de l'Argentine de nommer la Sindicatura General de la Nación comme commissaire aux comptes du Secrétariat ;

Décident :

1. De nommer, conformément à l'Article 11.1 du règlement financier du Secrétariat du Traité sur l'Antarctique (« le Secrétariat »), et pour les exercices se terminant en 2014 et en 2017, la Sindicatura General de la Nación (« SIGEN ») commissaire aux comptes du Secrétariat ; et,

2. D'autoriser le Secrétaire exécutif à négocier un contrat avec la SIGEN en vue de réaliser des vérifications externes annuelles pour les exercices susmentionnés, en application de l'Article 11.3, de l'Annexe de la présente Décision et selon les limites budgétaires fixées par la Réunion consultative du Traité sur l'Antarctique (« RCTA »).

Tâches confiées au commissaire aux comptes

Fournir, conformément à la règle 11.3 du Règlement financier en annexe de la Décision 4 (2003), des rapports de vérification externe des comptes pour les exercices qui s'achèveront en 2014, 2015, 2016 et 2017.

Le rapport de vérification doit aborder les points suivants :

– Application des règles adoptées par la Réunion consultative du Traité sur l'Antarctique (« RCTA ») ;

– Contrôles internes - règles et procédures ;

– Supervision interne des formalités administratives, des paiements, de la garde des fonds et des actifs ;

– Etablissement du budget ;

– Rapports budgétaires comparatifs ;

– Analyse de la maîtrise des dépenses ;

– Supervision de l'exécution du budget ;

– Analyse de la création de nouvelles unités ;

– Contrôle des contributions et communication de rapports en la matière ;

– Constitution et supervision du Fonds général, du Fonds de roulement, du Fonds pour les réunions futures, du Fonds de remplacement du personnel, du Fonds d'indemnisation pour licenciement du personnel et de tout autre fonds dépendant du Secrétariat ;

– Comptes des recettes et des dépenses ;

– Fonds fiduciaires ;

– Garde des fonds – Investissements ;

– Supervision comptable conformément à l'article 10 du règlement financier en annexe de la Décision 4 (2003) ;

– Rédaction d'un rapport de vérification externe des comptes ;

– Autres questions qui pourraient être nécessaires afin d'assurer une gestion financière solide du Secrétariat.

Le rapport financier prévisionnel pour chaque exercice doit être soumis par le Secrétaire exécutif de la Sindicatura General de la Nación (« SIGEN ») au plus tard le 1er juin de l'année au cours de laquelle se termine l'exercice, et le rapport de vérification finale doit être soumis par la SIGEN au Secrétaire exécutif au plus tard le 1er septembre de l'année au cours de laquelle se termine l'exercice.

Rapports, programme et budget du Secrétariat

Les Représentants,

Rappelant la Mesure 1 (2003) portant création du Secrétariat du Traité sur l'Antarctique (« le Secrétariat ») ;

Rappelant la Décision 2 (2012) portant création du Groupe de contact intersessions à composition non limitée sur les questions financières qui sera convoqué par le pays hôte de la Réunion consultative du Traité sur l'Antarctique suivante ;

Tenant compte du Règlement financier du Secrétariat en annexe à la Décision 4 (2003) ;

Décident :

1. D'approuver le rapport financier certifié pour l'exercice 2011/12, en annexe à la présente Décision (Annexe 1) ;

2. De prendre note du rapport du Secrétariat pour 2012/13 (SP 2), qui comprend le rapport financier prévisionnel (2012/13) qui figure également en annexe à la présente Décision (Annexe 2) ;

3. D'approuver le programme du Secrétariat (SP 3 rev. 1), qui comprend le budget pour l'exercice 2013/14 et le budget prévisionnel pour l'exercice 2014/15, qui figure en annexe à la présente Décision (Annexe 3) ; et

4. D'inviter le pays hôte de la prochaine Réunion consultative du Traité sur l'Antarctique (« ATCM ») à prier le Secrétaire exécutif d'ouvrir le forum de la RCTA pour le Groupe de contact intersessions (« GCI ») et d'apporter au GCI l'assistance dont il aurait besoin.

Rapport financier vérifié 2011/2012

Presidencia de la Nación
Sindicatura General de la Nación

Annexe I

AVIS DE L'AUDITEUR

XXXVI Réunion consultative du Traité sur l'Antarctique 2013, Bruxelles, Belgique

1. Rapport sur les états financiers

Nous avons audité les états financiers du Secrétariat du Traité sur l'Antarctique joints au présent rapport, lesquels comprennent : la situation des recettes et des dépenses, les états financiers comparés des deux dernières années, l'évolution de l'actif net, les flux de trésorerie et équivalents trésorerie et les notes explicatives relatives aux états financiers pour la période du 1er avril 2011 au 31 mars 2012.

2. Responsabilité de la direction concernant les états financiers

Le Secrétariat du Traité sur l'Antarctique est garant de la préparation et de la présentation des états financiers dans les conditions objectives et conformément aux normes internationales de comptabilité ainsi qu'aux normes spécifiques aux Réunions consultatives du Traité sur l'Antarctique. Cette responsabilité consiste notamment en l'élaboration, la mise en œuvre et l'évolution des dispositions relatives au contrôle interne de l'élaboration et de la présentation des états financiers en sorte que le rapport des états financiers ne soit pas sujet à caution pour cause de fraude ou d'erreur. La responsabilité implique également le choix et l'application de politiques comptables appropriées, l'élaboration d'une comptabilité prévisionnelle raisonnable et reflétant la situation réelle de l'organisation.

3. Responsabilité de l'auditeur

Notre responsabilité consiste à émettre une opinion sur ces états financiers en fonction de l'audit qui a été effectué.

L'audit a été réalisé conformément aux normes internationales d'audit et à l'annexe de la décision 3 (2008) de la XXXI Réunion consultative du Traité sur l'Antarctique laquelle stipule le contenu et les étapes de l'audit externe.

Les normes internationales d'audit requièrent le respect de règles éthiques ainsi la planification et l'exécution de l'audit de manière à apporter la garantie raisonnable que les états financiers sont exempts de fausses déclarations.

L'audit implique par ailleurs l'exécution de procédures dont le but est de réunir des preuves concernant les montants et les postes de transactions renseignés dans les états financiers. Les procédures sont retenues à la discrétion de l'auditeur et comportent notamment l'évaluation des risques de fausses déclarations liées à la fraude ou à l'erreur.

Presidencia de la Nación
Sindicatura General de la Nación

Dans le cadre de l'évaluation de tels risques, l'auditeur prend en compte le contrôle interne de l'élaboration et de la présentation objective des états financiers réalisé par l'organisation, lors du choix des procédures à appliquer. En effet, ces procédures doivent être adaptées aux circonstances.

L'audit consiste en outre, à évaluer le respect des principes comptables et l'adéquation des prévisions effectuées à des fins de gestion. L'évaluation porte également sur la présentation globale des états financiers.

Nous estimons que les données qui nous ont été présentées sont suffisantes et constituent une source appropriée pour la réalisation de l'audit et l'émission d'un avis.

4. Avis

A notre avis, les états financiers qui ont été audités reflètent de manière fidèle, et dans tous leurs aspects matériels, la situation financière du Secrétariat du Traité sur l'Antarctique au 31 mars 2012 ainsi que sa performance financière sur l'exercice écoulé, conformément aux normes internationales de comptabilité et aux normes spécifiques de la Réunion consultative du Traité sur l'Antarctique.

Dr. Edgardo de Rose

Contrôleur général,

Accrédité auprès du

Conseil économique de Buenos Aires

CPCECABA livre n° 182 p.195

Buenos Aires, le 10 avril 2013

Sindicatura General de la Nación
Av. Corrientes 389, Buenos Aires
République argentine

1. **Situation des recettes et des dépenses concernant tous les fonds correspondant à la période du 1er avril 2011 au 31 mars 2012**

RESSOURCES	31/03/2011	Prévisionel 31/03/2012	31/03/2012
Contributions (Note 10)	899.942	1.339.600	1.339.600
Autres recettes (Note 2)	528	70	1.623
Total recettes	900.470	1.339.670	1.341.223

DÉPENSES

	31/03/2011	31/03/2012	31/03/2012
Salaires et traitements	469.948	578.100	577.637
Services de traduction et interprétation	159.270	365.825	367.846
Frais de déplacement et de séjour	61.325	52.815	56.022
Informatique et nouvelles technologies	37.615	42.500	39.147
Impression, édition, reprographie	15.964	14.000	27.025
Services généraux	38.886	44.060	47.547
Communications	12.207	13.368	14.580
Frais de fonctionnement du bureau	8.217	11.984	14.060
Dépenses administratives	4.582	4.698	11.580
Frais de représentation	3.143	4.500	6.676
Frais de déménagement (Note 9)	0	50.000	24.803
Financements	8.477	0	7.326
Total dépenses	819.635	1.181.850	1.194.250

DOTATION DE FONDS

	31/03/2011	31/03/2012	31/03/2012
Fonds pour indemnisation du personnel	25.974	42.502	54.332
Fondspour remplacement du personnel	8.333	18.246	23.490
Fonds pour fonds de roulement	62.260	67.072	31.615
Fonds pour risques et charges	0	30.000	30.000
Total dotation de fonds	96.567	157.820	139.436
Total dépenses et dotations	916.202	1.339.670	1.333.686
(Déficit) / Excédent pour l'exercice	(15.732)	0	7.537

Cet état doit être examiné en conjonction avec les NOTES 1 à 10 incluses.

261

2. Etats financiers au 31 mars 2012 et comparaison avec les états financiers de l'exercice précédent

ACTIF

	31/03/2011	31/03/2012
Actif circulant		
Trésorerie et équivalents de trésorerie (Note 3)	818.991	798.946
Contributions dues (Note 10)	23.257	89.457
Autres créances (Note 4)	23.606	47.893
Autres actifs circulants (Nota 5)	26.658	59.644
Total actif circulant	892.512	995.940
Actif immobilisé		
Actif immobilisé (Note 1.3 et 6)	68.727	73.506
Total actif immobilisé	68.727	73.506
Total Actif	961.239	1.069.446

PASSIF

	31/03/2011	31/03/2012
Passif circulant		
Fournisseurs (Note 7)	26.345	40.659
Contributions perçues à l'avance (Notas 10)	618.929	549.493
Salaires et contributions à verser (Note 8)	11.298	22.873
Total passif circulant	656.572	613.026
Passif immobilisé		
Fonds pour indemnisation de départ (Note 1.4)	64.755	119.087
Fonds pour remplacement du personnel (Note 1.5)	26.510	50.000
Fonds pour risques et charges (Note 1.7)	0	30.000
Fonds pour remplacement des actifs immobilisés (Note 1.8)	2.430	7.210
Total passif immobilisé	93.696	206.296
Total passif	750.268	819.322
ACTIF NET	210.971	250.123

Cet état doit être examiné en conjonction avec les NOTES 1 à 10 incluses.

3. Situation de l'actif net au 31 mars 2011 comparé au 31 mars 2012

Correspondant à	Actif net 31/03/2011	Revenus	Dépenses et dotations	Intérêts perçus	Actif net 31/03/2012
Fonds général	19.319	1.339.600	(1.332.295)	232	26.856
Fonds de roulement (Note 1.6)	191.652		31.615		223.267
Actif net	210.971				250.123

Il convient de prendre en considération les notes 1 à 10 ci-jointes.

4. Flux de trésorerie pour la période du 1er avril 2011 au 31 mars 2012

Variation globale de la trésorerie

Espèces et quasi-espèces (trésorerie d'ouverture)		818.991	
Espèces et quasi-espèces (trésorerie de clôture)		798.946	
Diminution nette des espèces et quasi-espèces			(20.044)

Causes des variations de trésorerie

Variations liées à l'activité

Contributions perçues	654.477		
Versement des salires et traitements	(569.637)		
Paiement des services de traduction	(367.846)		
Paiement des frais de déplacement et de séjour	(46.484)		
Paiement des frais d'impression, d'édition et de reprographie	(27.025)		
Paiement des frais de déménagement du Secrétariat	(78.634)		
Autres paiements	(106.891)		

Flux nets de trésorerie provenant des activités (542.042)

Variations liées aux opérations d'investissement

Acquisition d'actifs immobilisés	(18.164)		
Contribution spéciale de l'Argentine (Note 9)	53.800		

Flux nets de trésorerie provenant des opérations d'investissement 35.636

Variations liées aux opérations de financement

Contributions perçue à l'avance	549.493		
Créance relative au pt. 5.6 Statut du personnel	95.736		
Paiement relatif au pt. 5.6 Statut du personnel	(119.574)		
Paiements anticipés RCTA XXXV	(31.968)		

Flux nets de trésorerie liés aux opérations de financement 493.687

Opérations en monnaie étrangère

Perte nette	(7.326)		

Flux nets de trésorerie provenant des opérations en monnaie étrangère (7.326)

Diminution nette des espèces et quasi-espèces (20.044)

Cet état doit être examiné en conjonction avec les NOTES 1 à 10 incluses.

263

NOTES relatives aux ETATS FINANCIERS au 31 MARS 2012

1 BASES POUR L'ELABORATION DES ETATS FINANCIERS

Les états financiers présentés dans le présent document sont exprimés en dollars des Etats-Unis conformément aux lignes directrices du Règlement financier, annexé à la decision 4 (2003). Ces états financiers ont été élaborés conformément aux Normes internationales d'information financière(IFRS) établies par le Conseil des normes comptables internationales (IASB).

1.1 Coût historique
Ces états financiers ont été élaborés conformément à la convention du coût historique, sauf autre disposition expressément mentionnée.

1.2 Bureau
Les locaux du Bureau du Secrétariat sont mis à disposition par le Ministère des affaires étrangères, du commerce international et du Culte de la République argentine. Aucun loyer ni dépense commune n'est dû au titre de leur occupation.

1.3 Actif immobilisé
Les bien sont évalués selon leur coût historique diminué des amortissements cumulés correspondants. L'amortissement est calculé selon la méthode linéaire et des taux d'amortissement annuels constants fixés en fonction de la durée de vie estimée du bien sont appliqués. La valeur résiduelle des biens ammortis n'excède pas leur valeur d'usage

1.4 Provisions pour indemnisation du personnel d'encadrement
Conformément au Statut du personnel, article 10.4, le fonds devra disposer des montants nécessaires pour l'indemnisation du personnel d'encadrement à hauteur d'un mois de salaire de référence par année de service.

1,5 Provisions pour remplacement du personnel
Ces fonds servent à couvrir les dépenses liées aux déplacements du personnel d'encadrement du Secrétariat à destination et en provenance du siège du Secrétariat lors des transferts et affectations.

1,6 Provisions pour fonds de roulement
Conformément au Règlement financier, article 6.2 a), ce fonds ne devrait pas excéder 1/6 du budget de de l'exercice en cours.

1,7 Provisions pour risques et charges
Ce fonds a été constitué conformément à la décision 4 (2009), pour supporter les frais de traduction, en cas d'augmentation imprévue du volume des documents à traduire présentés à la RCTA.

1,8 Provisions pour le renouvellement des actifs immobilisés
Les actifs dont la durée de vie s'étend au-delà d'un exercice, doivent être renseignés comme actif dans les Etats financiers. Jusqu'en mars 2010, ces actifs faisaient l'objet d'un ajustement au niveau du fonds général. A partir d'avril 2010, ces actifs étaient compensés par une écriture au passif sous cette ligne, conformément aux normes IAS.

NOTES RELATIVES AUX ETATS FINANCIERS au 31 MARS 2012

		31/03/2011	31/03/2012
2	**Autres revenus**		
	Intérêts perçus	255	232
	Escomptes	273	1.391
	Total	528	1.623
3	**Espèces et quasi-espèces**		
	Trésorerie en dollars	1.338	1.638
	Trésorerie en pesos argentins	544	46
	Compte spécial à la BNA en dollars	755.882	756.983
	Compte à la BNA en pesos argentins	61.227	40.279
	Total	818.991	798.946
4	**Autres débiteurs**		
	Statut du personnel pt. 5.6	23.606	47.893
5	**Autres actifs circulants**		
	Paiements anticipés	13.675	38.296
	Crédit de TVA	12.726	20.912
	Autres créances à recouvrer	256	435
	Total	26.658	59.644
6	**Actif immobilisé**		
	Ouvrages et abonnements	4.515	4.515
	Matériel de bureau	30.787	6.592
	Mobilier	23.092	45.466
	Matériel informatique et logiciels	54.164	66.744
	Total coût d'acquisition	112.558	123.318
	Amortissements cumulés	(43.831)	(49.812)
	Total	68.727	73.506
7	**Fournisseurs**		
	Entreprises	7.700	2.272
	Charges à payer	17.978	37.229
	Autres	667	1.158
	Total	26.345	40.659
8	**Salaires et contributions à verser**		
	Salaires et traitements	0	8.000
	Contributions	11.298	14.873
	Total	11.298	22.873

9 Déménagement

Le Gouvernement de la République argentine a apporté une contribution spéciale de 53 800 $ afin de compenser les dépenses liées au déménagement du bureau du Secrétariat.

Le montant total du versement y compris les ajustements s'élevait à 53 831 $. La ligne "Frais de déménagement" récapitule ce montant ainsi que les contributions complémentaires destinées à l'achat d'équipements pour le nouveau siège.

SITUATION DES VERSEMENTS DE CONTRIBUTIONS au 31 MARS 2012

10 Contributions dues, annoncées, versées ou versées à l'avance.

Contributions Parties	Montants dus 31/03/2011	Montants annoncés	Montants versés $	Montants dus 31/03/2012	Montants versés à l'avance 31/03/2013
Argentine		60.346	60.346	0	0
Australie		60.346	60.346	0	60.346
Belgique	36	40.110	40.129	18	0
Brésil	12	40.110	40.090	32	0
Bulgarie		34.039	34.028	11	0
Chili		46.181	31.024	15.157	31.024
Chine		46.181	46.181	0	0
Equateur		34.039	34.039	0	0
Finlande		40.110	40.110	0	40.110
France		60.346	60.346	0	0
Allemagne	62	52.251	52.302	11	52.251
Inde	124	46.181	46.293	12	0
Italie		52.251	52.251	0	0
Japon	-1	60.346	60.345	0	0
Corée		40.110	40.110	0	0
Pays-Bas		46.181	46.181	0	46.181
Nouvelle-Zélande		60.346	60.320	26	60.346
Norvège	30	60.346	60.346	30	0
Pérou	22.867	34.039	22.868	34.038	0
Pologne		40.110	40.110	0	0
Russie		46.181	46.181	0	46.181
Afrique du Sud		46.181	46.181	0	46.181
Espagne	115	46.181	46.296	0	0
Suède		46.181	46.181	0	46.181
Ukraine	12	40.110	0	40.122	0
Royaume-Uni		60.346	60.346	0	60.346
Etats-Unis		60.346	60.346	0	60.346
Uruguay		40.110	40.110	0	0
Total	23.257	1.339.605	1.273.406	89.457	549.493

Dr Manfred Reinke
Secrétaire exécutif

Roberto A. Fennell
Responsable financier

266

Rapport financier provisoire 2012/2013

Estimation des recettes et dépenses pour la totalité des fonds, période du 1er avril 2012 au 31 mars 2013

LIGNES D'APPROPRIATION	Relevé 2011/2012	Budget 2012/2013	Relevé prov. 2012/2013
RECETTES			
CONTRIBUTIONS annoncées	**$ -1.339.600**	**$ -1.339.600**	**$ -1.339.600**
Investissements producteurs d'intérêts	$ -1.623	$ -1.000	$ -1.801
Total des recettes	**$ -1.341.223**	**$ -1.340.600**	**$ -1.341.401**
DÉPENSES			
SALAIRES			
Direction	$ 305.654	$ 311.323	$ 311.323
Services généraux	$ 241.159	$ 294.966	$ 291.527
Personnel d'appui à la RCTA	$ 11.561	$ 12.750	$ 12.810
Stagiaires	$ 4.800	$ 4.800	$ 4.000
Heures supplémentaires	$ 14.926	$ 10.000	$ 8.443
	$ 577.637	**$ 633.839**	**$ 628.103**
TRADUCTION ET INTERPRÉTATION			
Traduction et interprétation	**$ 367.846**	**$ 361.000**	**$ 291.052**
VOYAGES			
Voyages	**$ 56.022**	**$ 90.000**	**$ 91.766**
TECHNOLOGIES DE L'INFORMATION			
Matériel informatique	$ 8.211	$ 8.500	$ 8.807
Logiciels	$ 5.344	$ 3.000	$ 2.251
Développement	$ 16.420	$ 16.500	$ 14.233
Soutien	$ 7.746	$ 13.000	$ 12.264
	$ 39.147	**$ 42.500**	**$ 37.555**
IMPRESSION, ÉDITION & REPRODUCTION			
Rapport final	$ 27.025	$ 16.500	$ 12.765
Lignes directrices pour les visites de site	$ 0	$ 2.500	$ 0
	$ 27.025	**$ 19.000**	**$ 12.765**

LIGNES D'APPROPRIATION	Relevé 2011/2012	Budget 2012/2013	Relevé prov. 2012/2013
SERVICES GÉNÉRAUX			
Conseil juridique	$ 9.000	$ 4.000	$ 1.374
Audit externe	$ 9.304	$ 10.764	$ 10.127
Nettoyage, entretien & sécurité	$ 16.118	$ 25.093	$ 26.860
Formation	$ 4.758	$ 6.000	$ 5.377
Opérations bancaires	$ 5.665	$ 5.624	$ 4.226
Location de matériel	$ 2.702	$ 4.752	$ 2.674
	$ 47.547	**$ 56.232**	**$ 50.638**
COMMUNICATION			
Téléphone	$ 4.381	$ 3.864	$ 4.289
Abonnement Internet	$ 1.380	$ 2.161	$ 2.063
Hébergement Internet	$ 6.089	$ 6.894	$ 9.305
Affranchissements postaux	$ 2.730	$ 2.471	$ 1.230
	$ 14.580	**$ 15.390**	**$ 16.887**
BUREAU			
Papeterie & consommables de bureau	$ 3.753	$ 2.200	$ 2.754
Ouvrages & abonnements	$ 1.403	$ 5.898	$ 2.750
Assurance	$ 1.739	$ 1.958	$ 2.058
Mobilier	$ 1.373	$ 800	$ 35
Matériel de bureau	$ 4.192	$ 4.000	$ 1.397
Entretien	$ 1.600	$ 2.000	$ 4.595
	$ 14.060	**$ 16.856**	**$ 13.589**
ADMINISTRATION			
Approvisionnements	$ 2.386	$ 2.000	$ 1.662
Transport local	$ 808	$ 1.000	$ 654
Divers	$ 4.373	$ 2.500	$ 4.019
Eau et électricité	$ 4.012	$ 8.000	$ 5.218
	$ 11.580	**$ 13.500**	**$ 11.552**
REPRÉSENTATION			
Frais de représentation	**$ 6.676**	**$ 3.000**	**$ 3.096**
RELOCALISATION			
Frais de relocalisation Av. Leandro Alem 884 - Maipú 757	**$ 24.803**		

LIGNES D'APPROPRIATION	Relevé 2011/2012	Budget 2012/2013	Relevé prov. 2012/2013
FINANCEMENT			
Perte de change	**$ 7.326**	**$ 5.000**	**$ 5.840**
TOTAL PARTIEL APPROPRIATIONS	**$ 1.194.250**	**$ 1.256.318**	**$ 1.162.845**
ALLOCATION AU FONDS			
Fonds de réserve pour la traduction	$ 30.000	$ 0	$ 0
Fonds de remplacement du personnel	$ 23.490	$ 0	$ 0
Fonds d'indemnisation pour licenciement du personnel	$ 54.332	$ 28.403	$ 28.424
Fonds de roulement	$ 31.615	$ 0	$ 0
	$ 139.437	**$ 28.403**	**$ 28.424**
TOTAL DES APPROPRIATIONS	**$ 1.333.687**	**$ 1.284.721**	**$ 1.191.269**
SOLDE	**$ 7.537**	**$ 55.879**	**$ 150.132**
TOTAL DES DÉPENSES	**$ 1.341.224**	**$ 1.340.600**	**$ 1.341.401**

Synthèse des fonds

	Relevé 2011/2012	Budget 2012/2013	Relevé prov. 2012/2013
Fonds de réserve pour la traduction	$ 30.000	$ 30.000	$ 30.000
Fonds de remplacement du personnel	$ 50.000	$ 50.000	$ 50.000
Fonds d'indemnisation pour licenciement du personnel	$ 119.087	$ 147.490	$ 147.511
* Fonds de roulement	$ 223.267	$ 223.267	$ 223.267
Fonds général	$ 26.856	$ 82.735	$ 176.988
Montant maximum requis			
* Fonds de roulement (Règ. fin. 6.2)	$ 223.267	$ 223.267	$ 223.267

Programme du Secrétariat pour l'exercice 2013/2014

Introduction

Le présent programme de travail contient les activités proposées au Secrétariat pour l'exercice financier 2013/2014 (du 1er avril 2013 au 31 mars 2014). Les principaux domaines d'activités du Secrétariat sont abordés dans les trois premiers chapitres, lesquels sont suivis d'une section sur la gestion et du programme prévisionnel pour l'exercice financier 2013/2014.

Le budget pour l'exercice financier 2013/2014, le budget prévisionnel pour l'exercice financier 2014/2015, le barème des contributions et l'échelle des salaires sont joints en annexe.

Le programme et les montants budgétaires pour l'exercice financier 2013/2014 qui l'accompagnent se fondent sur le budget prévisionnel de l'exercice financier 2013/2014 (Décision 2, (2012), Annexe 3, appendice 1).

Le programme se concentre sur les activités régulières, telles que la préparation des XXXVIᵉ et XXXVIIᵉ RCTA, la publication des Rapports finaux et les diverses tâches assignées au Secrétariat en vertu de la Mesure 1 (2003).

Table des matières :

1. Appui à la RCTA et au CPE
2. Échange d'informations
3. Documentation
4. Informations destinées au public
5. Gestion
6. Programme prévisionnel pour l'exercice financier 2013/2014

    Appendice 1 : Rapport prévisionnel de l'exercice financier 2012/2013, budget de l'exercice financier 2013/2014, budget prévisionnel de l'exercice financier 2014/2015

    Appendice 2 : Barème des contributions pour l'exercice financier 2014/2015

    Appendice 3 : Grille des salaires

1. Appui à la RCTA et au CPE

XXXVIᵉ RCTA

Le Secrétariat apportera son appui à la XXXVIᵉ RCTA en rassemblant et compilant les documents destinés à la Réunion, et en assurant leur publication sur une page à accès restreint de son site Web. La Section des délégués permettra également leur enregistrement en ligne et on y trouvera la liste téléchargeable et actualisée des délégations.

Le Secrétariat apportera son soutien au déroulement de la RCTA, par la production des documents du Secrétariat, d'un Manuel destiné aux délégués et des résumés des documents destinés à la RCTA, au CPE et aux Groupes de travail de la RCTA.

Le Secrétariat gèrera les services de traduction et d'interprétation. Il est responsable de l'organisation des prestations de traduction en phases pré-session, in-session et post-session de la RCTA. Il gèrera l'interaction avec le prestataire des services d'interprétation simultanée.

Le Secrétariat se chargera d'une part, d'organiser les services de rapporteur avec le Secrétariat du pays hôte et d'autre part, de compiler et d'apprêter les rapports du CPE et de la RCTA afin qu'ils puissent être adoptés au cours de la dernière séance plénière de la Réunion.

Coordination et contact

Outre le maintien d'un contact régulier avec les Parties et les institutions internationales du système du Traité sur l'Antarctique, par courriel, téléphone ou tout autre moyen à sa disposition, le Secrétariat tire profit de sa présence aux différentes réunions, pour renforcer sa coordination et sa communication.

Les déplacements à prévoir sont les suivants :

- Assemblée générale annuelle (AGA) du COMNAP à Séoul (République de Corée), du 8 au 10 juillet 2013. Sa présence lors de l'Assemblée lui permettra de renforcer ses liens et sa collaboration avec le COMNAP et le SCAR.
- CCAMLR, Hobart, Australie, du 23 octobre au 1er novembre 2013. La réunion de CCAMLR, qui intervient à mi-chemin entre deux RCTA, permet au Secrétariat d'informer les Représentants de la RCTA, pour la plupart présents à la CCAMLR, des évolutions sur les travaux qu'il a entrepris. Le Secrétariat du Traité sur l'Antarctique a d'autant plus besoin de collaborer activement avec le Secrétariat du CCAMLR, que la plupart de ses directives sont calquées sur les siennes.

Développement du site Internet du Secrétariat

L'amélioration du site Internet se poursuivra pour le rendre plus concis, plus ergonomique et donner une plus grande visibilité à ses pages et ses informations les plus pertinentes. Les outils de recherche des bases de données du site, notamment celle contenant les documents des réunions et le Système électronique d'échange d'informations (EIES), seront affinés davantage.

Appui aux activités intersessions

Ces dernières années, le CPE et la RCTA ont produit un volume substantiel de travail en période intersessions, principalement par le biais des Groupes de contact intersessions (GCI). Le Secrétariat apportera un soutien technique à la création en ligne des GCI convenus lors de la XXXVIᵉ RCTA et du XVIᵉ CPE, et à la production de documents spécifiques sur demande de ces deux organes.

Le Secrétariat mettra à jour le site Internet en ajoutant les mesures adoptées par la RCTA, accompagnées des informations produites par le CPE et la RCTA.

Impression

Le Secrétariat traduira, publiera et distribuera le Rapport final de la XXXVIe et ses annexes dans les quatre langues officielles du Traité. Le texte du Rapport final sera publié sur le site Internet du Secrétariat et sera imprimé sous forme d'ouvrage tandis que ses annexes seront publiées sur un CD qui lui sera adjoint. Le texte intégral du Rapport final sera disponible, sous la forme d'un ouvrage (en deux volumes) auprès des détaillants en ligne et en version électronique.

2. Échange d'informations

Observations générales

Le Secrétariat continuera d'aider les Parties à publier leurs documents d'échange d'informations et à alimenter la base de données des Évaluations d'impact sur l'environnement (EIE) avec les informations collectées au cours des différentes évaluations menées.

Système électronique d'échange d'informations (SEEI)

Lors de la prochaine saison, le Secrétariat continuera, en fonction des décisions de la XXXVIe RCTA, à effectuer les ajustements nécessaires pour favoriser l'utilisation du système électronique par les Parties, et à développer les outils permettant de compiler et de présenter des rapports de synthèse.

3. Dossiers et documents

Documents de la RCTA

Le Secrétariat poursuivra ses efforts d'archivage de Rapports finaux et de documents émanant tant de la RTCA que d'autres réunions du Traité sur l'Antarctique, dans les quatre langues officielles du Traité. Chaque Partie est invitée, à son niveau, à coopérer à cet effort de recherche qui devra être déterminant si le Secrétariat souhaite parvenir à un archivage exhaustif des documents. Le Secrétariat, dans le cadre d'un projet conjoint avec l'Institut Scott de recherche polaire (Cambridge, RU), a reçu un ensemble de documents de travail relatifs aux RCTA ayant eu lieu entre 1961 et 1998 qu'il a intégrés à la base de données du Traité sur l'Antarctique. Ce projet se poursuivra au cours de l'exercice financier 2013/2014.

Base de données du Traité sur l'Antarctique

La base de données contenant les recommandations, les mesures, les décisions et les résolutions de la RCTA est à ce jour complète en anglais, et quasiment complète en espagnol et en français, même si le Secrétariat déplore encore l'absence de plusieurs exemplaires de Rapports finaux dans ces langues. Davantage de rapports finaux demeurent manquants en langue russe.

4. Informations destinées au public

Le Secrétariat et son site Internet continueront d'exercer la fonction de centre de diffusion d'informations sur les activités des Parties et les évolutions significatives intervenant en Antarctique.

5. Gestion

Personnel

Au 1er avril 2013, le personnel du Secrétariat se répartissait comme suit :

Personnel de direction

Nom	Poste	Date d'entrée	Rang	Terme
Manfred Reinke	Secrétaire exécutif	1-09-2009	E1	31-08-2013
José María Acero	Sous-secrétaire exécutif	1-01-2005	E3	31-12-2014

Personnel des services généraux

Nom	Poste	Date d'entrée	Rang
José Luis Agraz	Fonctionnaire chargé de l'information	1-11-2004	G1
Diego Wydler	Fonctionnaire chargé des TIC	1-02-2006	G1
Roberto Alan Fennell	Comptable (à temps partiel)	1-12-2008	G2
Pablo Wainschenker	Rédacteur	1-02-2006	G3
Ms. Violeta Antinarelli	Bibliothécaire (à temps partiel)	1-04-2007	G3
Ms. Anna Balok	Assistante chargée de la saisie des données (à temps partiel)	1-10-2010	G5
Ms. Viviana Collado	Chef de bureau	15-11-12	G5

LA RCTA XXXVI a décidé de renommer le Secrétaire exécutif pour un mandat de quatre ans à compter du 01 septembre 2013 (voir Décision 2 (2013)). Afin d'assurer la nomination de son successeur en temps opportun, dés l'issue de son mandat, la RCTA pourrait souhaiter aborder la question au plus tard lors de la RCTA XXXIX

Questions financières

Le budget de l'exercice 2013/2014 et le budget prévisionnel pour l'exercice 2014/2015 sont présentés à l'Appendice 1.

Traduction et interprétation

En août 2012, le Secrétariat a émis un avis d'appel d'offres (AO) pour la fourniture de services de traduction et d'interprétation destinés à la XXXVIᵉ RCTA. La société maltaise de services linguistiques « International Translation Agency Ltd (ITA) » a remporté cet Appel d'offre. Le texte intégral de l'évaluation de l'Appel d'offres est disponible sur le forum « Groupe de contact intersessions sur les questions financières » du STA.

Les frais de traduction et d'interprétation ont été budgétisés à hauteur de 284 961 $ pour la XXXVIᵉ RCTA.

Selon la législation fiscale européenne en vigueur, la prestation de services d'ITA Ltd ne sera pas assujettie à la taxe sur la valeur ajoutée belge (TVA), puisque cette agence a son siège à Malte, pays membre de l'Union européenne. Aux termes de la «Loi maltaise relative à la taxe sur la valeur ajoutée», le Secrétariat ne se verra pas facturer la TVA, puisque les prestations seront destinées :

a. à une organisation intergouvernementale,
b. dont le siège est sis hors du territoire de la République de Malte.

Salaires et frais de déplacements

Le coût de la vie a continué d'augmenter considérablement en Argentine en 2012. Pour comparer cet accroissement aux années antérieures, le Secrétariat a calculé l'augmentation de l'IVS (Indice de variation des salaires fourni par le Bureau national argentin de la statistique et du recensement) corrigé de la dévaluation du peso argentin face au dollar des États-Unis d'Amérique au cours de la même période. La méthode de calcul a été décrite par le Secrétaire exécutif lors de la XXXIIᵉ RCTA de 2009 (Rapport final, p. 254).

En 2012, l'IVS a crû de 24,5 %. La dévaluation du peso argentin face au dollar américain a engendré une augmentation du coût de la vie estimée en $US à 9,2 %.

Cette augmentation avait été de 29,4% en 2011, de 26,3 % en 2010 et de 16,7 % en 2009. Cela a engendré une hausse du coût de la vie estimée en à $US 19,5 % en 2011, 19,9 % en 2010 et de 7,9 % en 2009.

Le Secrétaire exécutif propose de ne pas compenser la hausse du coût de la vie, ni pour le personnel des services généraux, ni pour le personnel de direction.

La règle 5.10 du Règlement du personnel exige une compensation en faveur du personnel des services généraux lorsque ces derniers travaillent plus de 40 heures par semaine. Les heures supplémentaires sont requises lors des RCTA.

Pour compenser l'augmentation des frais de voyage, le Secrétariat a réduit le taux des indemnités journalières de son personnel à 80 % du taux de la Fonction publique internationale.

Fonds

Fonds de roulement

Selon l'alinéa (a) de la règle financière 6.2, le fonds de roulement doit être maintenu à 1/6 du budget du Secrétariat (223 267 US$) au cours des prochaines années. Les contributions des Parties servent de base au calcul du taux du Fonds de roulement.

Informations additionnelles sur le projet de budget de l'exercice financier 2013/2014

La répartition des fonds sur les différentes lignes de crédit se conforme à la proposition formulée l'année dernière. Quelques ajustements mineurs ont été apportés en fonction des dépenses prévues pour l'exercice financier 2013/2014.

- Développement de logiciel : A l'issue de discussions tenues au sein du GCI sur le thème de l' «Échange d'informations et aspects et impacts environnementaux du tourisme et des activités non gouvernementales en Antarctique», certains changements devraient survenir au niveau de l'EIES.

- Impression, édition et reproduction : Consécutivement à l'inspection de sites touristiques en Antarctique, 11 sites doivent voir leurs lignes directrices de visite modifiées.

- Services généraux : Des tâches supplémentaires d'entretien sont prévues pour la réparation du système de climatisation du bureau.

- Administration, eau et électricité: Des hausses substantielles du coût de l'énergie sont attendues.

L'annexe 1 présente le budget de l'exercice 2013/2014 et le budget prévisionnel pour l'exercice 2014/2015. La grille des salaires figure à l'annexe 3.

Contributions pour l'exercice financier 2014/2015

Les contributions pour l'exercice financier 2014/2015 n'augmenteront pas.

L'annexe 2 présente les contributions des Parties pour l'exercice financier 2014/2015.

6. Programme prévisionnel pour l'exercice financier 2014/2015 et l'exercice financier2015/2016

La plupart des activités actuelles du Secrétariat se poursuivront au cours de l'exercice financier2014/2015 et de l'exercice 2015/2016, et à moins que le programme ne subisse de profonds changements, aucune modification de postes du personnel n'est prévue pour les prochaines années.

Appendice 1

Rapport prévisionnel 2012/2013, prévisionnel 2013/2014, Budget 2013/2014, budget prévisionnel 2014/2015

LIGNES DE CRÉDIT	Rapport prévisionnel 2012/2013*	Prévisionnel 2013/2014	Budget 2013/2014	Prévisionnel 2014/2015
RECETTES				
Contributions annoncées	**$ -1.339.600**	**$ -1.339.600**	**$ -1.339.600**	**$ -1.339.600**
Fonds spécial Atelier d'interprétation	$ 0	$ 0	$ -13.860	$ 0
Placements portant intérêt	$ -1.801	$ -1.000	$ -1.000	$ -1.000
Recettes totales	**$ -1.341.401**	**$ -1.340.600**	**$ -1.354.460**	**$ -1.340.600**
DÉPENSES				
SALAIRES				
Direction	$ 311.323	$ 317.001	$ 317.001	$ 322.658
Services généraux	$ 291.527	$ 306.860	$ 303.929	$ 317.013
Personnel de soutien à la RCTA	$ 12.810	$ 12.750	$ 14.850	$ 15.147
Stagiaires	$ 4.000	$ 4.800	$ 4.800	$ 4.800
Heures supplémentaires	$ 8.443	$ 10.000	$ 10.000	$ 10.000
	$ 628.103	**$ 651.411**	**$ 650.580**	**$ 669.618**
TRADUCTION ET INTERPRÉTATION				
Traduction et interprétation	**$ 291.052**	**$ 400.000**	**$ 285.961**	**$ 353.336**
DÉPLACEMENTS				
VOYAGES	**$ 91.766**	**$ 80.000**	**$ 96.000**	**$ 90.000**
TECHNOLOGIES DE L'INFORMATION				
Matériel informatique	$ 8.807	$ 10.000	$ 10.000	$ 10.500
Logiciels	$ 2.251	$ 3.000	$ 3.000	$ 3.150
Développement	$ 14.233	$ 16.500	$ 18.500	$ 17.325
Assistance	$ 12.264	$ 13.000	$ 13.000	$ 13.650
	$ 37.555	**$ 42.500**	**$ 44.500**	**$ 44.625**

LIGNES DE CRÉDIT	Rapport prévisionnel 2012/2013*	Prévisionnel 2013/2014	Budget 2013/2014	Prévisionnel 2014/2015
IMPRESSION, ÉDITION ET REPRODUCTION				
Rapport final	$ 12.765	$ 18.975	$ 18.975	$ 20.721
Lignes directrices pour les visites de sites	$ 0	$ 2.875	$ 2.875	$ 3.140
	$ 12.765	**$ 21.850**	**$ 21.850**	**$ 23.860**
SERVICES GÉNÉRAUX				
Conseil juridique	$ 1.374	$ 4.600	$ 4.600	$ 5.023
Audit externe	$ 10.127	$ 12.379	$ 12.379	$ 13.518
Nettoyage, entretien et sécurité	$ 26.860	$ 16.207	$ 25.207	$ 17.698
Formations	$ 5.377	$ 6.000	$ 6.000	$ 6.552
Opérations bancaires	$ 4.226	$ 6.467	$ 6.467	$ 7.062
Location de matériel	$ 2.674	$ 5.465	$ 5.465	$ 5.968
	$ 50.638	**$ 51.118**	**$ 60.118**	**$ 55.821**
COMMUNICATION				
Téléphone	$ 4.289	$ 4.444	$ 4.444	$ 4.853
Internet	$ 2.063	$ 2.485	$ 2.485	$ 2.714
Hébergement Internet	$ 9.305	$ 7.928	$ 7.928	$ 8.657
Affranchissement	$ 1.230	$ 2.842	$ 2.842	$ 3.103
	$ 16.887	**$ 17.699**	**$ 17.699**	**$ 19.327**
BUREAU				
Papèterie et fournitures de bureau	$ 2.754	$ 2.530	$ 2.530	$ 2.763
Livres et abonnements	$ 2.750	$ 6.782	$ 6.782	$ 7.406
Assurance	$ 2.058	$ 2.252	$ 2.252	$ 2.459
Mobilier	$ 35	$ 800	$ 800	$ 874
Matériel de bureau	$ 1.397	$ 4.600	$ 4.600	$ 5.023
Entretien	$ 4.595	$ 2.300	$ 2.300	$ 2.512
	$ 13.589	**$ 19.264**	**$ 19.264**	**$ 21.036**
ADMINISTRATION				
Approvisionnements	$ 1.662	$ 2.300	$ 2.300	$ 2.512
Transport local	$ 654	$ 1.150	$ 1.150	$ 1.256
Divers	$ 4.019	$ 2.875	$ 2.875	$ 3.140
Eau & Electricité	$ 5.218	$ 10.400	$ 10.400	$ 11.357
	$ 11.552	**$ 16.725**	**$ 16.725**	**$ 18.264**
REPRÉSENTATION				
Frais de représentation	**$ 3.096**	**$ 3.000**	**$ 3.000**	**$ 3.000**

LIGNES DE CRÉDIT	Rapport prévisionnel 2012/2013*	Prévisionnel 2013/2014	Budget 2013/2014	Prévisionnel 2014/2015
FINANCEMENT				
Pertes sur change	$ 5.840	$ 5.000	$ 5.000	$ 5.460
SOUS-TOTAL DES CRÉDITS OUVERTS	$ 1.162.846	$ 1.308.566	$ 1.220.697	$ 1.304.347
RÉPARTITION DES FONDS				
Fonds de réserve pour la traduction	$ 0	$ 0	$ 0	$ 0
Fonds de remplacement du personnel	$ 0	$ 0	$ 0	$ 0
Fonds d'indemnisation pour licenciement du personnel	$ 28.424	$ 28.880	$ 29.368	$ 29.820
Fonds de roulement	$ 0	$ 0	$ 0	$ 0
	$ 28.424	$ 28.880	$ 29.368	$ 29.820
TOTAL DES CRÉDITS OUVERTS	$ 1.191.270	$ 1.337.446	$ 1.250.065	$ 1.334.167
SOLDE	$ 150.131	$ 3.154	$ 104.395	$ 6.433
DÉPENSES TOTALES	$ 1.341.401	$ 1.340.600	$ 1.354.460	$ 1.340.600
Synthèse des fonds				
Fonds de réserve pour la traduction	$ 30.000	$ 30.000	$ 30.000	$ 30.000
Fonds de remplacement du personnel	$ 50.000	$ 50.000	$ 50.000	$ 50.000
Fonds d'indemnisation pour licenciement du personnel	$ 147.511	$ 175.914	$ 176.879	$ 204.794
** Fonds de roulement	$ 223.267	$ 223.267	$ 223.267	$ 223.267
Fonds général	$ 176.988	$ 91.447	$ 281.382	$ 287.815

* Rapport prévisionnel
au 1er avril 2013

Montant théorique maximal				
** Fonds de roulement (Reg. fin. 6.2)	$ 223.267	$ 223.267	$ 223.267	$ 223.267

Appendice 2

Barème des contributions 2014/2015

2014/2015	Cat.	Mult.	Variable	Déterminé	Total
Afrique du Sud	C	2,2	$ 22 259,21	$ 23 921,43	$ 46 181
Allemagne	B	2,8	$ 28 329,91	$ 23 921,43	$ 52 251
Argentine	A	3,6	$ 36 424,17	$ 23 921,43	$ 60 346
Australie	A	3,6	$ 36 424,17	$ 23.921,43	$ 60 346
Belgique	D	1,6	$ 16 188,52	$ 23 921,43	$ 40 110
Brésil	D	1,6	$ 16 188,52	$ 23 921,43	$ 40 110
Bulgarie	E	1	$ 10 117,82	$ 23 921,43	$ 34 039
Chili	C	2,2	$ 22 259,21	$ 23 921,43	$ 46 181
Chine	C	2,2	$ 22.259,21	$ 23.921,43	$ 46 181
Corée (Rép. de)	D	1,6	$ 16 188,52	$ 23 921,43	$ 40 110
Équateur	E	1	$ 10 117,82	$ 23 921,43	$ 34 039
Espagne	C	2,2	$ 22 259,21	$ 23 921,43	$ 46 181
États-Unis d'Amérique	A	3,6	$ 36 424,17	$ 23 921,43	$ 60 346
Fédération de Russie	C	2,2	$ 22 259,21	$ 23 921,43	$ 46 181
Finlande	D	1,6	$ 16 188,52	$ 23 921,43	$ 40 110
France	A	3,6	$ 36 424,17	$ 23 921,43	$ 60 346
Inde	C	2,2	$ 22 259,21	$ 23 921,43	$ 46 181
Italie	B	2,8	$ 28 329,91	$ 23 921,43	$ 52 251
Japon	A	3,6	$ 36 424,17	$ 23 921,43	$ 60 346
Norvège	A	3,6	$ 36 424,17	$ 23.921,43	$ 60 346
Nouvelle-Zélande	A	3,6	$ 36 424,17	$ 23 921,43	$ 60 346
Pays-Bas	C	2,2	$ 22 259,21	$ 23 921,43	$ 46 181
Pérou	E	1	$ 10 117,82	$ 23 921,43	$ 34 039
Pologne	D	1,6	$ 16 188,52	$ 23 921,43	$ 40 110
Royaume-Uni	A	3,6	$ 36 424,17	$ 23 921,43	$ 60 346
Suède	C	2,2	$ 22 259,21	$ 23 921,43	$ 46 181
Ukraine	D	1,6	$ 16 188,52	$ 23 921,43	$ 40 110
Uruguay	D	1,6	$ 16 188,52	$ 23 921,43	$ 40 110
		66,2	$ 669 800,00	$ 669 800,00	**$ 1 339 600**

Montant du budget	$ 1 339 600
Taux de base	$ 10 118

Appendice 3

Grille des salaires 2013/2014

Appendice A

GRILLE DES SALAIRES - CATÉGORIE DU PERSONNEL DE DIRECTION

($ US)

2013/2014 Classe		I	II	III	IV	V	VI	VII	VIII	IX	X	XI	XII	XIII	XIV	XV
E1	A	$133 830	$136 320	$138 810	$141 301	$143 791	$146 281	$148 771	$151 262							
E1	B	$167 287	$170 400	$173 512	$176 626	$179 739	$182 851	$185 964	$189 078							
E2	A	$112 692	$114 812	$116 931	$119 050	$121 168	$123 286	$125 404	$127 524	$129 643	$131 761	$133 880	$134 120	$136 210		
E2	B	$140 865	$143 515	$146 164	$148 812	$151 460	$154 107	$156 755	$159 405	$162 054	$164 702	$167 349	$167 650	$170 263		
E3	A	$93 973	$96 016	$98 061	$100 106	$102 151	$104 195	$106 240	$108 285	$110 328	$112 372	$114 417	$115 643	$116 869	$118 886	$120 901
E3	B	$117 466	$120 020	$122 577	$125 133	$127 689	$130 243	$132 800	$135 356	$137 910	$140 465	$143 021	$144 553	$146 086	$148 607	$151 126
E4	A	$77 922	$79 815	$81 710	$83 599	$85 494	$87 386	$89 275	$91 171	$93 065	$94 955	$96 849	$97 377	$99 244	$101 110	$102 977
E4	B	$97 403	$99 768	$102 138	$104 498	$106 868	$109 232	$111 594	$113 964	$116 332	$118 694	$121 062	$121 722	$124 055	$126 388	$128 721
E5	A	$64 604	$66 299	$67 992	$69 685	$71 377	$73 070	$74 763	$76 452	$78 147	$79 841	$81 530	$82 078			
E5	B	$80 755	$82 874	$84 989	$87 106	$89 222	$91 337	$93 454	$95 565	$97 684	$99 801	$101 913	$102 597			
E6	A	$51 143	$52 771	$54 396	$56 025	$57 650	$59 276	$60 905	$62 531	$64 156	$65 146	$65 784				
E6	B	$63 929	$65 963	$67 994	$70 031	$72 062	$74 095	$76 131	$78 164	$80 195	$81 432	$82 230				

Note : Note : La ligne B, correspond à la rémunération de base (ligne A) plus un montant additionnel de 25 % pour les frais indirects (caisse de retraite et primes d'assurance, primes d'installation et de rapatriement, indemnités pour frais d'études, etc.) et représente le montant total du traitement auquel a droit le personnel de direction conformément à l'article 5.1.

Appendice B

GRILLE DES SALAIRES - PERSONNEL DES SERVICES GÉNÉRAUX

($ US)

Classe	I	II	III	IV	V	VI	VII	VIII	IX	X	XI	XII	XIII	XIV	XV
G1	$60 439	$63 258	$66 079	$68 897	$71 836	$74 901									
G2	$50 366	$52 715	$55 066	$57 415	$59 864	$62 417									
G3	$41 970	$43 928	$45 887	$47 845	$49 887	$52 016									
G4	$34 976	$36 608	$38 240	$39 871	$41 573	$43 346									
G5	$28 893	$30 242	$31 590	$32 939	$34 346	$35 814									
G6	$23 684	$24 787	$25 893	$26 998	$28 151	$29 353									

Plan de travail stratégique pluriannuel de la Réunion consultative du Traité sur l'Antarctique

Les Représentants,

Réaffirmant les valeurs, les objectifs et les principes contenus dans le Traité sur l'Antarctique et son Protocole relatif à la protection de l'environnement ;

Considérant qu'un plan de travail stratégique pluriannuel (« le Plan ») est de nature à contribuer utilement à la Réunion consultative du Traité sur l'Antarctique (« RCTA »), en lui permettant de se concentrer sur des questions prioritaires et opportunes, et d'adapter son programme de travail en conséquence ;

Rappelant la XXXIIème RCTA organisée à Baltimore (2009), au cours de laquelle les Parties au Traité sur l'Antarctique (« les Parties ») ont exprimé leur soutien à l'élaboration d'un Plan ;

Rappelant la Décision 3 (2012) approuvant l'élaboration d'un Plan pour la RCTA et adoptant les principes pour la réalisation et l'élaboration du Plan ;

Considérant que le Plan est complémentaire de l'ordre du jour de la RCTA et que les Parties et autres participants à la RCTA sont encouragés à contribuer comme d'ordinaire aux autres questions figurant à l'ordre du jour de la RTCA ;

Décident :

1. Que les principes suivants guideront la mise en œuvre et l'élaboration future du Plan ;

    a. Le Plan reflètera les objectifs et principes du Traité de l'Antarctique et de son Protocole relatif à la protection de l'environnement ;

    b. Conformément au mode de fonctionnement de la RCTA, l'adoption du Plan, l'introduction de questions au Plan et les décisions relatives au Plan se feront par consensus.

c. L'objectif du Plan est de compléter l'ordre du jour en aidant la RCTA à identifier un nombre limité de questions prioritaires et à agir de manière plus efficace ;

d. Les Parties ainsi que les autres participants aux RCTA sont encouragés à contribuer comme actuellement aux autres questions figurant à l'ordre du jour de la RCTA ;

e. Le Plan couvrira une période glissante pluriannuelle, et qu'il devra être examiné et actualisé selon que de besoin lors de chaque RCTA, afin qu'y figurent les travaux restant à terminer, les questions nouvelles, et les changements de priorités ;

f. Le Plan sera dynamique et souple, et inclura les questions émergentes au fur et à mesure qu'elles apparaitront ;

g. Le Plan identifiera les questions exigeant l'attention collective de la RTCA, et qui doivent faire l'objet de discussions et/ou de décisions par la RCTA ; et

h. Le Plan ne devra pas interférer avec le développement régulier de l'ordre du jour de la RCTA ;

2. D'adopter le Plan en annexe à la présente décision, en tenant compte de la nécessité de poursuivre le développement du concept du Plan;

3. De désigner la Décision 3 (2012) comme n'étant plus en vigueur.

Plan de travail stratégique pluriannuel de la RCTA

Domaine de travail	Priorité	2013	Intersessions	2014	2015	2016	2017	2018
Garantie d'un Système du Traité sur l'Atlantique (STA) solide et efficace	Effectuer un examen complet des obligations actuelles en matière d'échange d'informations, ainsi que du fonctionnement du Système électronique d'échange d'informations (SEEI), et identifier toute obligation supplémentaire		Préparation par le Secrétariat d'un récapitulatif contenant les résultats issus des discussions informelles du CPE sur le SEEI Inviter les Parties, les experts et les observateurs à préparer des documents de travail et d'autres types de documents	Discussion consacrée à ce sujet au sein d'un Groupe de travail sur les questions juridiques et institutionnelles, comprenant la présentation du SEEI par le Secrétariat Envisager la mise à jour de la Résolution 6 (2001) Le cas échéant, constituer un GCI pour traiter les questions non résolues				
	Envisager de mettre en œuvre des actions de sensibilisation coordonnées, destinées aux États non parties disposant de nationaux ou de ressources en activité dans l'Antarctique		*					
	Échanger et discuter sur les priorités scientifiques, pour identifier et saisir les opportunités de collaboration et de renforcement des capacités dans le domaine scientifique, et plus particulièrement sur les changements climatiques		*	Inviter les Parties, les experts et les observateurs à fournir des informations sur leurs propriétés stratégiques dans le domaine scientifique				
Renforcement de la protection de l'environnement antarctique	Examiner les avis du CPE sur la question de la réparation et de la remédiation des dommages causés à l'environnement et étudier la possibilité de mettre en œuvre des actions de suivi appropriées concernant la responsabilité		*					
	Évaluer la progression des travaux en cours du CPE, pour refléter les bonnes pratiques, améliorer les outils existants et en développer de nouveaux outils pour la protection de l'environnement, notamment des procédures d'évaluation d'impact sur l'environnement (et si nécessaire, continuer à perfectionner ces outils)		*					

287

Domaine de travail	Priorité	2013	Intersessions	2014	2015	2016	2017	2018
Gestion et réglementa-tion efficaces des activités humaines	Prendre en considération les recommandations de la Réunion d'experts du Traité sur l'Antarctique sur les implications des changements climatiques sur la gestion et la gouvernance en Antarctique (CPE-CGI)		*					
	Renforcer la coopération entre les Parties sur les opérations aériennes et maritimes spécifiques en Antarctique et les mesures de sécurité, et identifier toute question pouvant être portée à la connaissance de l'OMI et de l'OACI, le cas échéant	Groupe de travail spécial sur les opérations de recherche et de sauvetage	Remise par le Secrétariat d'une compilation des Recommandations et des Résolutions de la RCTA sur les questions de sécurité Inviter les Parties, les experts et les observateurs à préparer des documents de travail et d'autres types de documents Inviter l'OMI à fournir une mise à jour des négociations relatives au Code polaire lors de la XXXVIIᵉ RCTA Demander à l'OACI et à l'OMI de soumettre leurs avis sur les questions de sécurité aérienne et maritime	Discussion consacrée à ce sujet au sein d'un GT sur les questions opérationnelles Présentation par le COMNAP d'un document à la RCTA sur les questions de sécurité identifiées lors de l'atelier				
	Étudier et évaluer la nécessité de mettre en place des mesures supplémentaires pour gérer la zone et bâtir des infrastructures permanentes liées au tourisme, ainsi que les questions liées au tourisme terrestre et d'aventure, et examiner les recommandations de l'étude sur le tourisme menée par le CPE	Groupe de travail sur le tourisme	Préparation et soumission par les Parties, les observateurs et les experts de documents de travail et d'autres types de documents liés au tourisme terrestre et d'aventure Travaux intersessions du CPE relatifs aux Recommandations 3 et 6 (concernant la méthodologie et la surveillance de la sensibilité des sites) Élaboration par le Secrétariat d'une synthèse des discussions antérieures de la RCTA et des mesures et résolutions liées au tourisme terrestre et d'aventure.	Discussion consacrée aux questions liées au tourisme terrestre et d'aventure au sein d'un GT sur le tourisme et les activités non gouvernementales tout en tenant compte des questions soulevées dans les documents soumis, ainsi que des questions soulevées précédemment au sein du GTT et des GCI Étude de tout élément issu de rapports intermédiaires reçu de la part du CPE.				

* Les parties, les experts et les observateurs sont invités à se concerter sur les travaux préliminaires relatifs aux priorités pour 2015 et les années suivantes.

Échange d'informations sur le tourisme et les activités non gouvernementales

Les Représentants,

Rappelant l'Article III (1)a et l'Article VII(5) du Traité sur l'Antarctique ;

Conscients des obligations prévues par le Protocole au Traité sur l'Antarctique relatif à la protection de l'environnement et ses annexes relatives à l'échange d'informations ;

Conscients aussi de la Recommandation VIII-6 (1975) et d'autres engagements que les Parties ont faits pour tenir des autres informées sur base d'échanges réguliers ou occasionnels ;

Désirant s'assurer que l'échange d'informations entre les Parties se fait par la voie la plus efficace et la plus opportune ;

Désirant également traiter la Recommandation 1 de l'étude réalisée en 2012 par le Comité pour la protection de l'environnement sur les aspects environnementaux et les impacts du tourisme et des activités non gouvernementales en Antarctique, concernant la création d'une base de données centralisée de la Réunion consultative du Traité sur l'Antarctique (« RCTA ») sur les activités touristiques ;

Rappelant en outre la Résolution 6 (2005) qui recommande que le formulaire type révisé de rapport post-visite sur les sites soit utilisé pour les activités touristiques et non-gouvernementales conduites en Antarctique ;

Réaffirmant la Décision 4 (2012) qui rend obligatoire l'utilisation du Système électronique d'échange d'information (« SEEI ») pour les Parties afin qu'elles honorent leurs obligations d'échange d'informations dans le cadre du Traité sur l'Antarctique et de son Protocole sur l'environnement, et qui précise que les Parties continueront à travailler avec le Secrétariat du Traité sur l'Antarctique à l'affinement et à l'amélioration du SEEI ;

Désirant compléter l'Appendice 4 du Rapport final de la XXIVème RCTA sur l'échange d'informations afin d'assurer la cohérence des rapports sur les types d'activités touristiques pour les opérations maritimes et terrestres et d'harmoniser ces rapports avec les informations tirées du formulaire type révisé de rapport post-visite sur les sites approuvé par la Résolution 6 (2005) ;

Décident :

1. D'améliorer l'échange d'informations en complétant l'Appendice 4 du Rapport final de la XXIVème RCTA pour inclure :

    a) Le « type d'activité » dans la section 'Expéditions non gouvernementales' – Opérations conduites à partir de navires (Non-Governmental Expeditions – Ship-based Operations)

    b) Le nombre de visiteurs participant à chacune des activités spécifiques ;

    c) Le remplacement de l'intitulé du point 1.1.2. A par « Opérations réalisées à partir de navires », comme indiqué dans l'Appendice à la présente Décision.

2. De réviser le Système électronique d'échange d'informations (« SEEI ») pour y inclure :

    a) une liste des activités non-gouvernementales conduite à partir de navires et à terre parmi lesquelles les Parties pourront sélectionner une ou plusieurs pour établir leur rapport d'informations annuel, qui devra être harmonisée avec les domaines d'activité du formulaire type révisé de rapport post-visite sur les sites approuvé par la Résolution 6 (2005), tout en gardant la possibilité d'ajouter des activités ; et

    b) le nombre de visiteurs participant à chacune des activités spécifiques ;

3. D'intégrer ces informations au SEEI et, d'une manière générale, de les rendre accessibles au public.

Exigences en matiere d'echange d'informations

1. Information pré-saisonnière

Les informations suivantes sont à soumettre le plus tôt possible, de préférence avant le 1 octobre et en tout cas avant le début des activités.

1.1 Information opérationnelle

1.1.1 Expéditions nationales

A. Stations

Noms de stations d'hivernage (région donnée, latitude et longitude), population maximale et support médical disponible.

Noms de stations/bases estivales et de camps de champ (région donnée, latitude et longitude), période d'opérations, population maximale et support médical disponible.

Noms de refuges (région, latitude et longitude), installations médicales et capacité d'hébergement. Autres activités principales de terrain, par exemple, des traversées scientifiques (précisant les emplacements).

B. Navires

Noms de navires, pays d'attache du navire, nombre de voyages, dates envisagées de départ, zones des opérations, ports de départ et d'arrivée de et en Antarctique, but du voyage (p.ex.. déploiement scientifique, provision, relève, océanographie etc.)

C. Aéronefs

Type d'aéronef, nombre envisagé de vols, période de vols et les dates envisagées de décollage, routes et objectifs.

D. Missiles de recherche

Coordonnées de lieux de lancement, le temps et la date/période, direction de lancement, altitude maximale envisagée, zone d'impact, type et spécifications de missiles, objectifs et nom de projets de recherche.

E. Militaire

- Quantité du personnel militaire en expéditions et les grades de tous les officiers.
- Nombre et type des armements en possession du personnel.

- Nombre et types des armements de navires et aéronefs et information sur le matériel militaire, s'il existe, et son emplacement dans la zone du Traité sur l'Antarctique.

1.1.2 Expéditions non-gouvernementales

A. Opérations à bord de navires

Nom d'opérateur, nom de navire, pays d'attache du navire, nombre de voyages, date envisagées de départ, ports de départ et d'arrivée de et en Antarctique, zones des opérations y compris les noms de sites envisagés de débarquement et les dates envisagées quand ces débarquements auront lieu, type d'activité, nombre de visiteurs qui participent à chacune des activités spécifiques.

B. Opérations terrestres

Nom de l'expédition, méthode de transport en, de et à l'intérieur de l'Antarctique, type d'aventure/activité, emplacement, dates d'expéditions, nombre du personnel impliqué, adresse de contact, adresses de sites web.

1.2 Visite aux zones protégées

Nom et nombre de zones protégées, nombre de personnes ayant permis de visite, date/période et but.

2. Rapport annuel

Les informations suivantes sont à soumettre le plus tôt possible, après la fin de saison estivale, mais en tout cas, avant le 1 octobre, avec la période de rapport du 1 avril au 30 mars.

2.1 Information scientifique

2.1.1 Plans pour le futur

Détails de plans scientifiques stratégiques ou pluriannuels ou point de contact pour une version papier. Liste de participations envisagées dans des programmes/projets scientifiques majeurs, internationaux, de collaboration.

2.1.2 Activités scientifiques pendant l'année précédente.

Liste de projets scientifiques entrepris l'année précédente dans le cadre de disciplines scientifiques (donnant l'emplacement et le principal responsable).

2.2 Information opérationnelle

2.2.1 Expéditions nationales

Mise à jour des informations données à 1.1.1.

2.2.2 Expéditions non-gouvernementales

Mise à jour des informations données à 1.1.2.

2.3 Informations relatives aux autorisations

2.3.1 Visites aux zones protégées

Mise à jour des informations données à 1.2.

2.3.2 Interférences entreprises et portant dommage à la flore et à la faune

Espèces, emplacement, quantité, sexe, âges et objectifs

2.3.3 Introductions des espèces non indigènes

Espèces, emplacement, quantité et objectifs

2.4 Information sur l'environnement

2.4.1 Conformité au Protocole

Nouvelles mesures adoptées l'année précédente conformément à l'Article 13 du Protocole au Traité sur l'Antarctique relatif à la protection de l'environnement en donnant une description des mesures, de la date d'effet.

2.4.2 Liste des EPIE et EGIE

Liste des EPIE/EGIE entrepris pendant l'année en donnant des activités proposées, emplacement, niveau d'évaluation et décisions prises.

2.4.3 Rapport de surveillance des activités

Désignation d'activité, emplacement, procédures mises en place, informations significatives obtenues, actions prises en résultat de celles-ci.

2.4.4 Plans de gestion de déchets

Plans de gestion de déchets réalisés pendant l'année avec indication du titre et en donnant le nom de la station / du navire / de l'emplacement.

Rapport de l'implémentation de plans de gestions de déchets pendant l'année.

2.5 Législation nationale correspondante

Législation adoptée pendant l'année pour mettre en vigueur le Traité sur l'Antarctique et les obligations résultant des mesures, décisions et résolutions des Réunions consultatives du Traité sur l'Antarctique en donnant une description de la mesure et de la date d'entré en vigueur.

2.6 Autres informations

2.6.1 Rapports des inspections

Rapport de toute inspection effectuée en vertu de l'Article VII du Traité sur l'Antarctique et l'Article 14 et l'Article 10 (Annexe V) du Protocole environnemental pendant l'année avec indication de s dates d'inspection, noms des personnes effectuant l'inspection, nationalité d'inspecteur(s), endroits inspectés, où se trouve le rapport d'inspection.

2.6.2 Compte-rendu des activités entreprises en cas d'urgence

Description de cas d'urgence, emplacement (latitude et longitude) et actions entreprises.

3. Informations permanentes

Les informations suivantes sont à soumettre conformément aux exigences du Traité sur l'Antarctique et du Protocole au Traité sur l'Antarctique relatif à la protection de l'environnement. L'information peut être mise à jour à tout moment.

3.1 Installations et constructions scientifiques

3.1.1 Stations / observatoires d'enregistrement automatique

Nom du site, coordonnées (latitude et longitude), altitude (m), paramètres enregistrés, fréquence d'observations, numéro de référence (p.ex., numéro d'OMM).

3.2 Informations opérationnelles

A. Stations

Noms des stations d'hivernage (avec indication de région, de latitude et de longitude et du personnel maximal), date de constitution, logements et matériel médical.

Noms des stations / bases estivales et des camps de terrain (avec indication de région, de latitude et de longitude, de période d'opérations et du personnel maximal).

Noms des refuges (région, latitude et longitude), matériel médical et capacité de logement.

B. Navires

Noms de navires, pavillon, classe de protection contre les glaces, largeur et tirant d'eau (on peut fournir un lien aux données du COMNAP).

C. Aéronefs

Nombre et type d'aéronefs utilisés.

D. Installations d'atterrissage d'aéronefs

E. Installation de communication et fréquences

3.3 Plans de gestion de déchets

Titre de Plan, copie (PDF) ou point de contact pour copie papier et bref rapport sur l'implémentation.

3.4 Plans de réserve

Titre de plan(s) de réserve pour des déversements d'hydrocarbonates et d'autres cas d'urgence, copies (PDF) ou point de contact pour versions papier. Bref rapport sur l'implémentation.

3.5 Inventaire d'activités passées

Nom de station/base/camp de terrain/traversée/aéronefs accidentés/etc., coordonnées (latitude et longitude), période quand l'activité a eu lieu; description/but des activités entreprises ; description du matériel ou constructions restantes.

3.6 Législation nationale correspondante

Description de lois, règlements, actes administratifs ou autres mesures, date d'entrée en vigueur/en force, en donnant une copie (PDF) ou point de contact pour copie papier.

Disponibilité d'informations complémentaires sur les listes des observateurs des parties consultatives par l'intermédiaire du Secrétariat du Traité sur l'Antarctique

Les Représentants,

Accueillant avec satisfaction la proposition d'utiliser le Secrétariat du Traité sur l'Antarctique (le Secrétariat) dans le cadre de ses fonctions, comme un outil complémentaire d'information pour les Parties, en ce qui concerne les observateurs qu'elles désignent ;

Gardant à l'esprit que depuis l'entrée en vigueur du Traité sur l'Antarctique et la création du Secrétariat, de nouveaux moyens de transmission de l'information sont disponibles et qu'il serait très utile de disposer d'une base de données des observateurs désignés par les Parties sur le site internet du Secrétariat qui puisse être consultée ;

Considérant que la mise à disposition de cette information par le biais du Secrétariat s'inscrit dans le cadre de ses fonctions ;

Reconnaissant que l'envoi de cette information au Secrétariat constitue une mesure complémentaire à la notification des Parties par voie diplomatique ;

Rappelant les dispositions de l'Article VII du Traité sur l'Antarctique et de l'Article 14 du Protocole au Traité sur l'Antarctique relatif à la protection de l'environnement, ainsi que celles de l'Article 2 de la Mesure 1 (2003) ;

Décident :

1. Que les Parties consultatives au Traité sur l'Antarctique (PCTA) communiquent au Secrétariat du Traité sur l'Antarctique, en complément de la notification aux autres Parties par voie diplomatique, la désignation des Observateurs chargés d'effectuer des inspections, la date de désignation,

ainsi que le terme de ces désignations ; et que le Secrétariat soit chargé de notifier tous les contacts des PCTA par courrier électronique, comme prévu au paragraphe 6 de la Recommandation XIII-1 ; et

2. Que le Secrétariat intègre les informations notifiées en vertu du paragraphe 1 à sa base de données des contacts avec accès restreint et la mette à la disposition des Parties. La base de données des contacts inclura uniquement les Observateurs ayant fait l'objet d'une notification par voie diplomatique, conformément à l'Article VII du Traité sur l'Antarctique et de l'Article 14 du Protocole au Traité sur l'Antarctique relatif à la protection de l'environnement.

3. Résolutions

Sécurité aérienne en Antarctique

Les Représentants,

Rappelant la Recommandation XV-20 (1989) ;

Notant, avec appréciation, le Rapport de la réunion d'experts sur la sécurité aérienne en Antarctique, qui s'est tenue du 2 au 5 mai 1989 à Paris ;

Reconnaissant l'importance d'assurer la sécurité du trafic aérien en Antarctique, et que les organes principaux détenant les connaissances et l'expérience en matière de trafic aérien en Antarctique, et sur ses difficultés actuelles, sont les programmes antarctiques nationaux ;

Souhaitant contribuer à la sécurité aérienne en Antarctique par des recommandations mises à jour ;

Recommandent que :

1. Dans le but de veiller à l'application des mesures visant une sécurité aérienne améliorée pour tous les vols en Antarctique, les mesures visant à améliorer la sécurité aérienne exposées aux paragraphes 2 à 8 ci-dessous soient développées en fonction des critères de l'OACI, en tenant dûment compte des caractéristiques spécifiques de l'Antarctique ainsi que des pratiques et des services existants.

2. Dans le but de veiller à la sécurité du trafic aérien sur le territoire concerné par le Traité sur l'Antarctique, que les Parties échangent, de préférence avant le 1er septembre et au plus tard le 15 novembre de chaque année, des informations relatives à leur trafic aérien planifié en utilisant le format standardisé du Système électronique d'échange d'informations (SEEI).

3. Dans le but d'améliorer la sécurité aérienne en Antarctique, que les programmes antarctiques nationaux qui opèrent des aéronefs en Antarctique et leurs équipages reçoivent un recueil constamment mis à jour, élaboré

par le Conseil des directeurs des programmes antarctiques nationaux (COMNAP) et connu à présent sous le nom de Manuel d'information de vol en Antarctique (AFIM), décrivant les installations terrestres, les aéronefs (y compris les hélicoptères) et les procédures d'opération des aéronefs ainsi que les installations de communication afférentes opérées par chaque programme antarctique national (pour lesquels des questions relatives à la responsabilité ne découleront pas de leur utilisation) et, par conséquent, qu'ils :

(a) facilitent la révision continue de l'AFIM par les directeurs de leurs programmes antarctiques nationaux par le biais d'une démarche collective par le truchement du COMNAP ;

(b) adoptent un format grâce auquel les informations fournies par chaque opérateur national seront enregistrées de manière à faciliter leur mise à jour ;

(c) demandent aux directeurs de leurs programmes antarctiques nationaux de fournir des informations visant à assurer la mise à jour de l'AFIM.

4. dans le but de veiller à la prise de connaissance mutuelle du trafic aérien en cours et d'échanger des informations en la matière, les Parties désignent :

(a) des stations d'informations aériennes principales (PAIS) qui coordonnent leurs propres informations aériennes et les informations provenant de leurs stations d'informations aériennes secondaires (le cas échéant), dans l'objectif de communiquer à d'autres PAIS la situation du trafic aérien en cours. Ces PAIS doivent disposer d'installations de communication adéquates pouvant transmettre des informations en « version papier » par des moyens appropriés et convenus ; et

(b) des stations d'informations aériennes secondaires (SAIS), notamment les stations/bases (y compris les bases de terrain et les navires) qui fournissent des informations aériennes à leur PAIS de coordination mère.

5. Dans le but d'éviter les incidents aériens dans les zones hors du champ de couverture radio VHF des stations principales et secondaires, que les aéronefs se trouvant hors des zones couvertes par les stations principales et secondaires utilisent une fréquence radio spécifique en vue d'appliquer la procédure « TIBA » établie dans l'Annexe 11 de la Convention relative à l'aviation civile internationale.

6. Afin de veiller à la conformité avec les dispositions du paragraphe 5 de l'Article VII du Traité sur l'Antarctique ainsi qu'avec la Partie IV de la Recommandation X-8, que les Parties se tiennent mutuellement informées des vols non-gouvernementaux et qu'un rappel sur l'AFIM soit effectué auprès de tous les pilotes déposant un plan de vol pour des vols en Antarctique.

7. Afin de prévoir l'amélioration de la collecte en Antarctique, de données météorologiques et d'informations présentant une importance en termes de sécurité du trafic aérien en Antarctique, ainsi que leur échange en Antarctique, que les Parties :

    (a) encouragent l'Organisation météorologique mondiale dans son travail en ce sens ;

    (b) prennent des mesures en vue d'améliorer les services météorologiques disponibles en Antarctique, particulièrement pour répondre aux besoins d'aviation ; et

    (c) tiennent compte du manuel intitulé « The International Antarctic Weather Forecasting Handbook ».

8. Dans le but de veiller à l'efficacité des communications entre les PAIS, que les Parties s'assurent que leurs PAIS disposent des installations adéquates pour communiquer avec d'autres PAIS ; et

9. Que les Parties considèrent la Recommandation XV-20 (1989) comme n'étant plus en vigueur.

Manuel de nettoyage pour l'Antarctique

Les Représentants,

Réaffirmant l'engagement des Parties au Protocole au Traité sur l'Antarctique relatif à la protection de l'environnement (le Protocole de Madrid) à réduire autant que possible le volume des déchets produits ou éliminés dans la zone du Traité sur l'Antarctique, de manière à en réduire l'impact sur l'environnement de l'Antarctique et l'interférence sur les valeurs naturelles de la région, par le biais de la recherche scientifique et d'autres utilisations de l'Antarctique conformes au Traité sur l'Antarctique ;

Rappelant le paragraphe 5 de l'Article 1 de l'Annexe III au Protocole de Madrid selon lequel les sites terrestres – anciens et actuels – d'élimination de déchets et les sites de travail abandonnés des activités en Antarctiques doivent être nettoyés par le producteur des déchets et les utilisateurs des sites, à condition que ces actions ne requièrent pas l'enlèvement de toute structure désignée comme site ou monument historique ou qu'en enlevant une structure ou des déchets s'il a été établi que cet enlèvement, selon toutes les options pratiques, aurait pour l'environnement des incidences plus négatives que si la structure ou les déchets étaient laissés sur place ;

Rappelant également la Réunion d'experts du Traité sur l'Antarctique sur les implications des changements climatiques sur la gestion et la gouvernance en Antarctique, tenue en 2010, qui relevait que les changements climatiques créent un risque potentiel de déversement localisé de polluants à partir des sites d'élimination de déchets et des sites de travail abandonnés et par un déversement accru d'eau de fonte ;

Notant les actions menées par les Parties, depuis l'entrée en vigueur du Protocole de Madrid, visant à résoudre la question des déchets et nettoyer les anciens sites terrestres de dépôt de déchets et les sites de travail abandonnés ;

Notant en outre les efforts du Conseil des directeurs des programmes antarctiques nationaux pour formuler des procédures selon les meilleures pratiques en matière de gestion de déchets, notamment avec l'Atelier sur la gestion des déchets en Antarctique, tenu à Hobart en 2006 ;

Accueillant avec satisfaction le développement, par le Comité pour la protection de l'environnement, d'un manuel de nettoyage que les Parties peuvent utiliser et appliquer, le cas échéant, pour se conformer aux obligations prévues au paragraphe 5 de l'Article 1 de l'Annexe III au Protocole de Madrid;

Recommandent que les Parties:

1. Diffusent et encouragent l'utilisation du Manuel de nettoyage en annexe à la présente Résolution, le cas échéant, pour se conformer aux obligations prévues au paragraphe 5 de l'Article 1 de l'Annexe III au Protocole de Madrid ; et

2. Encouragent le Comité pour la protection de l'environnement à continuer à affiner le Manuel de nettoyage en exploitant les contributions du Comité scientifique sur la recherche en Antarctique et le Comité des directeurs des programmes antarctiques nationaux, chargés respectivement des questions scientifiques et pratiques.

Comité pour la protection de l'environnement
MANUEL DE NETTOYAGE

1. Introduction

a)   Contexte

En 1975, les Parties au Traité sur l'Antarctique avaient adopté la Recommandation VIII-11, qui contient le premier guide approuvé de gestion et d'élimination judicieuses des déchets produits par des expéditions et des stations, afin de minimiser les effets sur l'environnement antarctique. Au fur et à mesure que les Parties se sont sensibilisées sur les effets potentiels de l'élimination des déchets sur l'environnement de la région de l'Antarctique, des avantages de l'évolution technologique et de la logistique, elles perçoivent la nécessité d'améliorer le traitement des déchets sur place et de retirer certains déchets de la zone du Traité.

A travers la Recommandation XV-3 (1989), les Parties ont adopté des pratiques rigoureuses d'élimination et de gestion des déchets, conformément aux recommandations du Comité d'experts du SCAR sur l'élimination des déchets en Antarctique, le but visé étant de minimiser aussi bien l'impact sur l'environnement de la région que l'interférence avec la recherche scientifique ou d'autres utilisations légitimes de l'Antarctique. Non seulement ces pratiques respectent les conditions de gestion des déchets dans les activités présentes et futures, mais elles associent également des programmes pour nettoyer les sites d'élimination de déchets et les sites de travail abandonnés, de même qu'elles appellent à un inventaire de sites où des activités ont eu lieu dans le passé.

De nombreux éléments de la Recommandation XV-3 sont largement pris en compte dans les dispositions actuelles de l'Annexe III au Protocole sur la protection de l'environnement relatives à l'élimination et la gestion des déchets. Dans l'ensemble, le Protocole de Madrid détermine le contexte dans lequel les dispositions de l'Annexe III s'appliquent.

Entre autres exigences, l'Annexe III au Protocole prevoit à l'article 1.5 que :

« Les sites terrestres, anciens et actuels, de dépôt des déchets et les sites de travail abandonnés des activités en Antarctique sont nettoyés par le producteur de ces déchets et les utilisateurs de ces sites. Cette obligation n'est pas interprétée comme exigeant :

a)   l'enlèvement de toute structure désignée comme site historique ou monument ; ou

b)   l'enlèvement de toute structure ou déchet s'il a été établi que les incidences sur l'environnement de cet enlèvement, selon toutes les options pratiques, aurait pour l'environnement des incidences plus négatives que si la structure ou le déchet était laissé sur place. »

Préalablement à ces instruments, la gestion des déchets dans les installations de l'Antarctique incluait souvent la mise à feu et l'élimination de déchets dans des décharges. De même, il n'était pas rare d'abandonner les installations non utilisées et de les laisser se détériorer. Bon nombre d'anciens sites d'élimination de déchets et de sites de travail abandonnés ont besoin du processus de gestion qui est en cours. Ces sites sont en général caractérisés par un mélange de débris physiques (ex: matériaux de construction, machines, véhicules, simples ordures) et des polluants chimiques dont certains peuvent être des conteneurs (qui risquent de se détériorer) alors que d'autres peuvent être lâchés dans l'environnement. Dans certains cas, les sites d'élimination de déchets s'étendent jusqu'à proximité de l'environnement marin des rivages. Les infiltrations et déversements venant des sites abandonnés et des sites de déversements plus récents peuvent finir par contaminer d'autres parties de l'environnement. En général, ces polluants dégradent très lentement les conditions qui prévalent dans l'Antarctique.

L'on s'est appuyé sur des données recueillies de quelques sites bien documentés pour avancer que le volume de matériaux de décharge abandonnés, à ciel ouvert, dans l'Antarctique peut dépasser 1 million m3 et que le volume de sédiments pollués par le pétrole peut être similaire (Snape et al., 2001). Certes, il s'agit là d'un volume relativement faible si on le compare à la situation qui prévaut dans d'autres parties du monde; mais l'importance des impacts associés sur l'environnement est accrue en Antarctique parce que la région possède de nombreux sites contaminés dans les rares littoraux libres de glace abritant la plupart de la flore et de la faune terrestres.

b)   Objectif du nettoyage global

L'objectif global visé par l'action des Parties, pour résoudre les problèmes de risques sur l'environnement créés par d'anciens sites terrestres de dépôt des déchets, les sites de travail abandonnés et les sites pollués par des déversements d'hydrocarbures ou d'autres substances dangereuses, est de :

minimiser les effets négatifs sur l'environnement de l'Antarctique et l'interférence avec les valeurs naturelles de la région, au moyen de la recherche scientifique et d'autres utilisations conformes au Traité sur l'Antarctique, en nettoyant les anciens sites terrestres de dépôt des déchets, les sites de travail abandonnés et les sites pollués par les déversements d'hydrocarbures ou d'autres substances toxiques. Ces actions de nettoyage ne demanderont pas que l'on enlève de la structure désignée comme site historique ou monument : des artefacts historiques d'avant 1958, sous réserve des dispositions de la Résolution 5 (2001); des matériaux ou déchets, s'il a été établi que les incidences sur l'environnement de cet enlèvement, selon toutes les options pratiques, aurait pour l'environnement des incidences plus négatives que si la structure ou le déchet était laissé sur place.

Cet objectif respecte les conditions précisées à l'Annexe III (Élimination et gestion des déchets) du Protocole au Traité sur l'Antarctique relatif à la protection de l'environnement (le Protocole de Madrid).

c)   But du Manuel de nettoyage

Ce manuel vise à guider les Parties au Traité sur l'Antarctique afin qu'elles atteignent l'objectif susmentionné. Le manuel contient des principes directeurs et des liens pour accéder aux lignes directrices et ressources que les opérateurs peuvent utiliser et appliquer, selon les cas, pour aider à satisfaire aux exigences prévues au Protocole de Madrid, notamment à l'annexe III. Les lignes directrices pratiques sont recommandables, mais toutes ne sont pas appropriées à toutes les opérations ou à tous les sites. Le manuel est censé être mis à jour et augmenté au fur et à mesure que de nouveaux travaux, recherches et meilleures pratiques émergent.

L'orientation qui est proposée dans le manuel met l'accent sur la mise à jour des anciens sites terrestres de dépôt des déchets, des sites de travail abandonnés et des sites pollués par des déversements d'hydrocarbures ou d'autres substances dangereuses. Un guide pratique pour la prévention, la surveillance et l'intervention face à l'introduction d'espèces non indigènes est présenté dans le Manuel sur les espèces non indigènes, produit par le CPE.

Le Conseil des directeurs des programmes antarctiques nationaux (COMNAP) a conçu un manuel sur le carburant, qui présente d'importantes mesures pour prévenir et contenir des déversements d'hydrocarbures. Le Manuel de nettoyage complète le manuel de carburant de COMNAP en donnant des orientations sur les actions de nettoyage et de restauration qui, selon ce second document, doivent être menées dans le cadre des plans opérationnels pour des installations individuelles ou pour des zones géographiques pertinentes.

Il ne serait pas pratique de nettoyer immédiatement ou simultanément tous les sites anciens d'élimination de déchets, tous les sites de travail abandonnés en Antarctique et tous les sites pollués ; et c'est pourquoi le manuel vise précisément à guider dans l'identification des priorités dans les activités de nettoyage, ainsi que dans l'enlèvement ou la remédiation des matériels contaminés, de façon à réduire les risques environnementaux en cours.

Conformément aux dispositions du Protocole de Madrid, il convient de mener une action de nettoyage à temps, en particulier pour les raisons les suivantes :

- De nombreux sites d'élimination de déchets abandonnés et de sites d'activités contiennent de potentiels polluants dans des conteneurs (ex: cuves remplies de carburant, d'huile et de substances chimiques), et leur délai de péremption est proche, ce qui peut provoquer la pollution et rendre le nettoyage plus difficile ;

- Comme l'a relevé la Réunion des experts du Traité sur l'Antarctique (RETA) sur les changements climatiques et leurs implications pour la gestion et la gouvernance en Antarctique, tenue en 2010, les changements climatiques peuvent accélérer la libération localisée de la pollution à partir des sites d'élimination de déchets et des sites de travail abandonnés, par effet de la fonte ;

- Les effets nocifs des polluants chimiques sur l'environnement et l'écosystème sont susceptibles de se multiplier avec le temps d'exposition, et par conséquent d'augmenter le risque d'impacts cumulés dus à l'exposition sur d'autres facteurs de stress environnemental ;

- Les procédés de dispersion (ex: déversement de l'eau de fonte) causer l'expansion de la zone totalement contaminée continue avec le temps, entraînant parfois la contamination du milieu marin ;

309

- Certains sites peuvent plutôt se perdre dans l'océan ou se couvrir de glace/neige, tout en continuant à y produire des effets nocifs, ce qui rendrait leur gestion difficile et coûteuse; et

- Risques éventuels pour la santé humaine (produits chimiques ou autres substances dangereuses telles que l'amiante).

d)   Glossaire

La pratique du nettoyage environnemental utilise un lexique technique spécifique. De plus, certains mots du langage ordinaire ont un sens particulier dans le contexte du nettoyage environnemental. Pour faciliter la compréhension, ce glossaire sera étoffé dans le cadre du développement du manuel. Les définitions s'appliquant généralement à l'évaluation, l'atténuation et à la surveillance des impacts des activités sur l'environnement sont présentées dans les Lignes directrices pour l'évaluation de l'impact sur l'environnement de l'Antarctique.

NETTOYAGE: enlèvement et/ou remédiation sur place des anciens sites terrestres de dépôt des déchets, des sites de travail abandonnés et des sites contaminés par des déversements d'hydrocarbures ou d'autres substances dangereuses.

2. Principes directeurs clés

Gestion de l'information

La conservation de données est importante tout au long du processus de nettoyage et doit commencer bien avant toute activité de nettoyage sur le site.

1) La conservation de données doit être conçue de façon à permettre un accès facile aux informations sur chacun des sites et l'ajout au fur et à mesure d'informations relatives aux actions et événements concernant chacun des sites.

2) Les informations conservées doivent être mises à jour et doivent indiquer clairement l'emplacement et l'état des sites contaminés, les actions menées pour y remédier, les raisons qui ont présidé à la prise des décisions clés et les enseignements tirés.

3) Le type d'information conservé doit refléter l'utilisation qui en est attendue, notamment :

   - L'évaluation du site et sa priorisation ;

   - Le soutien aux décisions opérationnelles ;

   - La conformité aux conditions d'évaluation de l'impact environnemental ou aux conditions indiquées dans le permis ;

   - La surveillance et l'évaluation de l'efficacité de l'opération de nettoyage ; et

   - La facilitation de l'échange de l'information entre les Parties et avec d'autres intervenants.

4) La conservation de données doit être conçue de manière à servir également de base pour l'inventaire des anciens sites d'activités dans toute la région de l'Antarctique, conformément à l'Article 8.3 de l'Annexe III.

Évaluation et description des sites

Une évaluation des caractéristiques du site, qui influenceront le comportement des polluants et leur impact éventuel sur les valeurs de l'environnement, doit être entreprise avant de trouver la meilleure façon de nettoyer le site.

5) L'évaluation d'un site doit prendre en compte :

- La nature et l'étendue des débris physiques et/ou de la contamination chimique, ainsi que du paysage (ex: géologie, géomorphologie, glaciologie) du site et de ses environs, l'accent étant mis sur les versants, l'aspect et les écoulements d'eau ;

- Les défis potentiels liés aux opérations de nettoyage sur le site, le paysage et ses environs (ex: accessibilité et susceptibilité aux dommages causés par des machines ou par du matériel de récupération des déchets) ;

- Les valeurs environnementales du site et de ses environs, y compris l'étendue des valeurs, tel que spécifié dans le Protocole de Madrid ; et

- Les changements probables sur le site, y compris la détérioration des conteneurs (fûts de carburant rouillés), d'altérations dans les compositions chimiques (conséquences de phénomènes météorologiques naturels) et le déplacement de polluants (par le vent ou par l'eau).

6) Toutes les informations disponibles doivent être mises à contribution pour évaluer l'impact actuel et éventuel de la contamination sur l'environnement.

Évaluation des risques environnementaux

L'évaluation des risques environnementaux est un processus qui vise à déterminer les risques que le site fait courir aux valeurs environnementales.

7) L'évaluation des risques environnementaux doit se servir des informations puisées pendant l'évaluation du site, y compris les incertitudes, et doit éclairer les décisions prises tout au long du processus de nettoyage.

8) Elle doit aider à déterminer le(s) site(s) à prioriser durant le nettoyage, à décider des différentes options de nettoyage (voir ci-dessous) et à fixer des objectifs réalistes pour le nettoyage (voir ci-dessous).

9) L'évaluation des risques environnementaux doit être régulièrement examinée et confirmée ou modifiée durant le processus de nettoyage.

Objectifs environnementaux qualitatifs en matière de nettoyage

Dans certains cas, enlever complètement toutes les traces de contamination pourrait ne pas s'avérer pratique, ou avoir des incidences plus graves sur l'environnement. Les objectifs environnementaux qualitatifs en matière de nettoyage sont la concentration des polluants qui demeurent dans l'environnement sans créer des incidences inacceptables sur les valeurs environnementales du site.

10) Les objectifs environnementaux de qualité en matière de nettoyage doivent être définis sur la base d'un site particulier, en tenant compte de ses caractéristiques et valeurs.

11) Vus sous l'angle de la conservation de la biodiversité, les objectifs qualitatifs doivent être fondés sur la sensibilité des espèces pertinentes à des polluants spécifiques (ex. : études éco-toxicologiques).

12) Les objectifs environnementaux qualitatifs ne sont qu'un facteur parmi d'autres à prendre en compte lors de la sélection de l'option de nettoyage (voir ci-contre).

Prise en compte des options de nettoyage

Les options de nettoyage les plus conseillées pour des sites contaminés par des hydrocarbures ou d'autres substances dangereuses peuvent comprendre les suivantes : ne rien faire (ce qui peut mener à une atténuation naturelle) ; confiner les polluants et autres produits dangereux sur place afin d'en éviter la dispersion ; y remédier sur place afin de renforcer le processus d'atténuation ; les enlever du site en traitant la région antarctique (nettoyage sur place) ; et les enlever de la zone du Traité sur l'Antarctique. Pour chacune des ces options, il existe d'autres choix d'actions de nettoyage éventuelles (voir ci-dessous).

13) Une évaluation de risques doit être réalisée pour toutes les options de nettoyage envisagées, en s'assurant surtout que le processus de nettoyage n'ait pas un impact négatif plus élevé sur l'environnement.

14) L'analyse des options doit prendre en compte les objectifs environnementaux qualitatifs et le risque d'incidences supplémentaires découlant de l'opération de nettoyage. Compte tenu des réalités pratiques liées aux opérations en Antarctique, d'autres considérations pertinentes pourraient inclure la faisabilité, la technologie disponible, l'aspect pratique, la sécurité du personnel et la rentabilité.

Actions de nettoyage

Les actions de nettoyage sont des activités opérationnelles menées sur le site et/ou ailleurs sur du matériel retiré du site.

15) Le cas échéant, les évaluations des plans et impacts environnementaux dans le cadre de nouvelles activités en Antarctique doivent tenir compte de la nature et de l'échelle de toute activité de nettoyage qui y serait nécessaire à l'avenir. Les actions

de nettoyage des sites d'anciennes activités doivent faire l'objet d'une évaluation de l'impact environnemental, en application des dispositions du Protocole.

16) Les techniques de nettoyage développées pour les sites contaminés dans d'autres régions du monde peuvent avoir une certaine valeur en Antarctique mais doivent probablement subir des modifications avant de convenir aux conditions locales.

17) Toutes les options de nettoyage, y compris l'option «ne rien faire», peuvent nécessiter l'engagement de ressources telles que la surveillance (voir ci-dessous) pour confirmer l'évaluation des risques environnementaux.

18) Dans certains cas, le confinement des polluants sur le site pour réduire la dispersion peut être l'une des approches les plus efficientes de protection des valeurs environnementales. Les techniques de confinement doivent être conçues pour :

    - les types de polluants présents (la principale distinction étant entre polluants organiques (ex: le carburant) ou inorganiques (ex: métaux des décharges)) ; et

    - les caractéristiques de l'environnement (notamment le processus de gel/dégel et la présence très saisonnière de l'eau libre).

19) La remédiation sur place en vue d'améliorer les processus d'atténuation (ex: améliorer la biodégradation par ajout d'ingrédients, augmenter la température et aérer le sol) peut être rentable et avoir sur l'environnement un impact probablement moindre que les options nécessitant l'extraction; dans tous les cas, les techniques utilisées doivent être appropriées tant pour les différents types de polluants que pour les caractéristiques de l'environnement.

20) En Antarctique, l'enlèvement avec traitement peut créer plus de perturbations sur le site que la remédiation sur place, mais présente l'avantage potentiel que les polluants retirés sont transférés à un site plus facile à gérer (ex. : à proximité d'une station). Le site qui reçoit les polluants doit être surveillé par mesure de sécurité du personnel et pour empêcher un impact ultérieur sur l'environnement (ex. : un site clairement identifiable et connu du personnel de la station, contenu pour empêcher la dispersion des polluants).

21) Dans certains cas, l'enlèvement des matériels contaminés de la zone du Traité sur l'Antarctique peut être l'option la plus appropriée et la plus conforme aux exigences du Protocole de Madrid. Comme indiqué plus haut, cela peut créer plus de perturbation que la remédiation sur place et, pour le cas des sites libres de glace, présenter également l'inconvénient de dépouiller l'Antarctique de son sol rare. Cette option est probablement la plus onéreuse et est tributaire de la disponibilité et de la capacité des moyens de transport, de même qu'elle peut créer des problèmes de biosécurité et de contamination de matériel dans le pays de destination.

22) La surveillance et l'évaluation (voir ci-dessous) doivent être considérées parties intégrantes du processus de nettoyage.

23) Le nettoyage est terminé une fois que les objectifs environnementaux qualitatifs auront été atteints.

Surveillance et évaluation

La surveillance et l'évaluation servent à caractériser et enregistrer la qualité de l'environnement, mais jouent des rôles spécifiques et distincts avant, pendant et/ou après le nettoyage.

24) La surveillance doit être réalisée non seulement pour identifier et mettre en garde à temps contre tout impact négatif de l'activité de nettoyage – qui peut alors nécessiter des révisions de procédures –, mais également pour évaluer et vérifier les prédictions résultant de l'évaluation de l'impact environnemental.

25) L'évaluation consiste à déterminer si l'activité de nettoyage a atteint les objectifs environnementaux de qualité escomptés.

26) La surveillance et l'évaluation doivent se concentrer sur les valeurs environnementales vulnérables présentes sur le site et prendre en compte l'utilisation finale des données.

3. Lignes directrices et ressources en appui au nettoyage

Au fur et à mesure que le manuel se développera, cette section sera élargie et contiendra les lignes directrices et ressources de contributeurs volontaires pour aider les Parties à faire face aux obligations de nettoyage énoncées à l'Annexe III du Protocole. Quelques éléments à envisager:

• une approche et/ou méthode standard de consignation et de communication des données relatives aux activités de nettoyage ;

• des listes de contrôle (checklists) et/ou des matrices pour l'évaluation aussi bien des sites que des risques sur l'environnement ;

• des données scientifiques pour informer l'identification des objectifs environnementaux qualitatifs pertinents;

• des techniques pour empêcher la mobilisation de polluants (tels que les déviations d'eau de fonte et les barrières de confinement) ;

• des techniques pour remédier sur place aux sites contaminés par les déversements d'hydrocarbures ou d'autres substances dangereuses ;

• des techniques pour le nettoyage de bâtiments ou autres structures abandonnées sur les sites de travail ;

• le guide de planification, de surveillance et d'évaluation.

Références bibliographiques

Références bibliographiques qui seront enrichies par d'autres articles au fur et à mesure du développement du manuel.

ATCM XXXV/IP6 (Australie). 2012. Topic Summary: CEP Discussions on Clean-Up (contains links to electronic versions of papers on the subject of clean-up submitted to the Committee for Environmental Protection between 1998 and 2011)

Aronson, R.B., Thatje, S., McClintock, J.B., & Hughes, K.A. 2011. Anthropogenic impacts on marine ecosystems in Antarctica. Annals of the New York Academy of Sciences, 1223, 82-107.

Filler, D., Snape, I., & Barnes, D., Eds. 2008. Bioremediation of Petroleum Hydrocarbons in Cold Regions. Cambridge. 288 pp.

Poland, J.S., Riddle, M.J., & Zeeb, B.A. 2003. Contaminants in the Arctic and the Antarctic: a comparison of sources, impacts, and remediation options. Polar Record, 39(211), 369-383.

Riddle, M. 2000. Scientific studies of Antarctic life are still the essential basis for long-term conservation measures. In Davison, W., Howard-Williams, C., & Broady, P. Eds. Antarctic Ecosystems: Models for Wider Ecological Understanding. New Zealand Natural Sciences, Canterbury University, 497-302.

Snape, I., Riddle, M.J., Stark, S., Cole, C.M., King, C.K., Dubesque, S., & Gore, D.B. 2001. Management and Remediation of contaminated sites at Casey Station, Antarctica. Polar Record, 37(202), 199-214.

Stark, J.S., Snape, I., & Riddle, M.J. 2006. Abandoned Antarctic waste disposal sites: Monitoring remediation outcomes and limitations at Casey Station. Ecological Management and Restoration, 7(1), 21-31.

Tin, T., Fleming, Z.L., Hughes, K.A., Ainley, D.G., Convey, P., Moreno, C.A., Pfeiffer, S., Scott, J., & Snape, I. 2009. Impacts of local human activities on the Antarctic environment. Antarctic Sci

Lignes directrices pour les visites de sites

Les Représentants,

Rappelant la Résolution 5 (2005), la Résolution 2 (2006), la Résolution 1 (2007), la Résolution 2 (2008), la Résolution 4 (2009), la Résolution 1 (2010) et la Résolution 4 (2011), par lesquelles ont été adoptées des listes de sites assujettis à des Lignes directrices pour les visites de sites ;

Rappelant la Résolution 4 (2012), qui prévoit que toute proposition de modification à des Lignes directrices pour les visites de sites existantes soit débattue par le Comité pour la protection de l'environnement, lequel doit fournir des avis à la Réunion consultative du Traité sur l'Antarctique (« RCTA ») en conséquence, et que dans le cas où la RCTA entérinerait ces avis, le Secrétariat du Traité sur l'Antarctique (le Secrétariat) devrait apporter sur son site Internet les modifications nécessaires aux textes de ces Lignes directrices pour les visites de sites ;

Convaincus que les Lignes directrices pour les visites de sites renforcent les dispositions énoncées dans la Recommandation XVIII-1 (1994) (Directives pour ceux qui organisent et conduisent des activités touristiques et non-gouvernementales en Antarctique) ;

Confirmant que le terme « visiteurs » n'inclut pas les scientifiques qui conduisent des recherches dans ces sites, ni les personnes engagées dans des activités gouvernementales officielles ;

Notant que les Lignes directrices pour les visites de sites ont été élaborées sur la base des volumes et des types de visites actuellement observés sur chaque site spécifique, et conscients que les Lignes directrices pour les visites de sites nécessiteraient des réexamens en cas de changements significatifs dans les volumes ou types de visites d'un site ;

Convaincus que les Lignes directrices pour les visites de sites pour chaque site doivent être réexaminées et révisées rapidement en cas de changements dans les volumes et les types de visites ou en cas d'impacts sur l'environnement démontrables ou probables ;

Désireux d'accroître le nombre de Lignes directrices pour les visites de sites élaborées pour les sites visités et de maintenir à jour les Lignes directrices existantes ;

Recommandent que :

1. La liste des sites soumis à des Lignes directrices pour les visites de sites adoptée par la Réunion consultative du Traité sur l'Antarctique soit élargie pour inclure deux nouveaux sites (Port Orne et les Îles Orne), et que la liste complète des sites assujettis aux Lignes directrices pour les visites de sites soit remplacée par celle qui figure en annexe à la présente Résolution ;

2. Les Lignes directrices pour les visites de sites pour les sites Port Yankee, Île Half Moon, Brown Bluff, Pointe Hannah, Île Cuverville, Île Danco, Port Neko, Île Pleneau, Île Petermann, Pointe Damoy, Pointe Jougla, Île Torgersen et Bailey Head (Île de la Déception) et l'île Barrientos – Îles Aitcho soient remplacées par les Lignes directrices modifiées ;

3. Le Secrétariat du Traité sur l'Antarctique publie sur son site Internet la liste complète des Lignes directrices pour les visites de sites modifiées, telles qu'elles ont été adoptées par la RCTA ;

4. Les Gouvernements exhortent toutes les personnes ayant l'intention de visiter de tels sites à s'assurer qu'elles ont pleine connaissance des Lignes directrices pour les visites de sites telles que publiées par le Secrétariat et qu'elles s'y conforment ;

5. Toute proposition de modification de Lignes directrices pour les visites de sites existantes soit débattue par le Comité pour la protection de l'environnement, qui devra fournir des avis à la RCTA en conséquence, et que dans le cas où la RCTA entérinerait ces avis, le Secrétariat devrait apporter sur son site Internet les modifications nécessaires aux textes de ces Lignes directrices pour les visites de sites ; et que

6. Le Secrétariat publie le texte de la Résolution 4 (2012) sur son site Internet en indiquant clairement qu'elle n'est plus en vigueur.

Liste des Sites assujettis aux Lignes directrices de visites de site :

Lignes directrices	Adoption d'origine	Dernière version
1. Île du Pingouin (Latitude 62° 06' S; Longitude 57° 54' O)	2005	2005
2. Île Barrientos, îles Aitcho (Latitude 62° 24' S; Longitude 59° 47' O)	2005	2013
3. Île Cuverville (Latitude 64° 41' S; Longitude 62° 38' O)	2005	2013
4. Pointe Jougla (Latitude 64° 49' S; Longitude 63° 30' O)	2005	2013
5. Île Goudier, Port Lockroy (Latitude 64° 49' S; Longitude 63° 29' O)	2006	2006
6. Pointe Hannah (Latitude 62° 39' S; Longitude 60° 37' O)	2006	2013
7. Port Neko (Latitude 64° 50' S; Longitude 62° 33' O)	2006	2013
8. Île Paulet (Latitude 63° 35' S; Longitude 55° 47' O)	2006	2006
9. Île Petermann (Latitude 65° 10' S; Longitude 64° 10' O)	2006	2013
10. Île Pleneau (Latitude 65° 06' S ; Longitude 64° 04' O)	2006	2013

Lignes directrices	Adoption d'origine	Dernière version
11. Pointe Turret (Latitude 62° 05' S; Longitude 57° 55' O)	2006	2006
12. Port Yankee (Latitude 62° 32' S; Longitude 59° 47' O)	2006	2013
13. Brown Bluff, Péninsule Tabarin (Latitude 63° 32' S; Longitude 56° 55' O)	2007	2013
14. Snow Hill (Latitude 64° 22' S; Longitude 56° 59' O)	2007	2007
15. Anse Shingle, île Coronation (Latitude 60° 39' S; Longitude 45° 34'O)	2008	2008
16. Île du Diable, île Vega (Latitude 63° 48' S; Longitude 57° 16.7' O)	2008	2008
17. Baie des baleiniers, île Déception, îles Shetland du Sud (Latitude 62° 59' S; Longitude 60° 34' O)	2008	2011
18. Île Half Moon, îles Shetland du Sud (Latitude 60° 36' S; Longitude 59° 55' O)	2008	2013
19. Baily Head, île Déception, îles Shetland du Sud (Latitude 62° 58' S, Longitude 60° 30' O)	2009	2013
20. Baie Telefon, île Déception, îles Shetland du Sud (Latitude 62° 55' S, Longitude 60° 40' O)	2009	2009

Liste des sites soumis aux Lignes directrices pour les visites de sites

Lignes directrices	Adoption d'origine	Dernière version
21. Cap Royds, île Ross (Latitude 77° 33' 10,7 S, Longitude 166° 10' 6,5 E)	2009	2009
22. Wordie House, île Winter, îles Argentine (Latitude 65° 15' S, Longitude 64° 16' O)	2009	2009
23. Île Stonington, baie Marguerite, Péninsule antarctique (Latitude 68° 11' S, Longitude 67° 00' O)	2009	2009
24. Île Horseshoe, Péninsule antarctique (Latitude 67° 49' S, Longitude 67° 18' O)	2009	2009
25. Île Detaille, Péninsule antarctique (Latitude 66° 52' S, Longitude 66° 48' O)	2009	2009
26. Île Torgersen, Port Arthur, île Southwest Anvers (Latitude 64° 46' S, Longitude 64° 05' O)	2010	2013
27. Île Danco, canal Errera, Péninsule antarctique (Latitude 64° 43' S, Longitude 62° 36' O)	2010	2013
28. Seabee Hook, cap Hallett, Terre Northern Victoria, mer de Ross, site pour visiteurs A et site pour visiteurs B (Latitude 72° 19' S, Longitude 170° 13' E)	2010	2010

Lignes directrices	Adoption d'origine	Dernière version
29. Pointe Damoy, île Wiencke, péninsule Antarctique (Latitude 64° 49' S, Longitude 63° 31' O)	2010	2013
30. L'aire réservée aux visiteurs de la vallée Taylor, Terre Southern Victoria (Latitutde 77° 37.59' S, Longitude 163° 03.42' E)	2011	2011
31. Plage nord-est de l'île Ardley (Latitude 62° 13' S; Longitude 58° 54' O)	2011	2011
32. Cabanes Mawson et cap Denison, Antarctique de l'Est (Latitude 67° 01' S; Longitude 142 ° 40' E)	2011	2011
33. Île D'Hainaut, port Mikkelsen, île de la Trinité (Latitude 63° 54' S; Longitude 60° 47'O)	2012	2012
34. Port Charcot, île Booth (Latitude 65° 04' S; Longitude 64° 02' O)	2012	2012
35. Anse Pendulum,îÎle de la Déception, îles Shetland du Sud (Latitude 62° 56' S, Longitude 60o° 36' O)	2012	2012
36. Port Orne, Bras sud de Port Orne, Détroit de Gerlache (Latitude 64° 38'S, Longitude 62° 33'O)	2013	2013
37. Îles Orne, Détroit de Gerlache (Latitude 64° 40'S, Longitude 62° 40'O)	2013	2013

Renforcement de la collaboration en matière de recherche et de sauvetage (SAR) en Antarctique

Les Représentants,

Rappelant les Résolutions 6 (2008), 6 (2010), 7 (2012) et 8 (2012) relatives aux opérations de recherche et de sauvetage en Antarctique ;

Préoccupés par la perte tragique de vies au cours de plusieurs incidents maritimes dans la mer de Ross et dans l'Océan Austral ces dernières années ;

Notant l'engagement de toutes les Etats parties au Traité sur l'Antarctique à promouvoir la sécurité dans les activités menées dans la zone du Traité sur l'Antarctique ;

Attentifs au fait que l'augmentation prévisible des activités humaines en Antarctique notamment les opérations des programmes nationaux, la navigation, la pêche et le tourisme, compliqueront substantiellement les défis et risques associés aux opérations de recherche et de sauvetage (SAR) en Antarctique ;

Exprimant sa reconnaissance aux Parties consultatives au Traité sur l'Antarctique qui gèrent des Centres de coordination du sauvetage (« RCC ») chargés d'assurer les opérations en Antarctique au profit de toutes les personnes en détresse dans leurs régions SAR respectives ;

Reconnaissant le degré élevé de coordination déjà existant dans les opérations SAR en Antarctique, entre les RCC chargés d'assurer les opérations en Antarctique, notamment par le biais du Conseil des directeurs des programmes antarctiques nationaux (COMNAP), et entre les RCC et les Programmes antarctiques nationaux opérant dans leurs zones de responsabilité ;

Rappelant l'engagement des Etats parties à la Convention internationale de 1979 sur la recherche et le sauvetage en mer et à la Convention de 1944 relative à l'aviation civile internationale, Annexe 12 – Recherches et sauvetage, pour coopérer dans l'exécution de missions et d'activités SAR ;

Notant l'importance des débats entre experts qui ont lieu lors de la réunion du Groupe de travail spécial de la XXXVIe RCTA sur les opérations de recherche et de sauvetage ; et

Désireux de renforcer la réussite et l'efficacité des opérations SAR en Antarctique ;

Recommandent que :

1. Poursuivent activement leur collaboration dans le cadre d'opérations de recherche et de sauvetage dans la zone du Traité sur l'Antarctique ;

2. S'engagent à partager les bonnes pratiques liées aux opérations SAR en Antarctique, en exploitant les compétences développées par chacun des 5 RCC chargés d'assurer les opérations en Antarctique ;

3. Coopèrent selon que de besoin au sein de l'Organisation maritime internationale (OMI), de l'Organisation de l'aviation civile internationale (OACI) ainsi que d'autres instances compétentes pour promouvoir l'élaboration et l'application de protocoles et de pratiques SAR qui seraient bénéfiques dans le contexte de l'Antarctique ;

4. Sollicitent auprès du Secrétariat un exemplaire de la présente Résolution et de la section relative au Groupe de travail spécial sur les opérations de recherche et de sauvetage issue du rapport de la XXXVIe RCTA présenté aux Secrétariats généraux de l'OMI et de l'OACI à titre d'information ;

5. Invitent la Commission pour la conservation de la faune et de la flore marines de l'Antarctique (CCAMLR) à étudier les moyens appropriés relevant de sa compétence pour appuyer les opérations SAR et renforcer la sécurité des navires de pêche opérant dans la zone de la Convention CCAMLR ;

6. Exhortent leurs Programmes antarctiques nationaux à fournir chaque année des informations actualisées sur les ressources pouvant être utilisées aux fins d'opérations SAR ;

7. Encouragent le COMNAP à continuer de promouvoir les discussions de collaboration et l'échange fondamental d'informations concernant les questions SAR, notamment:

a. en organisant tous les 3 ans des ateliers sur les opérations de recherche et de sauvetage, rassemblant des représentants des RCC et des Programmes antarctiques nationaux, des opérateurs privés ainsi que des fournisseurs commerciaux de notification d'urgence, et en communiquant les conclusions de ces ateliers aux futures RCTA ;

b. en créant un portail Internet qui promeut l'échange d'informations entre les RCC sur les objectifs et bonnes pratiques SAR en commun ; et

c. en veillant à ce que d'autres informations sur les Programmes antarctiques nationaux, y compris les ressources pouvant être utilisées aux fins d'opérations SAR soient mises à la disposition des RCC via le site Internet du COMNAP et reliées au Système électronique d'échange d'informations (SEEI).

8. Encouragent les RCC chargés d'assurer les opérations en Antarctique à mettre en place des exercices SAR entre eux, avec les Programmes antarctiques nationaux, l'IAATO ainsi qu'avec d'autres entités compétentes en vue d'assurer l'amélioration continue de la coopération et des interventions de recherche et de sauvetage.

Coopération internationale en matière de projets culturels en Antarctique

Les Représentants,

Convaincu que la coopération internationale est un des principes fondamentaux du système du Traité sur l'Antarctique ;

Reconnaissant l'importance de la promotion des valeurs antarctiques à travers les projets artistiques ;

Rappelant la Résolution 2 (1996) à travers laquelle sont promues les valeurs scientifiques, esthétiques et liées à l'état naturel de l'Antarctique notamment par le biais, d'une part, de l'octroi à des jeunes de possibilités de s'instruire et, d'autre part, de la contribution d'écrivains, d'artistes et de musiciens ;

Recommandent que :

Les parties soient encouragées à promouvoir la diffusion des valeurs de l'Antarctiques à travers l'élaboration de projets artistiques en Antarctique basés sur la coopération internationale, et reflétant particulièrement les activités scientifiques et l'importance de la protection de l'environnement en Antarctique.

Prospection biologique en Antarctique

Les Représentants,

Rappelant la Résolution 7 (2005) sur la prospection biologique en Antarctique et la Résolution 9 (2009) sur la collecte et l'utilisation de matériel biologique de l'Antarctique ;

Convaincus des avantages que procure pour le bien de l'humanité la recherche scientifique menée dans la zone du Traité sur l'Antarctique ;

Réaffirmant à cet égard l'alinéa c) du paragraphe 1 de l'Article III du Traité sur l'Antarctique qui prévoit que, dans toute la mesure du possible, il sera procédé à l'échange des observations et des résultats scientifiques obtenus dans l'Antarctique qui seront rendus librement disponibles ;

Notant que la prospection biologique se poursuit dans la zone du Traité de l'Antarctique ;

Notant l'absence d'une définition de travail de la prospection biologique dans le contexte de l'Antarctique ;

Notant également les discussions en cours dans d'autres instances internationales sur la prospection biologique des ressources génétiques ;

Notant également la nécessité d'une recherche et d'une analyse approfondies à entreprendre concernant l'état et les perspectives de la prospection biologique dans la zone du Traité de l'Antarctique, ainsi que la volonté de présenter les résultats lors des futures Réunions consultatives du Traité sur l'Antarctique :

Réaffirment que le système du Traité sur l'Antarctique est le cadre approprié de gestion de la collecte de matériel biologique dans la zone du Traité sur l'Antarctique et pour en envisager l'utilisation ;

Recommandent à leurs Gouvernements d'informer selon que de besoin, sur la prospection biologique effectuée sous leurs juridictions, en vue de fournir de plus amples connaissances ainsi qu'une évaluation de ces types d'activité ; et

Encouragent leurs Gouvernements à envisager des solutions pour améliorer l'échange d'informations à cet effet, et à s'interroger sur l'opportunité d'adapter le Système électronique d'échange d'informations à cet égard.

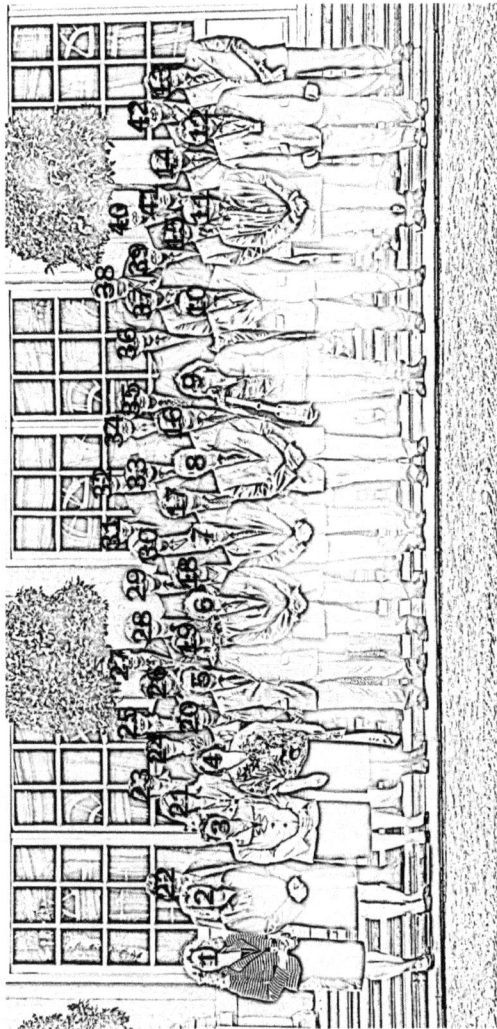

1. Hana Kovacova, Slovak Republic
2. Liisa Valjento, Finland
3. Maria Elvira Velasquez, Peru
4. Jillian Dempster, New Zealand
5. Camilo Sanhueza, Chile
6. Michel Rocard, France
7. Richard Rowe, Australia
8. Marc Otte, Belgium
9. Helena Ödmark, Sweden
10. Fausto López Crozet, Argentina
11. Andrzej Misztal, Poland
12. José Olmedo Morán, Ecuador
13. Siro Beltrametti, Switzerland
14. Vladimír Galuška, Czech Republic
15. Kamuran Sadar, Canada
16. Evan T. Bloom, USA
17. Atsushi Suginaka, Japan
18. Abu Samah Azizan, Malaysia
19. Martha McConnell, IUCN
20. Maria Stefania Tomaselli, Italy
21. Else Berit Eikeland, Norway
22. Dmitry Gonchar, Russian Federation
23. Jane Rumble, United Kingdom
24. BLANK
25. Kim Crosbie, IAATO
26. Michelle Rogan-Finnemore, COMNAP
27. Mike Sparrow, SCAR
28. Ihar Rahozin, Belarus
29. James Barnes, ASOC
30. Juan Luis Muñoz de Laborde Bardin, Spain
31. Sönke Lorenz, Germany
32. René J.M.Lefeber, Netherlands
33. Sivaramakrishman Rajan, India
34. Branimir Zaimov, Bulgaria
35. Roland Moreau, Belgium
36. Patrick Van Klaveren, Monaco
37. Manfred Reinke, ATS
38. Luc Marsia, Belgium
39. Fábio Vaz Pitaluga, Brazil
40. Álvaro González Otero, Uruguay
41. Wensheng Qu, China
42. Mehmet Ali Türkel, Turkey

www.ingramcontent.com/pod-product-compliance
Lightning Source LLC
Chambersburg PA
CBHW051401200326
41520CB00024B/7460